東宝特殊美術部 外伝 上

模型少年、映画屋になる!?

The another history of
TOHO Special Effect Department "TOKU-BI", part I.

ににたかし／著

大日本絵画

東宝特美・人と仕事の記録と伝承

「大人たちが一生懸命遊んでいた〝特美〟の日々が蘇える」

1973年8月。大学3年生だった僕の夏のアルバイト先は東宝砧撮影所でした。東宝映像のカメラマンだった親戚の唐澤登喜麿さんが無理を聞いてくれたのです。10代を映画とSFで過ごした身としては〝夢の実現〟でした。

その建物は撮影所のメインストリートを真っ直ぐ進んだ敷地の一番奥、大プールと特大8、9ステージの間を抜けた先の右手にありました。

東宝美術特美課。確か手書きの看板が掛かっていました。

この瞬間が、次の年と合わせた2年間の夏休みを過ごすことになる特美の日々の始まりでした。

働いてみてまず思ったこと。特美ってキャラクターの立った面白い人ばっかりいて、みんな仕事で遊んでる。「学生さん」と呼んで可愛がってくれて、土曜日には酒盛りをやって飲ませてくれる。

そんな、まさに多士済々のユニーク集団の中のひとり〈眼鏡を掛けた長身痩躯の比較的若手〉、それが長沼さんでした。長沼さんはいつも図面の線を引いているか、バルサを削って何かを作っていました。

〈眼鏡の奥の目と細長い指先がひとつに繋がっている人〉

それが、作業机の前の長沼さんの印象です。

それから15年以上経って、長沼さんと僕は映画『ゴジラVSビオランテ』で一緒に仕事をする事になるのです。

さらに時が流れ、2014年だったと思いますが、東宝映像美術を「卒業」した長沼さんから、膨大な量の原稿と写真が届きました。それがこの本の初稿でした。

読み始めてみると、ページを繰る指がもどかしいほど引き込まれました。そこには、今は姿を消した「東宝特美」の仕事と人物たちが、年代を追って、余すところなく記録されていたのです。

ユーモアたっぷりの個性豊かな登場人物と次々と訪れる特撮作品の製作現場。そしてその中で生み出され、編み出される驚くべき特撮の技の進歩。

そのすべてが長沼さんの緻密な描写と溢れるばかりの膨大な写真によって描かれていました。

——これを読めば、誰でも特美の部屋で暮らしたスタッフたちと同じ空気を吸ったような、一緒の気持ちに浸ることができる——

そんな、楽しくて凄い内容でした。

特殊美術課と言うセクションは今の東宝スタジオにはもう有りません。そして当然、特美の部屋も取り壊されて姿を消しました。

でもすべてが無くなった訳ではありません。

なぜなら映画の中で、特美のスタッフたちの仕事は映像として永遠に残り続けるのですから。

そして今回、僕はようやく「特美の部屋がなくなったことも平気だ！」と思えるようになりました。だって〝にいに〟（長沼さんのあだ名）の本がこうして世に出るのですから。

世界にひとつしかない東宝特撮特美をドキュメントした本。

本書によって、映画を、特撮をこよなく愛し、映画で遊び続けた大人たちの日々が鮮やかに蘇ります。

富山省吾（プロデューサー・日本アカデミー賞協会事務局長）

富山省吾
（とみやま・しょうご）

1952年生まれ。75年、東宝株式会社に入社、宣伝部を経て83年に株式会社東宝映画に出向し、89年の映画『ゴジラVSビオランテ』からゴジラシリーズのプロデューサーとなるが、学生時代からアルバイトとして東宝特美で働いていた経歴を持つ。2004年4月より株式会社東宝映画第四代代表取締役社長に就任。『ゴジラ FINAL WARS』（04）まで12本のゴジラ映画をプロデュースする。2010年3月に同社社長を退任してからは、事務局長として日本アカデミー賞協会の運営に携わる。城戸賞（脚本）、ndjc（若手監督）の選考委員・スーパーバイザーを歴任。

氏もまた、特撮少年が高じて特撮映画のプロデューサーという〝職人〟になった人物である。著作に『ゴジラのマネジメント』がある。

「特撮変人集団奮闘記」発刊に寄せて

アナログ時代の特撮映画の魅力は、一にミニチュアワークの出来不出来にかかっていた。

なんといっても特撮映画史上最高のミニチュアワークは『妖星ゴラス』（1962年公開）の南極基地ではないだろうか。1500㎡のステージいっぱいに組まれたこのミニチュアセットは大きさといい出来上がりといい、史上最高と言っても過言ではない。

普通なら直線でもいい南極大陸の地平線を気が遠くなるほどの小さな起伏をつけてセット奥に展開させる美術スタッフのこだわり。この緻密な作業が南極基地の大ロングショットになった時、不思議な存在感と壮大感を醸し出していた。

『地震列島』（1980年公開）では揺れ動くマンションの窓の奥に見える、20㎝四方の本棚からこぼれ落ちる本には題名が書かれていた。ケント紙でつくった表紙にティッシュペーパーをはさんで作った1㎝四方の小さな本に書かれた題名など、映画のスクリーンでは見えるわけがない。

このこだわりは、いったいなんなのだろう。

模型の零戦の、その戦歴を物語るかのような機体の汚れ、弾痕。

走る車の車輪に付いた泥汚れ。

戦車のキャタピラーの内側に染み出した油汚れ。

これらは映画の模型に命を吹き込むためのこだわりである。見えるか見えないか。果たして必要か。人になんと言われようとこだわる、人呼んで〝特撮変人〟たち。

「俺たちは実物を小さくしているのではなく、小さな実物を作っているのだ」という模型職人としての意気込みから生まれるこのこだわり。

見えないものにもこだわるこの職人芸。

じつはこの職人意識こそが、特撮映画に不思議な現実感を持たせ、面白く楽しいものにする原動力となっていたのだ。

この本はそんな変人たちの、「映画作りに燃えた奮闘記」である。

中野昭慶（映画監督）

▲文中、中野監督が指摘する映画『地震列島』でのワンシーン。ベランダに干された洗濯物だけでなく、揺れ動くマンションの窓の奥には家具類が再現されており、本棚の本には表紙も作り込まれていた。

中野昭慶
（なかの・てるよし）

1935年生まれ。59年、東宝撮影所に入社、70年以降は特技監督として『ゴジラ』シリーズや『連合艦隊』など、数々の作品に携わった。本書文中にあるように火薬による爆破シーンの演出に定評があり、映画誌などでは「爆破の中野」と評するものもあるようだ。なるほど、著者こと模型少年もまた、その撮影現場での爆破シーンに、息をのんだ記憶がある。

模型少年たちの秘密基地〃特美〃を擁した

東宝撮影所　いまむかし

著者こと模型少年が東宝美術にバイトとして関わるようになった昭和47（1972）年頃の「東宝スタジオ（昭和46年に東宝撮影所が改称）」は、北は現在のDIYセンター「くろがねや」と住宅展示場になっているあたりから、南はサミットストア成城店のあるあたりまで、仙川を挟んだ広大な敷地に横たわっていた。

撮影用の建物……ステージも、南から北へ順に第1から第10ステージまでがほぼ直列に配置され、そのほぼ中心には大プールがあり、『ゴジラ』などの怪獣映画から『連合艦隊』などの戦争映画など、数々の特撮の撮影もここで行なわれた。大プールの撮影の際に活躍したのが、倉庫兼背景用として北側に建てられていたホリゾン棟で、島倉二千六さんほか背景スタッフがその腕を振るったところ。このホリゾン棟には特美が製作した模型のストックがたくさん収容されており、特撮映画が製作される際にはその在庫を修復、あるいは塗り替えるなどのリニューアルがなされて撮影に供された。

第8、第9ステージは昭和30年3月に竣工した当時は「東洋一」と評されたそうだが、これは時代時代で改修を加えられ、平成28年の今日にいたっても日本最大を誇っている。

また、模型少年の在勤中、映画『ノストラダムスの大予言』の撮影で第7ステージが焼失するという事件も目の当たりにした（跡地はいったん更地にされ、のちに作業小屋のような建物が建てられた）。

特殊美術部は、入ったばかりの頃はオープンの北側、体育館の脇にあったが、ホリゾン棟の北に移転した昭和53（1978）年ころから平成7（1995）年頃までが人員、機材ともに最盛期といえ、特撮映画だけでなく、博物館やテーマパークへの展示物の製作など幅広いジャンルの作り物を引き受けていた。だが、それ以降は他の部署の建物内に間借りするような形となり、古くからいた模型少年の先輩たちも退職したり、配置転換されるなどして次第に規模を縮小、自身も営業部に異動するなどして最終的には平成10（1998）年にその活動を終えている。

現在、第1、第2ステージや、打ち合わせなどに使ったサロンのあったあたりは売却されて先述のスーパーが建つところとなっており、大プールも埋め立てられてしまったが、そのあとにはポストプロダクションセンターなる建物が建ち、敷地は小さいながらも世界でも最高水準の撮影環境や音響設備を提供しているとのことだ。

1975年の東宝撮影所

2009年の東宝撮影所

写真提供：国土地理院（2枚とも）

思い出の東宝撮影所見取り図

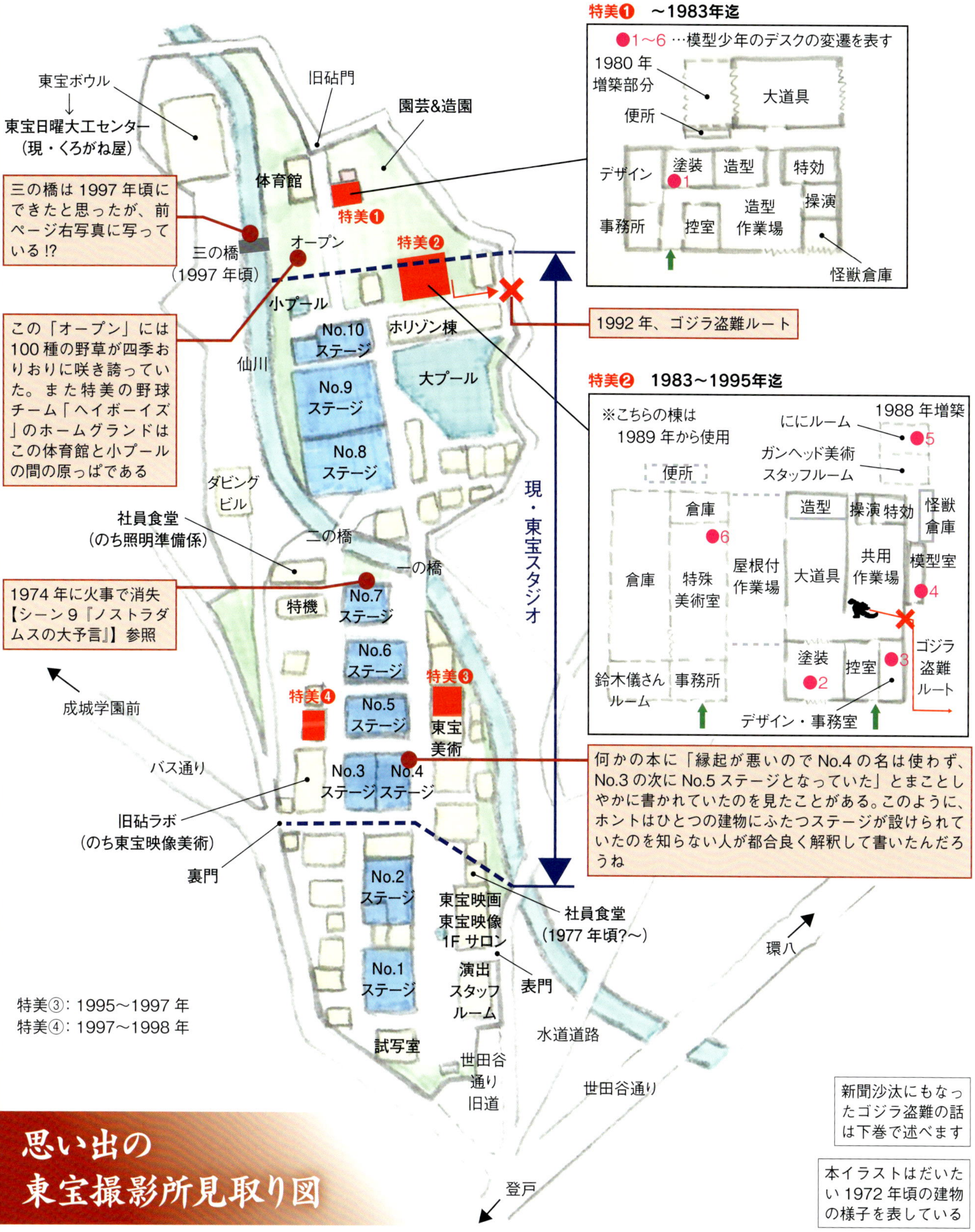

模型少年は見た＆写した！
東宝特美、あの日、あのとき

模型少年の手元にある「記録ノート」には、映画やテレビドラマ、CMなどの特撮に使用した作り物や、博物館、テーマパークなどの展示物、スタッフのスナップ写真などなどが貼られているが、ここに掲載する撮影所内の点描もそうしたうちのひとつ。今はなき大プール、ホリゾン棟、はたまた特美のおんぼろ建物の様子をご覧いただくことができる。

いずれも古き良き時代の映画少年、特撮少年、模型少年たちが集いし場所ばかりであり、本書を読んでいただくうえでの〝物語の舞台〟をイメージしやすいようにここに掲げておく。

◀**特殊美術課建屋❶**
模型少年が入った頃の特美の建物。木造平屋建て。
写真は建物沿いに足場を組んで壁の化粧直しをしているところ。こんな仕事はお手の物だ。〔1974.8.8／特美玄関前より撮影〕

◀**撮影所オープン**
左にある水色の屋根が特美のおんぼろ建物で、右奥の足場はボロ倉庫を解体するためのもの。手前のアスファルトが特美へ行く道路で、画面には写っていないが、この手前、仙川との間にもかなり広い原っぱがあった。オープン撮影が入るとこれら原っぱの草を業者を入れて全部刈り取る。〔1975.7.21／小プール前から撮影〕

◀**ホリゾン棟**
大プールでの撮影の際、背景を描くため利用されるのが隣接して建てられたホリゾン棟（右側の背景がそれ）。〔1980／『連合艦隊』撮影時〕

◀**大プール**
東宝特撮の代名詞とも言えるのがこの大プール。数々の特撮作品の舞台となった。1／40大和に群がるスタッフ。〔1980／『連合艦隊』撮影時〕

◀**ステージ撮影風景**
ステージ内に組まれた飛行場のセット。左右の背景が折り目なく繋がった〝Rバック〟（右上部分）となっている。〔1984／『零戦燃ゆ』撮影時〕

◀**No.4ステージ**
当時からもっとも大きかったのが、かまぼこ屋根が特徴のNo.8、No.9ステージ。これは今も健在。〔1975.2.21／大プールホリゾン端から撮影〕

▲ホリゾン棟屋上から南へレンズを向け撮影。画面右側は No.9、No.8 ステージの建物。青い三角屋根の左に大プールがあった。〔1984.8 撮影。ちょうど『84 ゴジラ』を撮影していた頃〕

▶小プール

No.10 ステージの北側に今も健在なのがこの小プール。壁面にカメラ用の小窓がついており、ここから水中の撮影を行なう。そのため、水がきれいに保たれていた。〔1988／『アナザーウェイ D 機関情報』撮影時〕

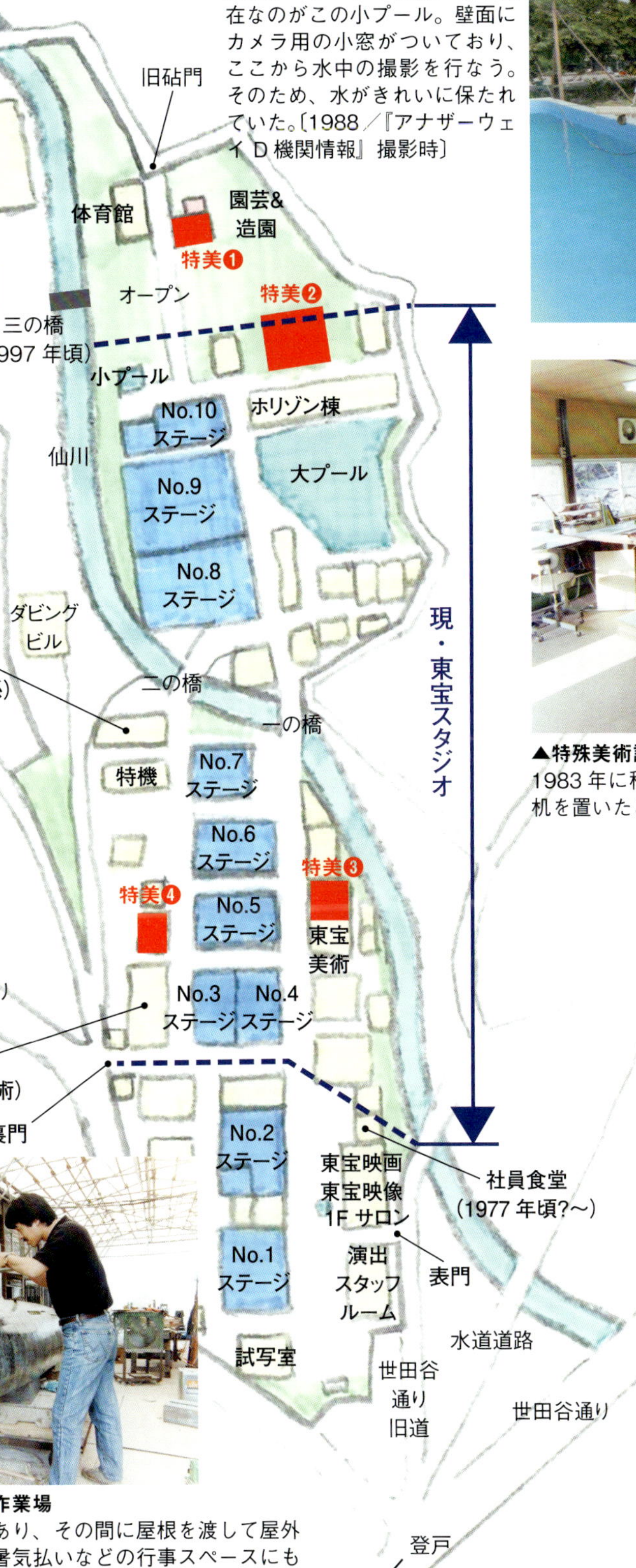

▲特殊美術課建屋②内部

1983 年に移転後の特美のデザイン室。筆者もここに机を置いたことがある。〔1991.8.19 撮影〕

▲1974 年 5 月 13 日午後 3 時、No.7 ステージに突如として火の手が上がった。映画『ノストラダムスの大予言』を撮影中の事故で、ちょうど筆者は次の撮影物の用意のため特美に戻ったところだった。写真は特美から午後 3 時 20 分頃に撮影したもの。結局、No.7 ステージは全焼し、以後再建されることはなかった。けが人が出なかったのが幸いだった。

▲特殊美術課建屋②屋根下作業場

この時の特美の建物は 2 棟あり、その間に屋根を渡して屋外作業に使っていた。時には暑気払いなどの行事スペースにもなった。〔1988／『アナザーウェイ D 機関情報』撮影時〕

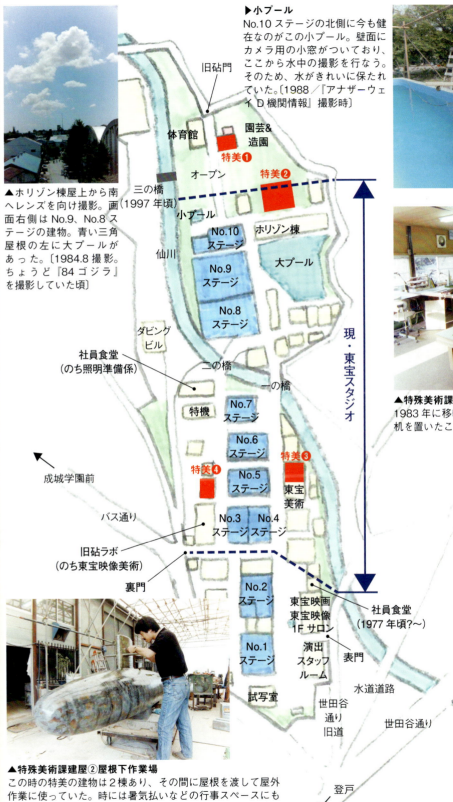

〝特美〟の仕事 その壱
〔スケールモデル編〕
1／5スケール 零戦の作り方
映画『大日本帝国』（1982年／©東映）

特殊美術の仕事には様々なものがあったが、一番ウェイトをしめていたのが、当然のことながら映画撮影用の模型の製作だ。ただ、ひとえに模型といっても大きなものから小さなものまで、その撮影状況に合わせたものを作っていた。ここではいわゆる実物が存在する〝スケールモデル〟の製作状況を紹介しよう。

台本を元に、製作する機体の仕様を考証し、細部の塗装について決める。今回製作するのは1/5スケールの零戦二一型だ。

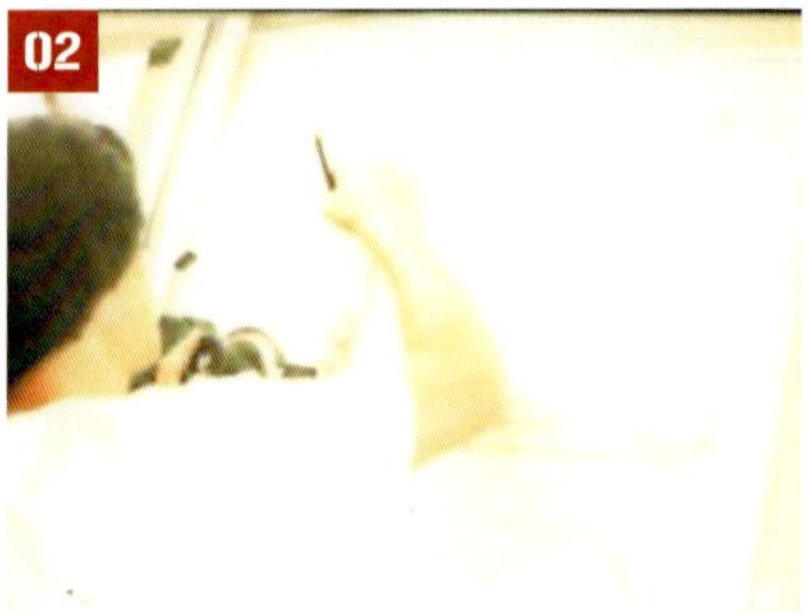

模型と同スケール（1/5縮尺）の図面を引く。

機体の骨組みを製作する。被写体は特殊美術課大道具班長の田中「けいちゃん」。

バルサ材の外板を貼る。特効用機銃を仕込むため、操縦席部分の切り欠きが大きい。

機体とは別に製作したカウリング。赤いのは木目を消すために塗ったパテ。

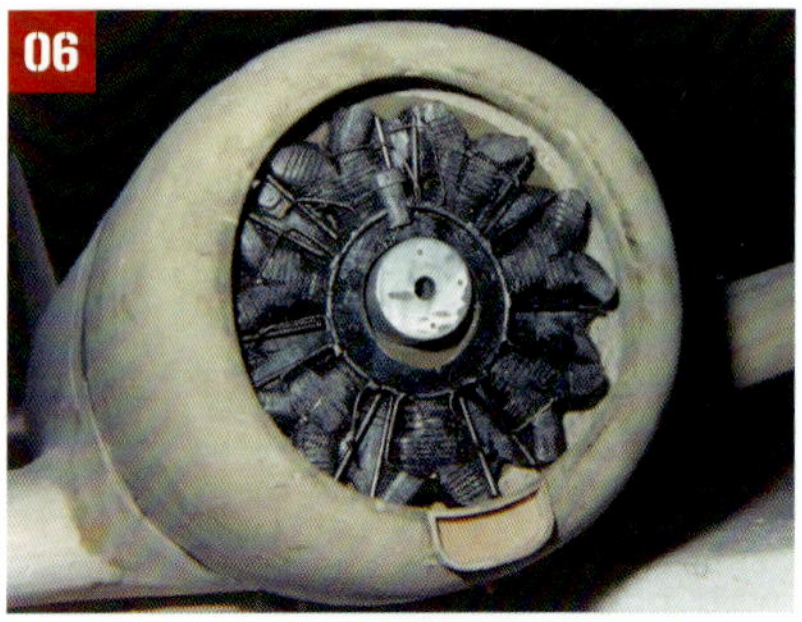

プラグコードなどを装着してエンジンをそれらしくディテールアップ。

アルミ材を削りだしたプロペラ（スピナーはラワン材）にプライマーを塗る。

引き込み式尾脚もこの通り。写真にはないが着艦フックも可動式で作っている。

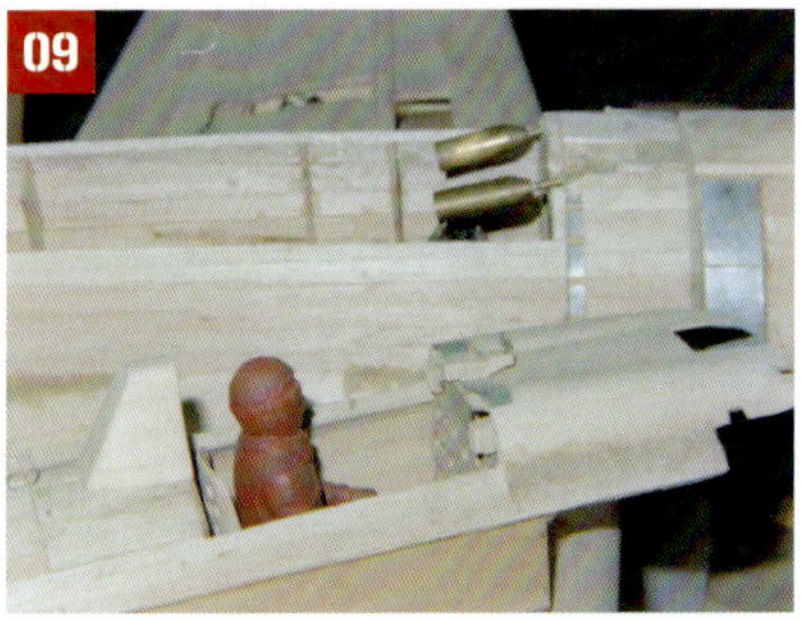

できあがった胴体に特効用の機銃（写真右奥の金色の筒状のもの）を装着する。

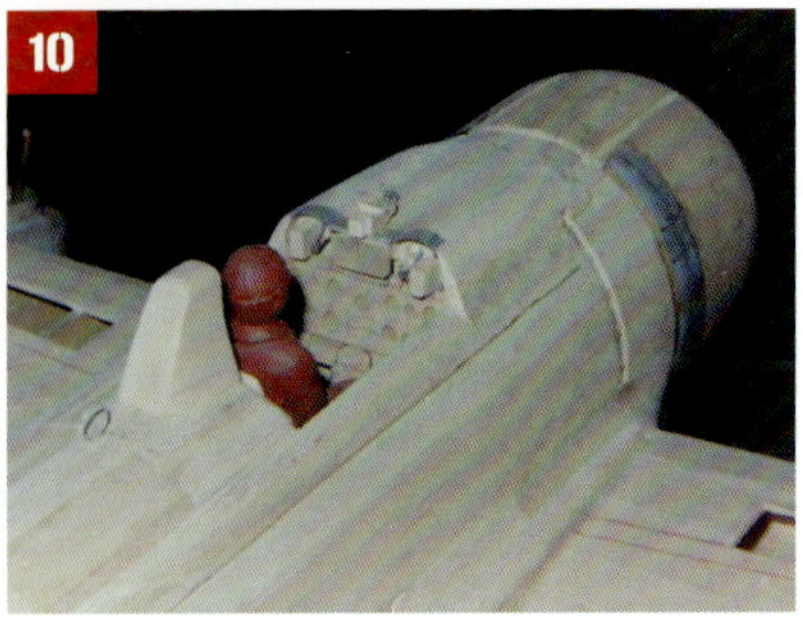

操縦席を装着して木工は完成。続いて見せ所の金属外板の表現へと移る。

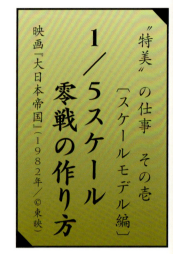

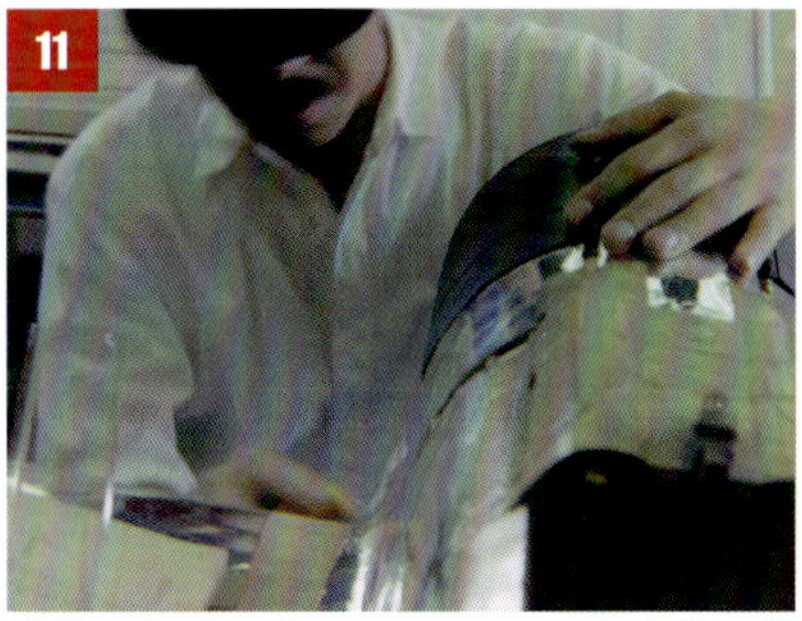

機体の表面にジュラルミンの板を実機同様のパネル分割で貼っていく。

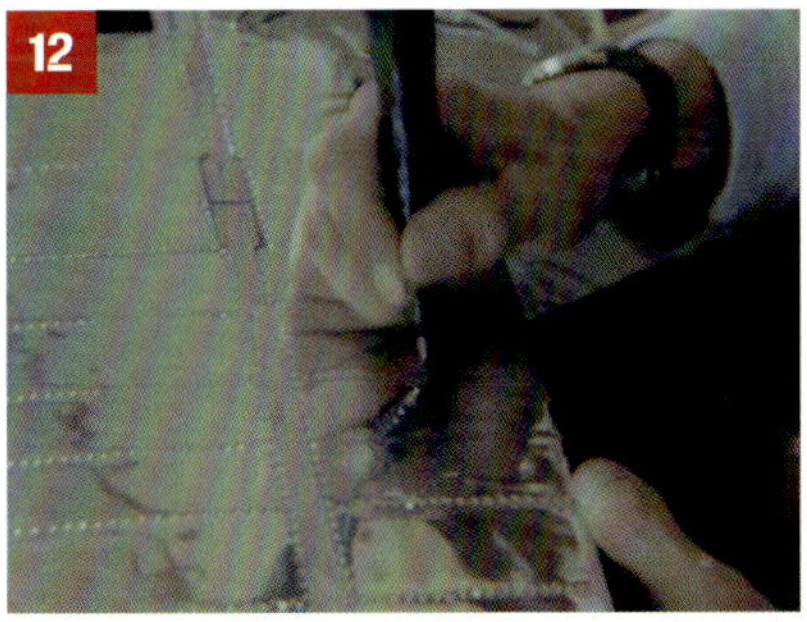

ジュラルミン板を貼り終えたら、図面を元にポンチでリベットを打っていく。

リベットを打った操縦席上面部分。たわんだ表面が実物らしさを高めてくれる。

続いて機体の塗装に移る。まずは全体に明灰白色を塗っていく。

濃緑色の機体上面色を塗る。この映画に登場する零戦は全て迷彩されたものだ。

あらかじめ決めてあったマーキング（①のイラスト参照）で機体を仕上げる。

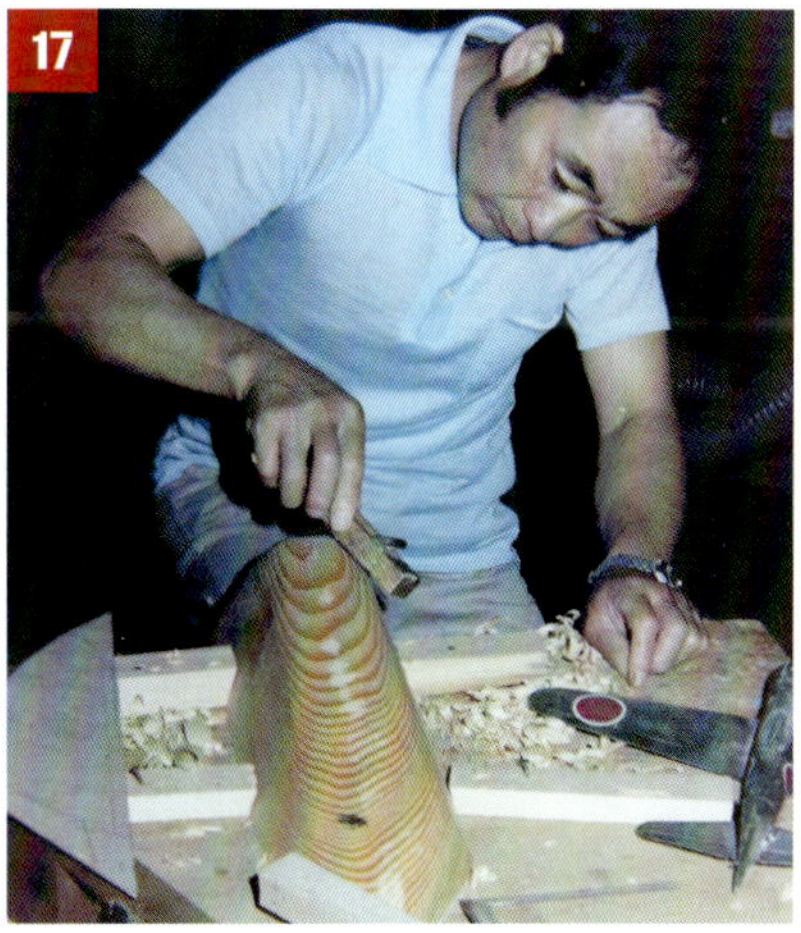

風防は木型を作って塩ビ版で絞り出す。写属は木型を磨いているところ。

◀完成した 1/5 スケール零戦二一型を背に、ご満悦の特美スタッフたち。人物と比べ、特撮プロップの大きさのほどがよくおわかりいただけることと思う。前列右が「模型少年」こと著者。その左は及川美術助手。後列右から小村デザイナー、林美術助手、そして好村「なお」の各氏。

はじめに

昭和45年（1970年）に東宝撮影所美術部が子会社として独立して「東宝美術株式会社」となると、その翌年の昭和46年には東宝撮影所映像事業部が子会社として独立し「東宝映像株式会社」となった。

それからしばらくした昭和63年（1988年）、この2社が合併して「株式会社東宝映像美術」となり、同時に東宝美術にそれまであった「特殊美術課」は「特殊美術部」へと格上げされている。

筆者は、昭和47年（1972年）にバイトとして入り、翌昭和48年に社員に登用されてからも平成8年（1996年）に営業部に異動するまで24年間、この「特殊美術課／特殊美術部」に勤務した。

そして、筆者が営業部に転じて2年くらい経った頃に特殊美術部は廃部となり、残っていたスタッフは製作部に編入され、円谷さん以来の歴史ある「特殊美術」という組織は東宝から姿を消してしまったのである。

さて……。

そもそも我らが東宝特殊美術は、撮影所内に分散する各課、例えば「塗装」「木工等大道具」「デザイン」「小道具」など、分課された映画美術部門を少人数で一ヵ所に集めた集団なのでした。そして特撮で必須の火薬を扱う「特殊効果」と、ピアノ線などで模型や怪獣を操る「操演」、怪獣などを作る「造型」という専門パートを含んでいました。

まあ、このひとつの部で大抵の事ができるということで、その技術を生かし、特撮映画や映像用の模型製作ばかりではなく、後年はいろいろな分野の作り物へと関わっていったのです。

例えば、博物館のジオラマや、展示会、怪獣ショー・お化け屋敷のたぐいから、ウィンドウディスプレイ、アトラクション、スタディ

背景写真解説：
映画『ゴジラvsビオランテ』の撮影に際し、東宝撮影所の大プールへと海上自衛隊の護衛艦『しらね』を進水させる著者「模型少年」とスタッフたち。〔撮影／スタッフ〕

モデル・コンセプトモデル、テーマパーク、パレードカーなどと、映像を通した作り物だけでなく、直接皆さんの目に触れる作り物も多数製作していたのです。また製作ものばかりではなく、企画やプレゼンテーションなど、造型的な形の残らない物へも関わっていました。

1年に1作品か2作品の特撮映画の作り物だけでは特殊美術として食べていけないから、映画で培った製作技術を生かした仕事を積極的に求めていったわけです。

さてさて、本稿はそんな「特殊美術課／特殊美術部」勤務時代に、筆者こと「模型少年＝にに」が撮りためた1万9400コマの写真を貼った記録ノートを基にして、東宝特殊美術の仕事を、模型製作主体で語ろうというものです。

なので文中、模型製作のマニュアル的な記述も出てきますので、興味のない方はどうぞ読み飛ばしちゃってください。

写真は「模型少年」が関わったものしか撮影しておらず、また、本稿は東宝特殊美術の全部の仕事を網羅したものではありません。

例えば『ガンヘッド』特撮ですが、模型少年は別のプロジェクトに就いていたので、本稿には登場しませんので悪しからず。

なお、本来は「東宝美術株式会社・特殊美術課」、合併後は「株式会社東宝映像美術・特殊美術部」という表記が正しいわけですが、本文中では煩雑を避けるため（そして愛着をこめて）、「東宝特殊美術」、あるいは「特美」と、社名、部課名を適宜略記していることをお許し願います。

本書をお読みいただくことにより、映画やそれ以外にも多岐に渡った作り物をこなしていた我らが東宝特殊美術の奮闘ぶりを少しでも伝えられることができれば幸いです。

にに　たかし

目次

巻頭企画

本編

下巻の目次

巻頭企画

▶特撮映画の作り方と特美の役割り
▶特殊美術の仕事その弐
「1/8 スケール SCM 車の作り方」

本編

【シーン 33】『ゴジラ』(1984 年)
【シーン 34】筑波科学博 三菱未来館 (1984 年)
【シーン 35】『プルガサリ』(1985 年)
【シーン 36】超音波発振器 (1985 年)
【シーン 37】メカ生体ゾイド (1985 年)
【シーン 38】MSX フェスティバル (1985 年)
【シーン 39】『首都消失』(1986 年)
【シーン 40】伊勢遷宮館 (1986 年)
【シーン 41】世田谷郷土資料館 (1987 年)
【シーン 42】『竹取物語』(1987 年)
【シーン 43】『招き猫と豪徳寺』(1987 年)
【シーン 44】日光江戸村旗本屋敷 (1988 年)
【シーン 45】『アナザーウェイ D機関情報』(1988 年)
【シーン 46】東武博物館 HO レイアウト (1988 年)
【シーン 47】『ゴジラ vs ビオランテ』(1989 年)
【シーン48】『愛と哀しみの海』、東洋ゴム「スタッドレスタイヤ」(1990 年)
【シーン 49】神田上水掛樋模型、安城歴史博物館 (1990 年)
【シーン 50】広島平和記念資料館 (1991 年)
【フェードアウト】特殊美術部の終焉

■巻末付録
▶用語辞典
▶おまけの話
▶オールスターキャスト

あとがき

※上記は下巻に掲載されるコンテンツです。目当てのコンテンツを探す目安にしていただき、掲載ページについては改めて下巻の目次でご確認ください。

凡例

●本書の文中には映画屋たる著者らしい、造語を含めた様々な専門用語が登場する。これらに関して、本文中のカッコを次のように分類して表記するように努めた。

（　）：通常の使用法の他、人名や用語の「読み」を示す場合
〔　〕：専門用語など、特定の言葉を解説する場合
『　』：カギカッコ内の二重カッコの他、映画作品名を示す場合

●なお、専門用語については併せて下巻掲載の用語解説（著者作成）を参照されたい。

●本書の掲載写真については、特記のないものはすべて模型少年こと著者（あるいは著者に近しいスタッフ）撮影によるもの。ただ、なかには撮影者が特定できないものもあり、それらについては「撮影／スタッフ」とのみ記載したことをご容赦願いたい。

〔編集子〕

東宝特殊美術部 外伝 上

模型少年、映画屋になる!?

The another history of
TOHO Special Effect Department "TOKU-BI", part I.

【フェードイン】

模型少年、映画屋の一員となる
～東宝特殊美術との出会い～

その「模型少年」が映画というものを初めて見たのは、父に連れられて行った小学校2年生の時だった。

『ゴジラ』である。

ただし、封切られた昭和29年（1954年）には1年生だったので、その翌年に、二流館に下がってきてから見たことになる。初めて見た映画が『ゴジラ』というのは、模型少年にかなりな影響を与えたのではないだろうか。

模型少年はスクリーンを食い入るように見ていたが、映画館を出た時にはゴジラが暴れまくった驚愕のシーンだけしか覚えていなかった。それも3年生になった頃にはもうすっかり忘れていた。

昭和32年『地球防衛軍』が封切られた頃にはすっかり模型のとりこになっていて映画にはほとんど興味がなく、蒲鉾の板を削って「戦艦大和」を作ったり、糸巻で戦車を作ったり、竹ひごを曲げてライトプレーンを作り、公園でとばしたりして遊んでいた。

ところがある日、父が友人から貰ったビラ下券（二流館のタダ券。銭湯によくあった、映画会社が映画のポスターを貼らせてもらう代価、つまり宣伝料の代わりに配っていた招待券＝観映券で、男湯と女湯で4枚もらえた）2枚をくれた。模型少年は小学4年生になっていた。これも1年生になった弟と2人で映画館に行った。なにを上映しているのかなんてのは全く気にせず、タダだからとにかく見にいこうとでかけたのだ。

3本立ての最初に上映されたのは『地球防衛軍』だった。映画が進行し、鳥の嘴（くちばし）をもった巨大なロボット（モゲラと呼ばれた）が出てくると、不気味さに怖くなったのか、弟は泣きだしてしまった。ぐずつく弟をなだめながら、ドームを攻撃するパラボラアンテナ兵器のシーンはしっかりと記憶にとどめた。

帰りしな、弟が訊いてきた。

「すごかったね、ロボットみたいなのは怖かったけど……。笠みたいのが光線出してたのはほんとにあんの？」

「ないよ。あれはきっと未来の兵器だな。映画用に作った模型なんじゃないかな」

「にいちゃんも模型作るの上手だから作ればいいじゃん」

「あんなザルみたいなの作んねえよ、模型はやっぱ戦艦だよ」

映画そのものにはさして興味はそそられなかったけれど、映画に出てきたああいったいろんな模型を作ってみたいな、とは思ったのである。

だが、そのうち映画のことは忘れてしまった。

昭和47年（1972年）3月。

模型少年が24歳の春、籍を入れていない〝かみさん〟のクラスメートの紹介で行ったバイト先が成城学園の撮影所。行ってみて「ああ、子供の頃に見た映画に出てきた撮影所だ」とわかった。それは何というタイトルだったか忘れてしまったが、撮影所見学にやってきた主人公一家が、撮影所の中でドタバタする喜劇だったと思う。もしかして『サザエさんシリーズ』かも知れない。その映画で見た景色が今、模型少年の目の前にあった。

バイト先は撮影所の一番奥。広いプールを過ぎて雑草の生い茂る原っぱを抜けた所に、小汚い建物が建っていた。

そこが「東宝美術株式会社・特殊美術課」だった。

昭和45年（1970年）に東宝撮影所美術部が子会社として独立したのが「東宝美術株式会社」であり、その特殊美術部門が「特殊美術課」である。

特殊美術課は、撮影所内に分散する「塗装」「木工等大道具」「デザイン」「小道具」などの映画美術部門を一ヵ所に集めもので、さらに特撮で必須の火薬を扱う「特殊効果」、ピアノ線などで模型や怪獣を操る「操演」、怪獣などを作る「造型」という専門パートを含んでいた。

そんな特美は、特殊な美術を扱うという事もあるのですが、「特殊な人や変わった人、およそサラリーマンらしからぬ職人技師が集められた、ひとくせもふたくせもある人物の集団」という印象が強いのです。

模型少年は勿論、特撮少年でもあるから、この集団にはピッタリとはまっていたのですがね。

さて、模型少年はバイト初日、白崎係長と簡単に面談したあと、大きな長いテーブルが壁ぎわに設えられた、蛍光灯一灯の暗い部屋に連れていかれた。テーブルにはプラモデルの箱が山と積まれていた。プラモは縮尺1／8位の自転車である。

「これを組み立ててよ。明日使うからね」

30歳過ぎの白崎係長がそう言って事務所に戻るのと入れ違いに、パンチ

1975年頃の東宝グループ関連会社と特美の位置付け

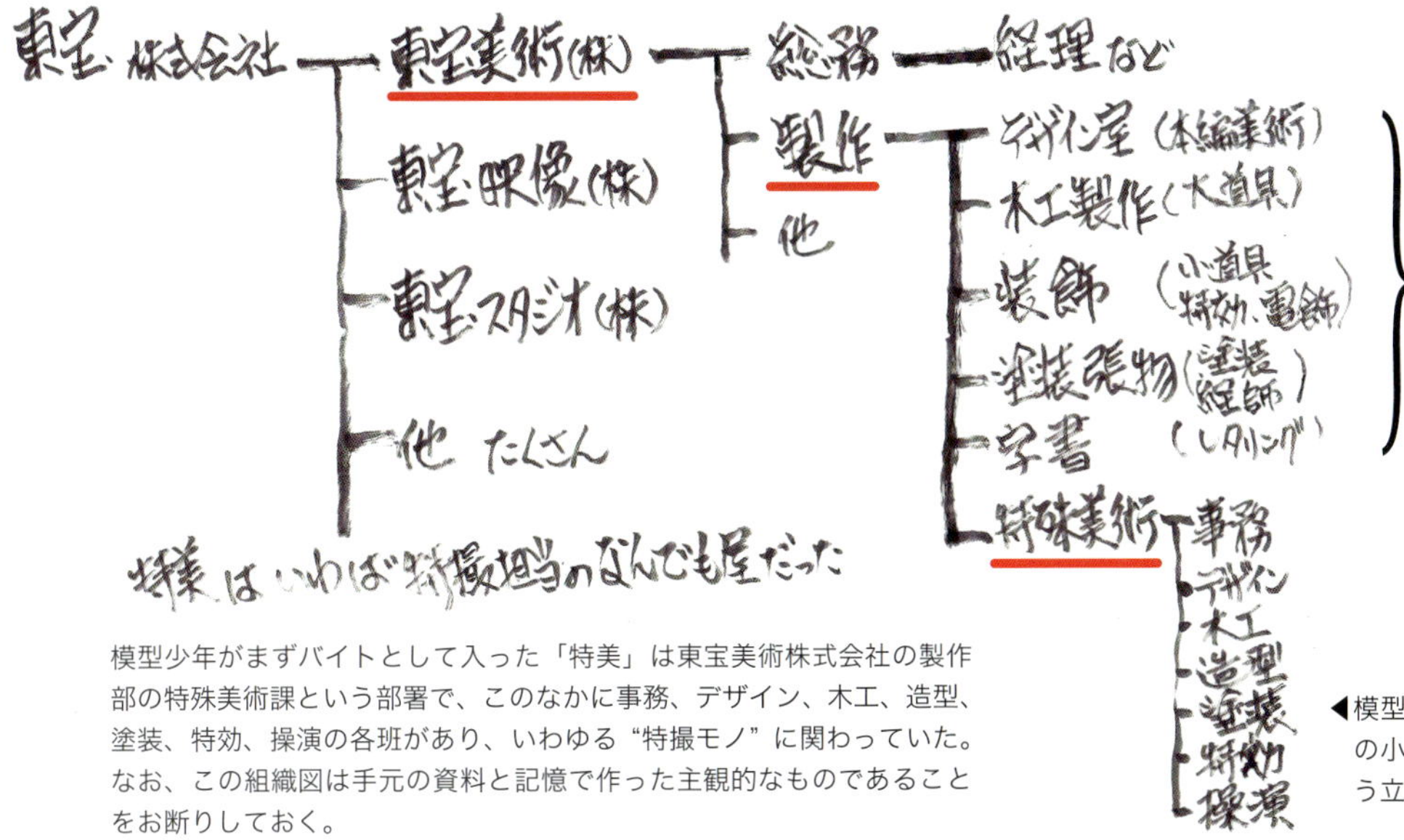

模型少年がまずバイトとして入った「特美」は東宝美術株式会社の製作部の特殊美術課という部署で、このなかに事務、デザイン、木工、造型、塗装、特効、操演の各班があり、いわゆる“特撮モノ”に関わっていた。なお、この組織図は手元の資料と記憶で作った主観的なものであることをお断りしておく。

このあたりが俳優さんたちがからむ「本編」と呼ばれる撮影に関わる部署。

◀模型少年はこの塗装班主任の小島耕司さんの助手という立ち位置。

パーマのあんちゃんが入ってきた。30歳を幾つか越したあんちゃんはこの部屋の主、「小島耕司（こじま・こうじ）」さんで、塗装仕上げを担当しているという。挨拶を交してプラモを作り始めたら、今度はにこやかな顔でポチャっとした人が入ってきた。と思ったら部屋を通り抜け、反対の引き戸をあけて外へ出て行った。

——うん？　なんだぁ……。

ただ通過しただけなので、一瞬不思議そうな顔をした模型少年の表情を、すかさず読み取った小島さんが教えてくれた。

「彼はね、小村ちんっていってねデザイナーだよ。俺と同じ歳って言ってるけどホントはひとつ上なんだよ。外にトイレがあるからこの部屋が通り道になってるんだな、結構うっとおしいぜ」

トイレへの通り道が作業場になっているとは、おちつかない部屋なんだなぁと思う模型少年である。それにしても、プラモを作ってお金が貰えるなんて、こんないい仕事はない。模型少年は嬉々として何台目かの箱を開けた。

午後になると、さっきの小村ちんという人が横に座って、プラモの箱を開けだした。

「ボクも作るよ。そうそう、あなた名前なんていうの？　ボクは小村って言って美術を担当してんのよ」

▲バイト初日に面談をしてくれた白崎治郎係長。のち課長に昇進して、特美の“変人集団”をひっぱっていく。

〔こーちゃん〕

▶特美塗装班主任の小島耕司さん、通称「こーちゃん」。なかなかのこわもてだったが、繊細な古色仕上げをさせたら右に出るものはいなかった。「模型少年」にとって、生涯の兄貴分的存在となる。

「ああどうも……、長沼っていいます。ところでこのプラモ、なんでこんなにたくさん作るんですか?」

『ウルトラマンエース』の特撮で崖から落ちるシーンに使うの。それにしても『な・が・ぬ・ま』って、なんか言いにくいね。あわてると舌かみそうだわ」

小村さんがおねえ言葉を出したので、模型少年は一瞬驚いたが、通っている画塾「セツモード」の校長はおねえ言葉である。だから、小村さんのやさしげな話し方のおねえ調にもすぐ慣れてしまった。

それにしても「ながぬま」が言いにくいとは考えた事もなかったけれど、しかたがないので、

「そうですか、それなら『にに』と呼んでください。ペンネームなんですよ」

「ペンネームって?」

「絵を描いてるんで……」

小村さんは人形を器用に自転車に装着しながら、いろんなことをおしゃべりしてくれた。

この日以来、撮影所の誰彼が模型少年を「にに」と呼ぶようになり、後年、本名を知らない人が多出した。

もっとも所内をよく観察すると、現場を問わずほとんどの人たちが渾名というか愛称というのか、で呼び合っていた。ちなみに小島さんは「こうちゃん」、小村さんは「かんこちゃん」。名前の完(ひろしと読む)におねえの「子」をつけたらしい。白崎さんは……なんだったかな? 多分「しらさん」だと思う。デザイナーの青木さんは「あおちゃん」と、だいたい苗字のひと文字に「ちゃん」だの「さん」をつけているのが多いようだ。それと「やん」がよく使われている。主に少し目上に対して「やん」を使うようだ。小村さんは年上の青木さんに対して「青木やん」と呼んでいる。「あおやん」では親しすぎるのかもしれないね。

円谷監督のスタッフだった特殊美術監督の「井上泰幸」さんは、名の「やすゆき」を音読みにした「たいこう」さんと呼ばれていることが、あとになってわかった。

変わったところでは特殊効果の「渡辺忠昭」さんを「なべちゅう」と言っている人が多い。けれど本人へ向かっては、やはり「なべちゃん」である。ところが渡辺さんの入社当時は「なべさん・なべちゃん」ではなかった。それは初代特殊美術デザイナーの「渡辺明」さんが在籍していたので、渡辺明さんから『なべ』はまずい、名前を変えろ、戸籍から変えちまえ」と言われて新人渡辺さんは真剣に悩んだ、という曰くがあり、名前の忠をくっつけ「なべちゅう」と呼ばれるようになったんだという。また昭和32年(1957年)封切りの 市川 崑監督の『東北の神武たち(とうほくのずんむたち)』という作品があったが、渡辺さんが福島県出身でこの作品に登場する人たちの訛りといっしょだったので、「ずんむ」と呼ばれたこともあったという。そういえば背景の島倉さんは渡辺さんのことを「ずんむ」だか「ずーむ」と呼んでいる。模型少年は何のことかわからなかったけれど。

のちに登場する本田さんという人は、同期あるいは彼の先輩たちに「ベビー」と呼ばれていた。小柄で童顔、おまけにいつもベレー帽を被っているせいらしい。赤ちゃんのベビーなのか、ベレー帽が訛ったのかは知らないが……。

ところでここの課長は、「豊島 睦(むつみ)」さんというが「むっちゃん」と呼ばれている。ここに勤めだして2週間以上も会えなかった。怪獣の縫いぐるみを持って地方のイベント廻りをしているという。イベント廻りとは「想像外の」特殊美術課の仕事でした。

この頃の特殊美術課は製作部に属していたが、事務所及び作業場が撮影所敷地の最奥にある園芸課の隣にあって、離れ小島のように独立していたので、これは「僻地」又は「川向こう」と呼ばれているらしい……なにかとアウトローな……東宝映画風に言うと「独立愚連隊」の雰囲気を醸し出していた。

課員は、課長:豊島 睦、係長:白崎治郎、大道具班長:田中敬喜、美術:青木利郎、小村 完、造型:安丸信行、操演:小川昭二、松本光司、特効:渡辺忠昭、塗装:小島耕司の社員10人と、大道具契約者:入沢秀雄、野村安雄、他4人の年配者、造型はパートの小母さん1人、の17人で、たいがいの仕事をやっつけていた。ただ映画作品が入ると助手たちが増える。彼らは作品契約者で、美術・特効・操演に各3名平均が就いていた。

こうしたなかに、特殊美術課のバイト第1号で「模型少年・にに」こと筆者が入ったのでした。

3日間ばかりプラモを作ったあと、『ウルトラマン・エース』の青木デザイナーの手伝いで、しばらくの間、簡単な図面作成などをして、その後、小島さん(以下親しみを込めて「こーちゃん」と呼ばせてもらう)の助手となり、リアルなペイントの仕方を目の当たりにしていくのである。

模型少年は偶然にバイトへ行った先の映画会社へ、こうしてごく自然にフェードインしたのであった。

著者こと模型少年の先輩・大先輩の特美スタッフ

〔たいこうさん〕

▶東宝特撮の際、特殊美術監督を勤めることが多かった井上泰幸さんは、円谷英二監督時代からの映画屋で、1971年に東宝を退社。模型少年が入った頃には「アルファ企画」という造型集団を立ち上げ、自ら切り盛りしていた。通称の「たいこうさん」は名前を音読みしたもの。

〔青木やん〕

▶美術班デザイナーの青木利郎さん。「青木やん」の愛称で親しまれた。額に巻いたタオルが「青木やん」のトレードマークだった。

〔なべちゃん〕

▶特殊効果主任の渡辺忠昭さん。模型少年が入った頃は「なべちゃん」の愛称だったが、有名な渡辺 明さんがいた頃は「なべちゅう」と呼んで区別されたという。

〔小村ちん・かんこちゃん〕

▶模型少年のバイト初日に一緒にプラモデルを作ったのが小村完さん。肩書きは美術班デザイナー。

〔ベビーさん〕

▶小柄で童顔、いつもベレー帽を被っていた本田清方さんは、古い関係者からは「ベビー」と呼ばれていた。のちにこの人が特殊美術部の部長となる。

〔むっちゃん〕

▶模型少年が入った当時、課長として文字通り特美のトップだったのが豊島 睦さん。怪獣の着ぐるみをもって自ら地方のイベント廻りをしていた。愛称は「むっちゃん」。

【シーン1】

『マルコ』特撮
〜民家と唐人船〜

昭和47年（1972年）初夏。

特美へ勤めだした模型少年は『ウルトラマン・エース』の作り物の仕上げを「こーちゃん」とふたりで頑張っていた。テレビは毎週放映だから、次から次へと仕上げ物が大道具からやってくる。とても追いつかない。かといって塗りを疎かにはできない。木で作った飛行機などは下地がしっかりしていないと金属の質感は出ないから、時間に追われていても「パテ磨きはしっかりと施す」。これはこーちゃんの持論である。

そんな忙しい中でふた月ぐらいが経って、大プールいっぱいに唐の城のようなセットが組まれ、日米合作映画『マルコ』の撮影が始まった。連日ミュージカル調の芝居が、大プールを池に見立てた城内セットでくりひろげられていた。模型少年は毎日そのセットの横を通って仕事場へ行くので、初めて接する撮影現場を観衆として眺めていた。だがすぐに、民家というか蔵というかの1m弱の縮尺1／10くらいのミニチュア数軒が特美の大道具で製作され、こーちゃんと模型少年は塗装仕上げをすることになった。

こーちゃんは、まず下地の水性白塗料を塗った。模型少年は中学生の頃、完成した木製模型にはずっとラッカー系塗料を使っていたので、ここで作る映画用模型はすべて水性塗料で仕上げるときいて、「えっ、そうなんだ……」と思わず声に出た。だが良く考えてみると、映画用なんだから塗料の耐久性はそこそこでいいのであって、フィルムに映った時リアルに見えるように仕上げるには、水を多用できる水性塗料が一番やりやすいのだろう。それと、ラッカー系塗料は当時良い製品がなく、照明ライトの熱で膨らんだり変色したりしたので、水性塗料に落ち着いたらしい。

「汚し」と呼んでいる作業には、ひとつには、ドロッとした「こみのある［濃いめのこと］」塗料を塗って、濡らしたボロきれでふき取る。またひとつには、水で薄くのばした塗料、例えば泥水のような感じ、で風雨にさらされた雰囲気をつけるというやり方がある。しかしミニチュアを本物らしく見せるにはその「汚し」も縮小スケールに合わさなくてはならないので、かなりな手間とセンスが必要。誰もができる作業ではない。

汚しには他にたくさんの技法があるが、これは、現在では「エィジング」と呼ばれているもので、本来は経年変化による材質の変化などを指す。建物などが朽ちていくのはその代表だね。また雨風や泥などで汚れた状態を作りだす作業を、現在では「ウェザリング」と称しているけど、撮影所では総体的に「汚し」と呼んでいた。「汚すから『汚し』なんだよ」というわけだ。

で、唐の民家に大体の塗り分けができた昼過ぎ、本編美術助手の若い女性がやってきた。

「おはよーございまーす」

美術助手は民家をぐるっと見回してから……、

「壁はねぇ全部漆喰なのよ。だから、そう見えるように仕上げてね」

と言い、さらに細かい指示をこーちゃんに伝えて戻っていった。彼女が作業場を出たとたんに、こーちゃんが言った。

「あいつ、こうるさいな、わかってる事いちいち言ってやがった」

「注意」ではなく「要望」だけを言えばいいのにと、こーちゃんはボヤくのである。彼女はこーちゃんの仕事をまだ知らないから、こまめに注意じみたことを言ったんだろうね。模型少年は彼女とは同じ歳だったせいもあり、すぐに「にに」「かよ」と呼び合える仲になった。

●この「佳代」ちゃんは、後年デザイナーの桜井克彦氏と結婚し、ずうっと映画の美術を務めている。なお、克彦氏は筆者が特美から営業へ異動となってからの上司である。

漆喰を表現するのは、本物と同じような手順で作業をすれば、それなりには出来る。しかし博物館の展示品ではないのでここは「らしく見える」ようになれば良いのである。でも、特美の意地を出したこーちゃんは、メーコーパテ［水性の合成パテ］をゴムへラで全体に擦りつけ、壁隅のひび割れを再現しだした。

「こうじ！　そんなに凝ってどうすんだよ！　ロングなんだから写らねえんだよ」

そこへやってきた、鉢巻を締めた青木さんが笑いながらどなった。

その声を聞きつけて白崎係長も出て来て、

「うんうん、こうちゃんね、パーっと仕上げちゃってよ。残業になんないようにさ」

彼はマネージメントをやっているから、製作予算と稼働の関係を気にしていたのだ。それでもこーちゃんは、凝った見事な家を仕上げた。様子を見に来たかよちゃんは眼をまん丸くして、じーと家を見ていたが、こーちゃんの意に反してたった一言。

「あ、仕上がったのね。明日から建て込むからね」

いっしょに来た本編デザイナーの村木 忍女史は、

「こうちゃん、良く出来たわね、うんうん、いいわよ」

さすが、歴戦のつわもの、親方職人をさらりと褒めることを忘れない。

また何日か過ぎて、新たな作り物が特美に舞いこんだ。長さ3m弱の唐人船である。マスト天辺まで3mもある。フォルムは遣唐使船で、かよが持ってきた意匠図を見ると、舷側の波除板全箇所に龍が作画されている。結構メンドーな仕上げだ。

特美大道具の「けいちゃん」こと田中敬喜班長が張り切った。大工さんたちにとり、船造りはなかなかやりがいのある仕事なのだ。模型少年の感想なんだが、多分、田中さんたちは造るのを楽しんでいたはずである。いつもの顔ではなく、嬉々とした様子がうかがえるのであるから。

3日ばかりかけ、白と朱色の鮮やかな船が仕上がった。リアル感を出す為にこーちゃんが汚しを始めた。しかし村木女史はあまり汚しを入れないでくれと言っていたので、朱や緑の派手な塗装の彩度と明度を落とすにとどめた。色を「抑える」という事だ。

船はチャラチャラしたものから、それなりに重さや大きさを感じるようにはなって、女史からOKがでた。が、こーちゃんは物足りなさを感じている。なぜか？　はわからない。大プールに浮かべて、波起こし機で波浪をたて、航海のシーンを撮影してみないと判明しない。けれどそれでは遅いのだ。撮影前にセッティングしなければならない。

やはり、何度かの航海による自然な汚れ、ウェザリングが足りないのではないかと思った。汚しすぎても、ただ汚く映るので加減はかなり難しい。しかし本編の小谷監督からも特撮班の中野昭慶監督からも注文や要望は特になかったので、船はそのままで撮影された。それにしても、現代の船でいうところの「ブリッジ」が甲板の上屋なんだけど、汚しを入れていないから漆喰が真っ白白でそこだけが異様に目立っていた。

後日、所内の試写室で完成試写を特別に見せてもらったが、セリフは全部英語で字幕もないから、役者が何を言っているのかさっぱりわからない。片言に聞き取れるセリフを、周りが笑ったので一緒になって笑った。こーちゃんが凝った民家はどこに出たのだろうか……。船は上屋の白さが目立っていたが、なかなかリアルに撮れており、初めての映画特撮シーンに感慨をして、意気揚々と特美にもどった。

●2012年の暮、小谷監督から連絡をもらい、川崎の小さな小さなシアターでの『マルコ』字幕版映写会に呼んでもらった。いやあ、言葉がわかるとやっぱりおもしろいものだね。映写終了後、本日の打上げで隣のバーで大勢の人たちとビールを飲みながら歓談。隣席の中野監督と当時の話しで盛り上がった。

中野監督が豪快に笑いながら「本編が青空、大プールの船が曇天」。繋がっていないのである。「それが残念であった」と……

▲映画『マルコ』撮影における唐人船。大プールに浮かべた状態で、操演の松本光司さん「まっちゃん」が撮影を準備中。画面が赤っぽいのは夕景を撮影するため。模型少年にとっては使用している塗料の種類からして驚きの連続だった。

【シーン2】

『ゴジラ対メガロ』特撮
〜ジェットジャガー〜

昭和47年（1972年）9月。

マルコの撮影が終わってすぐ、『ゴジラ対メガロ』が始まった。特撮的にいえば当然ゴジラとメガロが主人公なのだが、この作品では「ジェットジャガー」も忘れてはいけない。こいつを作るのに特美の造型スタッフが活躍した。安丸信行さん・「安さん」と、模型少年が入って3ヵ月後くらいと思う頃に、新潟からやってきた小林知己（ともき・通称「とも」。彼は模型少年のひとつ年下）のふたりだ。後年、彼が安丸さんの後を継ぎ、造型を仕切っていくことになる。

『マルコ』の大プールでの撮影が終わりにさしかかった頃、造型はこれらの粘土原型を作り始めた。ジェットジャガーはロボットなので、頭部はポリ樹脂の造型、ボディは役者が入って芝居をする為、ウエットスーツをベースにして作る。

　造型が頭部の粘土原型（クレイモデル）を型取りして、ポリエステル樹脂を流し込んだジャガーの頭が出来たので、模型少年はラッカーシンナーで洗って「ヌメリ」を取り、こーちゃんに渡した。あとは基本色のシルバー、おおよその「シャドー」（メリハリをつける為のいわばメイクアップ）をピースで吹き付けて仕上げ、すでに塗りあがっていたボディと装着すれば完成である。あと少しだ。ここで5時になった。これなら「ちょい残（短い残業のこと）」でいけそうだ。

　他のキャラクターも役者の入る「縫いぐるみ」（現在では着ぐるみと呼ばれている）なので、出来上がったラテックス（ゴムの一種）製のこれらの縫いぐるみの色仕上げを、こーちゃんが仕上げる。同時にメガロも新規製作なので、準備期間中に作らなければならない。他にゴジラはストック品をリニューアルして使う。造型スタッフは毎日を忙しくしていた。

　福田純監督、特撮は中野監督、特殊美術は青木利郎さん、そしてその美術助手として好村直行・「なお」が入ってきた。彼は模型少年と同い年で、とも、なお、にに、の3人は、向後、奥さんたちをも含めて「仲良し6人組」となっていった。

　で、模型少年は製品仕上げパートで、特撮スタッフではないから、撮影現場には就いていない。だから、この時の現場写真は1枚もなく、使われた模型もあまり記憶がない。唯一覚えているのは、青木さんが写真と簡単な図面を持ってきて、

「にに、こんなの作れるか？　本編繋がりの『ドルフィンボート』だ。大きさは……そうだな15㎝位だな。モーター仕込んでここがバタバタ動くように出来るか？」

「えっそんな小さいのにモーター入れるの？　……まあ、なんとか……」

「よし、実際にセットプールで走らせっから、浮かべた時ひっくり返らんように作れよ」

　中学から高校にかけては、飛行機の1／50ソリッドモデルを暇さえあれば作っていた。が、今度は趣味の模型ではない。特美課の多分……受注品のひとつだろう。よーし！　と気を入れて意気込んだ。いやあ、模型作れるんだ、嬉しいな。ってなもんで模型少年は朴の木を削り始めたはずだ……が……。

●しかし本文中にあるように実際のところ、この時の写真記録もなく、記憶もぼやぼやとした感じで果たして筆者が作ったのか、大道具の田中さんたちが作ったのかははっきりとしない。朴の木を削り出したのは多分大道具だろう。ただ、仕上げは筆者がやったのは確かだ。

作り方は概ね次のような手順だった気がする。

漫画チックなころっとしたイルカの、丸味をおびた形が出来上がったところで、サンドペーパーで整形し、帯鋸で左右真っぷたつに切断。次に仕掛けを入れる為に中を繰りぬいて、特効の部屋でみつけたマブチモーターとギヤボックス・クランクなどで、それなりの可動メカを仮組みする。

　仮組みした小さなメカをイルカから取り出して、左右ボディと可動ヒレなどの朴材パーツ……水面で使用するから、防水と軽くする為に肉厚を薄くしている……を、補強を兼ねるためラッカーシンナーで薄めたクリアーラッカーに漬ける。クリアーラッカーが乾いてコンコン音になったパーツをくみ上げて、合わせ目のパテ仕上げをすれば、あとは本編の実物に合わせて色仕上げだ。仕上げは発色のよい水性のネオカラー、最後にクリアーラッカーを吹き付けてと……。

　翌々日、青木さんがドルフィンボートをとりにきた。模型少年が簡単に説明を済ませると、ニヤッと顔をゆるめ、ボートを持ってステージへと向かっていった。

　ジェットジャガーやメガロが空を飛ぶシーンは、1m位の大きさのミニ

▲特美造型班チーフの安丸信行さん、通称「安さん」。所内野球大会（後述）における特美野球チームのユニフォーム姿。

▲小林知己（こばやし・ともき）。愛称：「とも」。模型少年のひとつ年下の彼は新潟出身。安丸さんの下に付いて造型スタッフとして活躍。のちには彼自身が造型を仕切っていく。

▲好村直行（よしむら・なおゆき）。愛称：「なお」。彼は模型少年と同い年。とも、なお、にの３人は今後仕事だけでなく、家族ぐるみの付き合いをしていくこととなる。

▲操演の松本光司さん、通称「まっちゃん」。模型少年こと著者を弟のようにかわいがってくれた。こちらも所内野球大会での臨時特美野球チーム監督姿。松本さんの野球レベルはセミプロ級で、レベルが違いすぎるためか、その後結成された特美野球チーム「ヘイボーイズ」には参加してくれなかった。

▶この頃はまだ後年のような写真の記録は模型少年の仕事のひとつとなっていなかったので製作したものの写真が残っていないが、よく調べてみたら「こーちゃん」がパレット代わりにしていた『メガロ対ゴジラ』の台本がでてきた。白やら黄色やらピンクやら、いったい何を塗ったんでしょうかねぇ〜。

チュアを、操演の小川昭二さん・「しょうちゃん」や松本光司さん・「まっちゃん」が、ピアノ線で吊るして命を吹き込む。操演しやすいように軽く作るので、安さんや、ともが発泡スチロールを削り出して作っていた。

　安さんや先輩たちはその材料を「カポック」と呼んでいるので、なんでだろうと思った模型少年は彼らに尋ねてみたが、いずれの答えも、「昔からカポックって言ってるぜ」と。だって発泡スチロールだろ、なんでカポックなんだよ、と模型少年は納得がいかない。そこで照明の大先輩方に尋ねてみた。

「戦前、撮影で使っていたハレパネが、カポックで出来ててな、戦後、その質感とそっくりな合成樹脂の発泡スチロールが出回って、ハレパネもそれで作られるようになったんだけどな、メンドーだから、昔のまんまカポックって呼んでんだよ」

　まあ、要するにカポックは発泡スチロールを指してるってわけだ。見た目から「キビがら」と関係あるのではないかと当たりをつけた模型少年、アパートへ帰ってから野草や樹木の趣味がある「かみさん」に聞いてみた。

「ああ、カポックね。インドネシアで栽培されている、アオイ科の落葉高木だよ。実から綿みたいなのが取れるのよ、ほら枕に入れる『パンヤ』ってあるじゃない、あれよ」

　かみさんはこともなげにスラスラ答えてくれた。

「じゃあさあ、それって発泡スチロールに似てるよな」

「うん、あんなに真っ白ではないけど、質感は似てるよ」

　そうかキビがらではないのか、元々は樹の名前だったんだ。ひとつ利口になった模型少年でありました。


　で、操演のまっちゃんなんだけど、ある日、血相かえて模型少年のところにやってきて、

「おいっ、『にに』ってぇのはいるか！」

と、いきなり巻き舌でまくしたてた。びっくりした模型少年が、

「俺ですが……」

「おめえかっ、おめえカミさんいるってぇじゃねえか！」

「はぁ、いますけど……」

「それなのによ、俺の妹とつきあってんだってぇ⁉」

「え………」

　いやぁまいった。新宿のセツモードの同級生に、ウェーブをかけた長い髪のスラッとした「はるみ」という女の子がいて、クレオパトラを連想できるので「えじぷと」との渾名をつけて仲良くしていた。その子がなんと松本さんの妹。確かに学内では噂をされるふたりではあるが……。

「はるみがよ、『彼が特美に勤めてんのよ、兄貴、知らない？』なんて言うもんだからよう、てっきり恋人かと思ってよう」

──まあ近いものはありますが……。

　そう思ったけれど言わないでおこう。

　事情を知ってまっちゃんは少し安心したようだ。だが、それでも渋い顔をして現場へ戻って行った。

　向後、変人の代表的なまっちゃんだが、模型少年を弟のようにかわいがってくれた。

▲模型少年の記録ノートは次項で述べるように『流星人間ゾーン』からはじまるのだが、その１ページ目に貼付けられたのがこの『ゴジラ対メガロ』の特撮クランクアップ記念スタッフ写真。〔撮影／東宝フォトプロデュース〕

【シーン3】

TV『流星人間ゾーン』特撮
～沢山のスーツと小さな模型たち～

昭和48年（1973年）1月。

4月から日本TVで放映される、東宝映像制作の『流星人間ゾーン』という、『ウルトラマン・エース』に対抗する変身ものドラマが入り、特美では特撮用の模型をたくさん作ることになった。エースの作り物も相変わらず入ってきているので、仕上げパートはとても2人では追いつかない。模型少年のセツモードの同級生のジュンこと「白井 準（ひさし）」がバイトに来てくれたので幾分か楽にはなったが、それでもテレビものが同時に2本というのは、かなりなハードさだ。事務所も何人かのバイトを入れる算段をしていた。奇遇なことにジュンの兄貴の「白井宏昌」さんは元特美の美術で、小村さんと共に井上さんの助手をしていたという。ジュンは模型少年にその事は話していなかったので、模型少年はそんな縁にもうびっくりである。

さて今年から写真記録を撮ることにしよう。一眼レフは高くて買えないので、実家にあったハーフサイズのオリンパスペンEMを使う。モノが仕上がって現場に出す直前に撮れれば、特美の作り物のすべてを記録する事ができる。誰にたのまれたわけでもないが、高校生の時、凝っていた鉄道模型や飛行機模型が完成すると写真を撮った。その延長線上なのだ。記帳することにより、ある種「成果」が貯まってくるという楽しみもあるのだ。

●この写真帖が1995年まで続いて21冊になろうとは……

さて、その記念すべき写真第1号は「怪獣ミサイル」というもので、特撮美術の小村さんがデザインしたものである。大道具からそのヘンテコリンなミサイルを持ってきた小村さんは、自分で作画した色絵を示して、

「ゾーンの敵のガロガのミサイルだから、それなりにおどろおどろに仕上げてね」

と言って長さ65㎝のを2本机に置いた。

——おっ、こいつはド派手だ。すごい色使いだなぁ。

緑地に赤の翼、そして金銀の帯、子供向け番組だからド派手なほうがいいのだろう。弾頭部には眉毛と目玉も描いてある。模型少年がでっち上げたガロガ文字なるものをレタリングした。

出来上がったのを見たこーちゃんは、目をしかめたが何も言わない。小村さんはにこにこでミサイルを受け取っていった。このミサイルは6月の放映打ち切りまでに、アップ用の大きい物からロング用の15㎝のものまでと、爆破用の石膏製を含め27本が作られた。

本編の役者が変身した時に着る「ファイタースーツ」も、ウエットスーツ屋に外注したゾーン、エンジェル、ジュニアと次々に出来てきた。役者にピッタリとフィットしているから、動いてもひび割れしない塗料で仕上げなければならない。そんな具合のいい塗料は国産では発売されていないから、これまでアメリカ製のなんとかというゴムに塗れる塗料を使っていた。だが、すぐにゴワゴワとなってシワがヒビとなり、ボロロっと剥がれてしまう。そこでこーちゃんはパンチパーマ頭をひと振りふた振りして考えた。

ゴム系接着剤「Gボンド」をラッカーシンナーで少しずつ溶いて、刷毛からポタポタ垂れるくらいにする。ゾーンのスーツはすべて銀色がベースとなるので、そこに銀粉を混ぜていく。しかし、安い銀粉はキメが荒いからテストしてみると、塗りあがった試験ピースは光輝くシルバーとはほど遠い、単なるグレーになった。おまけにゴワゴワ感もあり即NG。ここでひとつ判ったことがある。塗料が乾いたときの厚さを出来るだけ薄くすると、Gボンドが生きてヒビ割れがおきないのだ。

そこで、こーちゃんは#3000の細かい銀粉を混ぜた。高いんだけどね。出来た自作塗料はシンナーのトルエンがすぐに蒸発するから管理が大変だ。調合しているとフラフラになってしまう。新宿あたりで高い金だして「アンパン〔トルエン〕」吸ってる奴らが結構いるけど、ここでは換気を徹底して仕事してても幾らか吸ってしまっている。彼らが好んで吸っているのは理解できない。結構害があると思うのだが……。もっとも子供の頃から模型にラッカーを塗っていたから、この臭いには慣れている模型少年ではありますが、それでもこのスーツ用塗料を大量に作る時はいいかげんおかしくなる。

さあ、こーちゃんがスーツに塗り出した。なるべくシャブく〔薄くした状態。覚醒剤のシャブからきているのか、薄くてシャブシャブという音がするからなのかは不明。下巻の巻末用語参照〕して刷毛塗りをする。ガンで吹き付けるとGボンドが蜘蛛の巣になるので、一気にひと刷毛で塗る。何度も同じところをこすっても蜘蛛の巣ができてしまう。いやぁこりゃ普通塗料のようにはいかんね。こーちゃんも苦労したようだが、すぐに手際良く仕上げてしまう。乾いては塗りを繰り返すと見事な金属感のスーツが仕上がった。

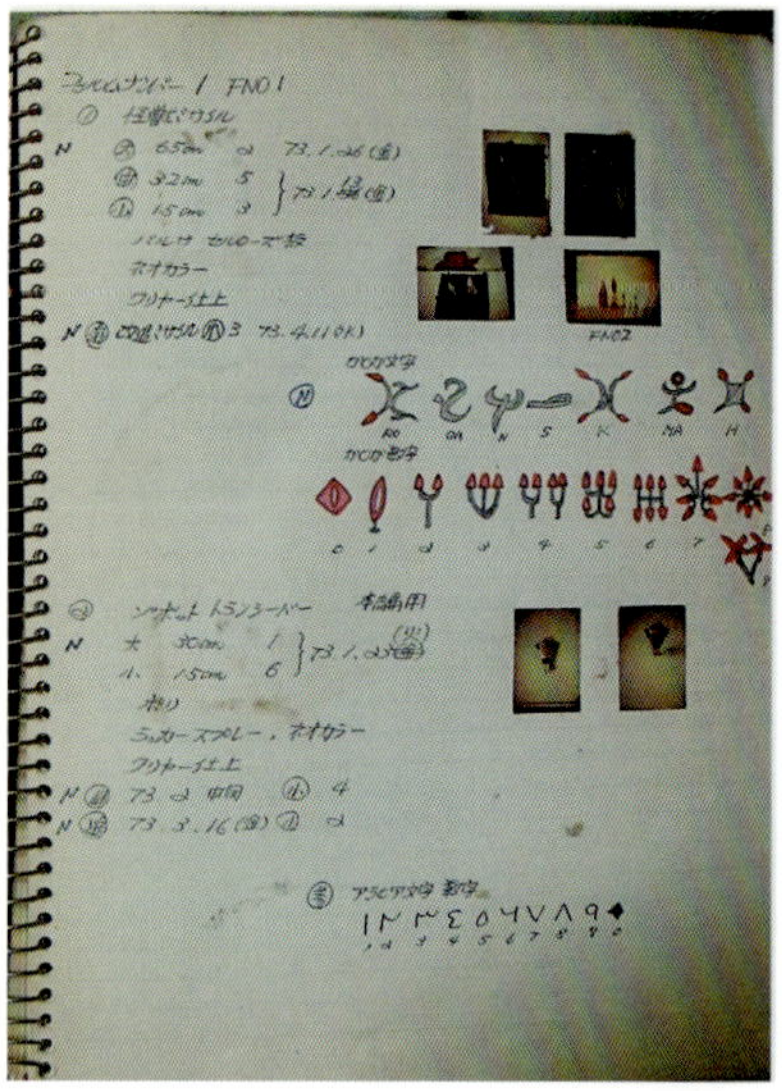

▲模型少年の記録ノート第１号はこの『流星人間ゾーン』からはじまった。作り物の素材や大きさだけでなく、使用した塗料や仕上げのクリアーコートの種類も書き留めている。撮影に使ったカメラは、当初はオリンパスペンEMで、次第にグレードアップしていった。

次の日、完全に乾いたことを確認して、スーツを折りたたんだ。やった！　ヒビは入らず、もちろん塗料も剥げない。この特製塗料を「ボンドカラー」と名付け、多少改良を加えたりしたが基本的には同じ物を向後何年もその都度調合して使った。

ファイター、エンジェル、ジュニアのスーツは結局20セット、そしてガロガ星人のスーツもシルバー、レッド、グレートと合わせて18セットを仕上げた。

変身すると巨人化するファイターやガロガ星人だから、撮影セットは当然ミニチュア。建物や自動車や船や看板や兵器や人形や……いろんな模型が大道具から造型から廻ってくる。

この頃になるとそれぞれの係が自然に決まってきた。こーちゃんはスーツ、天体もの、看板のレタリング、怪獣など。ジュンは建物、スーツ、現場でのリタッチなど。模型少年は飛行機などメカ物専門。バイトの容子は小物と看板の色仕上げ、5cm位から20cm位まで40枚をひとりで黙々と仕上げている。乾いたところでレタリングをこーちゃんがこなす。こーちゃんは模型少年やジュンや容子に任せているので、いちいち色指示はしない。指示したりするのなら自分でやった方が遥かに速いからだ。だからそれぞれが自分のセンスで仕上げていく。ときたま小村さんも塗りにくるので、作業場は5人の体臭と塗料臭でむんむんとしている。トイレに行くため事務所の白崎さんが入ってくると、

「こうちゃん、臭いがすごいよ。開けとくからね」

と言ってガラス戸を締めず外へ出る。すると「シャー」と気持ちよさそうな音が作業場に聞こえてくる。容子は何を連想したか赤いほっぺをさらに赤くした。

2月の中ごろ、小村さんが打合せから戻ってきて、

「ゾーン側の『地球防衛空軍』の戦闘機はどんなのにする？　にに、飛行機詳しいから考えてね」

「本編のデザインはないんですか？」

「うん、本編繋がりはないんだって、だから何でもいいの」

そこでこの頃話題になっている超音速旅客機「コンコルド」のプラモを買ってきて試作してみた。

「あれ、これって旅客機だから戦闘機っぽくないじゃない」

小村さんは不満げだ。こーちゃんもにやついている。

模型少年は全く動ぜず、

「そのままだったらね。でもね2人乗りにしちゃうんだよ。こうして、ほらっ」

機首に膨らみを足してかなり大きな風防をつけ、シルバーとマリーンブルーに塗り分けたら、全体のシルエットはコンコルドのままなんだけれど、それらしくなった。

「戦闘機としては少し長い感じだけど、ＳＲ71ブラックバードという長いのも実機にあるから、まあいいんではないかなあ、どう？　使える？」

「うん、いいんじゃないの。1機ちゃんとしたの作ってよ。監督に見せに行くから」

右翼にＮＩＡＳ（ノースインターエアセッツ。地球防衛空軍なのになぜこれかは不明）のレタリング、左翼に太陽をアレンジした空軍マークをでっち上げて、小村さんに渡した。

監督のＯＫが出たので、1／100と1／132のニットー製プラモを10機買ってきて戦闘機に改造した。勿論領収書をもらってしっかりと清算する。向後、模型少年は模型製品の買物担当になってしまうのである。

●後年登場したアメリカ空軍のＢ1という爆撃機が、このデッチアゲ戦闘機に似ている。

翌日、また注文がきた。ガロガ側の戦闘機も必要だという。それならと、今度は「ツポレフ144」を朱とシルバーで塗り分けし「侵略攻撃戦闘機」なるものをデッチアゲ「ガロンガー」と名付けた。その後フジミ製の1／48「ファントム」をおどろおどろしいガロガ色に塗って侵略攻撃機とした。

しかし仕事なのに、模型少年にとっては趣味のような毎日である。

◀こーちゃん特製のボンドカラー仕上げ（「Gボンド」をラッカーシンナーで少しずつ溶いたものに＃3000の細かい銀粉を混ぜてある）によるゾーンファイトスーツ。子供の頃から模型にラッカーを塗っていた模型少年ではあったが、このスーツ用塗料を大量に作る時はいいかげんおかしくなった。後ろの棚に右写真の「怪獣ミサイル」が見えますな。

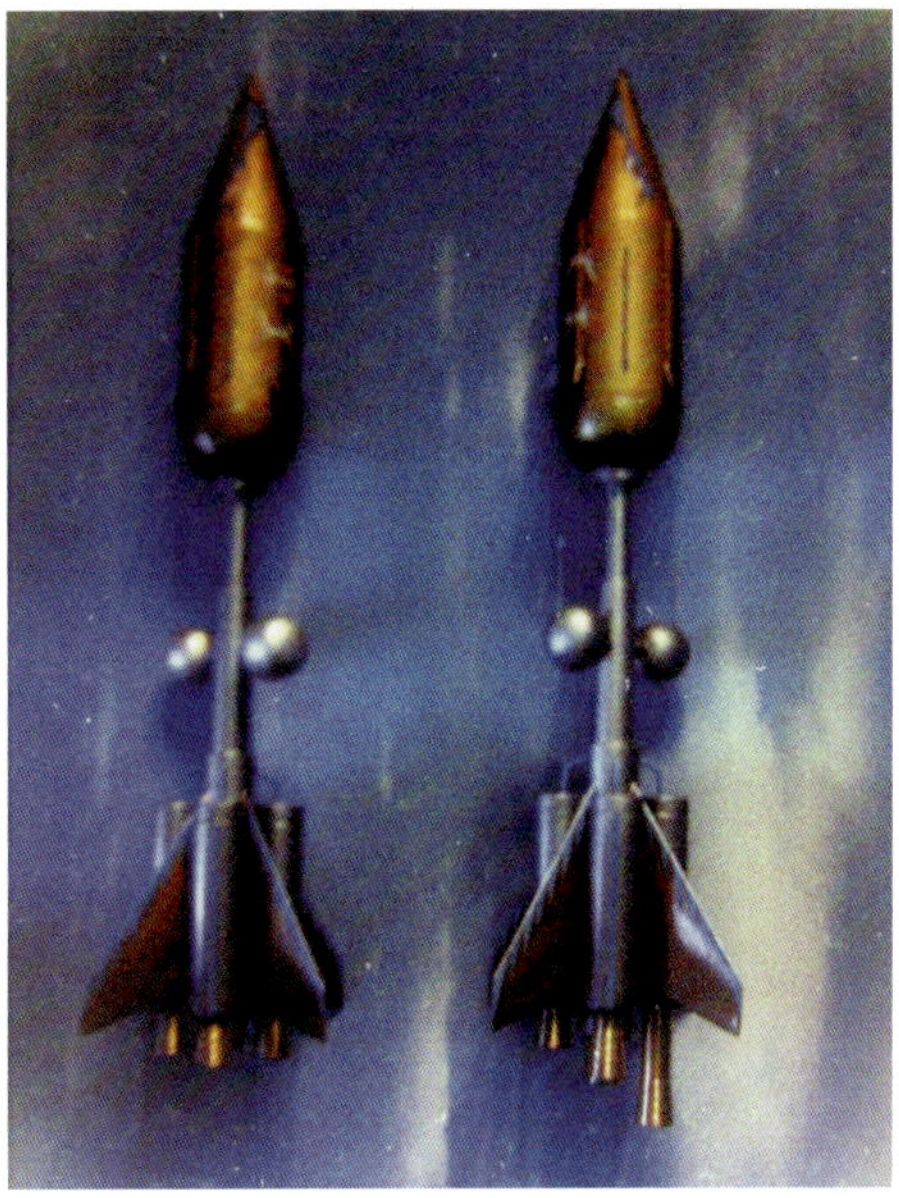

▶記録ノートの写真第１号は美術の小村さんがデザインした右の「怪獣ミサイル」だった。ゾーンの敵のガロガのミサイルで、緑地に赤の翼、金銀の帯と言う配色。弾頭部には眉毛と目玉も描いてある代物だった。模型少年がでっち上げたガロガ文字なるものをレタリングしている。このミサイルは6月の放映打ち切りまでに、アップ用の大きいものからロング用の15㎝のものまでと、爆破用の石膏製を含め27本が作られた。

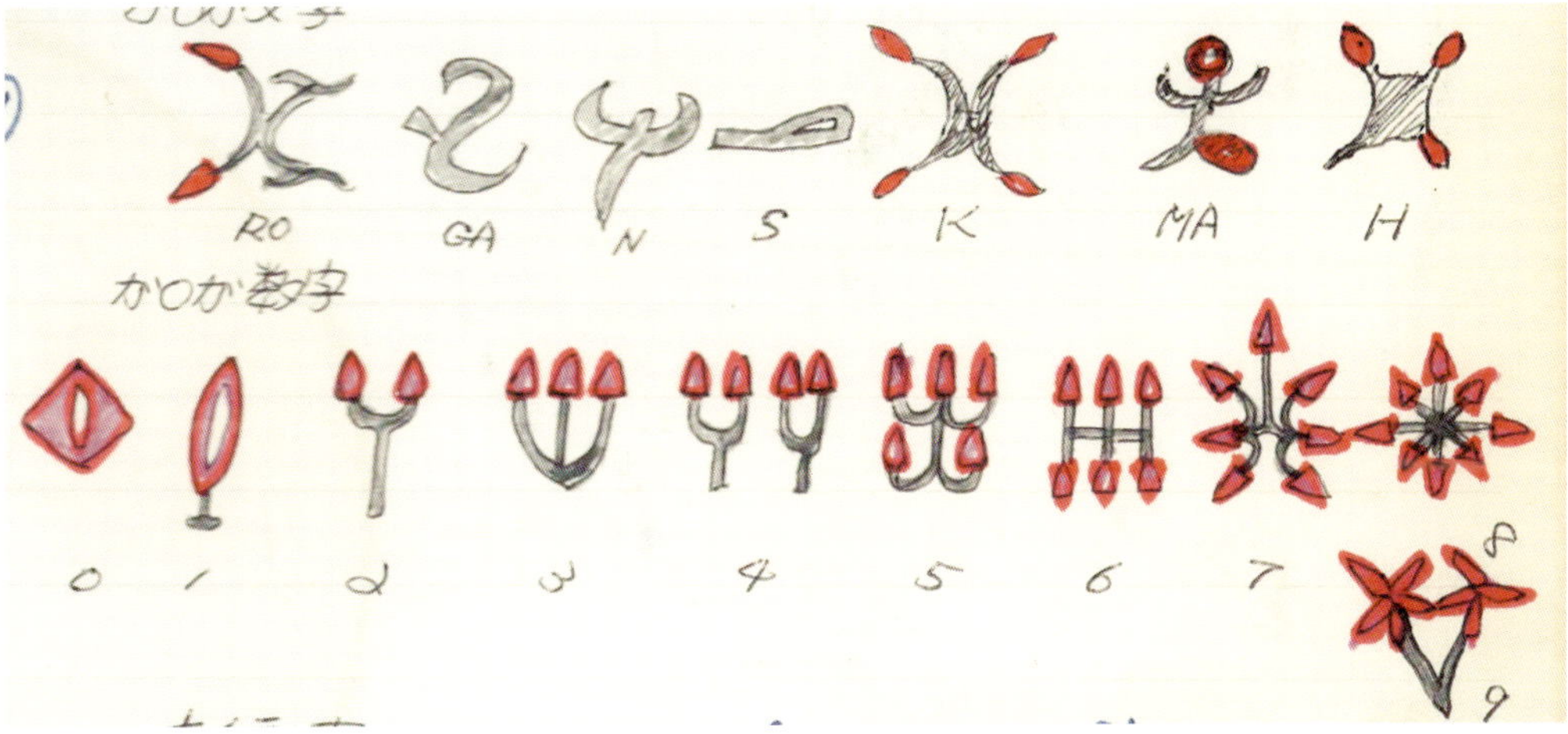

▶こちらは模型少年がガロガのミサイルや兵器に施すためにでっち上げたガロガ文字。こうした設定を考えるのもなかなか楽しい仕事だった。

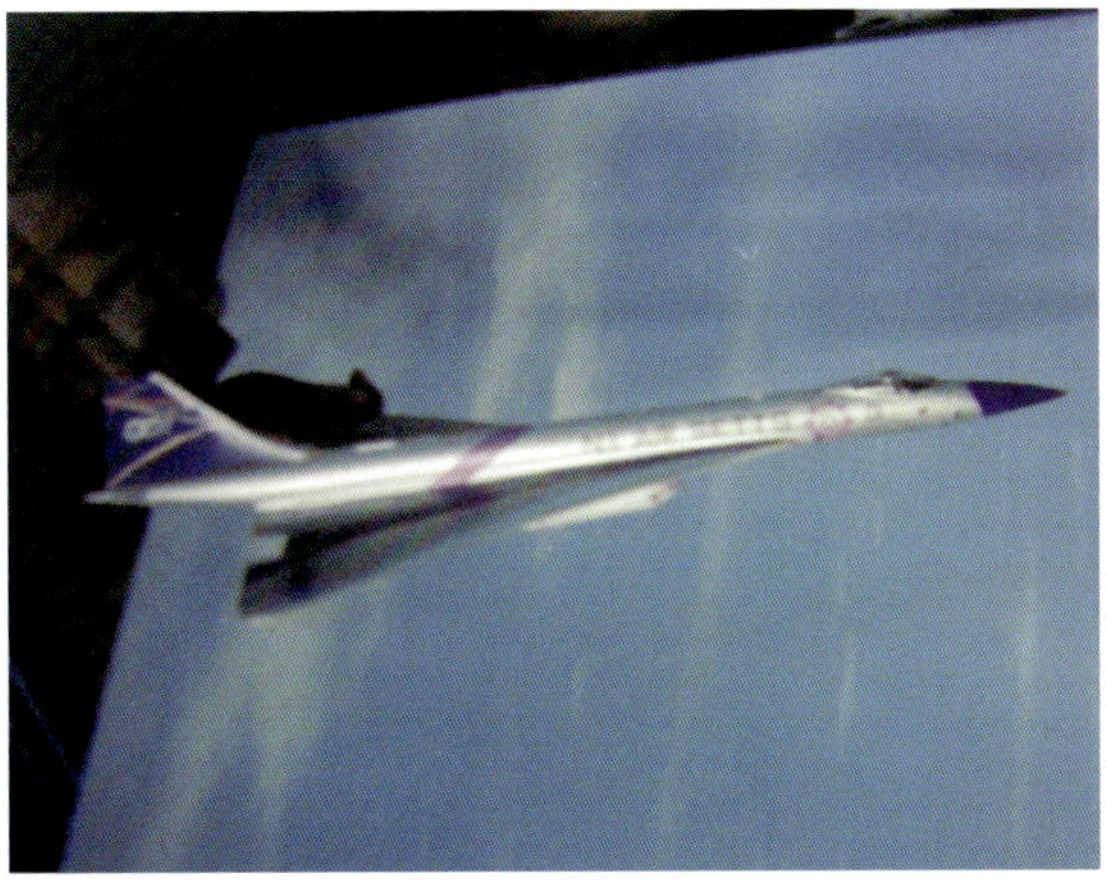

▲模型少年がコンコルドを改造して“でっち上げた”地球防衛空軍用戦闘機。コクピット風防を大きくしたら複座の戦闘機のようになった。同じようにしてガロガ側の戦闘機や攻撃機もでっち上げている。

▶こちらのグレートガロガスーツもこーちゃんの特製ボンドカラー仕上げによるもの。てかてかの質感がおわかりいただけるだろうか。

【シーン4】

TV『ウルトラマンタロウ』特撮
〜一作品最多の作り物〜

昭和48年（1973年）2月。

昨年バイトで初めてここへ来てからというもの、『ウルトラマン・エース』の作り物が次から次へと入り、テレビは毎週放映するから先行してどんどん撮影する。そんな状態の中へ先月から、前述した『流星人間ゾーン』が入って特美はてんてこ舞い、それなのにまたテレビだ。エースが4月で終わって、その弟の『ウルトラマン・タロウ』が入るという。少ないスタッフで3本同時にテレビの作り物だ。バイトを増やしてもすぐにはいっちょ前のペイントができるわけではないから、チーフのこーちゃんも事務所の白崎さんも頭をかかえていた。

それでもバイトを入れなくてはならないので、事務所は多摩美や武蔵美に声をかけ、ちょっとは出来るだろうと思われる美大生を入れた。何人かやってきた中から「ゆうこ」と「きな」というかわいい娘が、こーちゃんの助手についた。こーちゃんは女の子に甘いし、鼻の下を伸ばすしで事務所としては心配なのだが……。

タロウの写真記録第1号は、2mの東京タワーだ。全部がトタンを曲げたアングルやらチャンネルで作られている。下請けの「トイダ〔戸井田〕」の製品である。トイダの親父は昔から街に何軒かある「銅壷屋（どうこや）」で、トタン板や銅板を拍子木のような角棒でひっぱたいて折り曲げ、ハンダ付けや銀ろう付けで屋根の樋や流しのシンクなど生活品を作っていた。昔、スタッフの誰かが映画のミニチュア製作を頼んでから、こっちの方が面白くなって、それ以来ずっと模型作りの下請けを引き受けてくれている。早くて上手くておまけに安くて事務所としては大切な業者さんである。

で、その東京タワーなんだが、こーちゃんは木製とはまったく違う手法で色塗りを始めた。ホースの先を鋭く絞って水をまんべんなくぶっかける。ハンダ付けする時にプロは塩酸に亜鉛板を漬け込んで「塩化亜鉛液」を作る。それを接着面に塗ってハンダ付けをする。こうするとガッチリと接着される。その時着いたベタベタ状の液を洗いながしてから塗装するのである。そうしないと塗膜は肌に乗らずすぐ色が剥がれてしまう。いくら映画用だといってもそれは拙いから、入念に洗ってから塗装を施すってわけ。

水洗いが乾いたら、第一展望台から上をナント！　白のラッカースプレーでシュッシュッシュッとやった。その際吹きっぱなしでシューっとやってはいけない。塗料が出過ぎて塗装面に「タレ」ができる。そりゃそうだ、塗料も重力の法則には逆らえない、だから小刻みに缶を右、左と動かしながら均一に吹き付けるのだ。

そんな感じで下半分がトタンの地、上が白のタワーができた。乾いたら「航空管制」の塗り分け、即ち赤白赤白とする為、白になる部分にマスキングを施して、やはりラッカースプレーの赤を吹き付けて塗装は終り。乾いたらマスキングを剥がし、今度は水性の埃色を全体にガンで軽く吹きかけて完成となった。この間、1時間くらい。

「市販のラッカースプレーは急場しのぎに便利なんだよ」

と、こーちゃんは言っているが、その日夕方になってもタロウのスタッフは、タワーを取りに来なかった。特に「急場」というわけではなかったのだ。ラッカー吹き付けをするとその段取りやガンの洗いが手間なので、単に横着しただけなのであろう。ただ赤や白だからやれることであって、中間色の微妙な色合いでは市販スプレーがないから、今日のようなわけにはいかない。しっかり段取りして、しっかり塗装しなければならない。

タロウの特撮美術は青木さん。ゾーンの特撮美術は小村さん。模型のセッティング日がダブルとこーちゃんはちょっと大変。

「こうじー　出来たか？」

青木さんが催促にきた。

「まだだよ。今、小村ちんのやってっから」

「そんなのほっとけよ。こっち先やってくれよ。明日なんだからよー」

なんとも勝手な青木さんである。順番として大道具から受け取った順に塗装を始めているのだけれど、明日セットするのに何も手をつけていない品物を見て、青木さんも焦っている。

「わかったよ。ちぇっ、うるせいなぁ」

「こうじ！　今なんか言ったかっ」

「独り言だよ」

こーちゃんは、小村さんのを塗りかけのまま、青木さんの方をやり始めた。それを見た青木さんはニヤッとしてステージへ戻っていった。

するとしばらくして小村さんがやってきて、塗りかけのまま放置してある模型を見つけ、

「あれ、こうちゃん　これは？」

「ああ、今、青木やんが来て『明日出すから先にやってくれ』って言ったもんだからさ」

「えー、青木やん勝手なんだから……。僕のだって明日なんだよ」

――ああ、うるさい！　どっちも明日あしたって、やりゃいいんだろ、明日までにどっちも仕上げればいいんだろう！

と言うのも面倒くさげに「ジロッ」と小村さんを睨んだだけで、こーちゃんはまたせっせと青木さんの模型にスプレーガンを向けた。


成城学園の駅からバスに乗ると、３つ目の「東横小前」で降り、少し戻ると撮影所の裏門がある。そこを入ると左側に「No.3」「No.4」の撮影ステージがくっついて建ってるんだけど、タロウの撮影はそのふたつのステージを使っている（現在はさまがわりして裏門のあった所は一般道になっている）。

「にに、３スタ行ってくれ、野村やすさんが石膏ビル作ってっから、色上げちゃってよ」

安丸さんの「安さん」と区別する為か、野村安雄さんは「野村やすさん」と呼ばれている。こーちゃんに指示を受け、水性塗料とクリアーラッカーのスプレーを持って3スタへ駆けつけた。ステージの裏の狭いところで、野村やすさんが石膏のビルを作っていた。

「おお、来だか、あそこの奴が塗れっど」

野村やすさんが示したビルに軽く触れると湿り気はもうない。スプレー缶のクリアーラッカーを全体に吹き付けて、そうなんだ、石膏の場合じかに塗るとみんな吸いこんでしまって、いくら塗っても色があがらない。だからシーラー（下地専門塗料）を塗って一膜つけてやるわけなんだけど、撮影現場なんで缶スプレーのクリアーを代用しているわけだ。で、そのクリアーが乾いてから特美で作ってきた水性の下地色を三寸刷毛で塗っていく。それが乾く合い間に現場を覗いた。

マンションやビルが立ち並んだ街のセットが組まれている。手前から奥へ向かって作り物の縮尺を小さくしてパースをつけ、テレビ用の狭い３スタなのに、かなりの広がりというか奥行が出ていた。

ウルトラマンタロウと怪獣がこの舞台で闘うのだ。昨日仕上げた石膏ビルやバルサで作った民家があっと言う間に壊される。野村やすさんが1日かけて石膏で作ったマンションや発泡スチロールのビルは、本番のたった3分で（ウルトラマンだから…）見事に破壊されてしまう。まあ壊すために作ったのだから、それが仕事なんだから、と野村やすさんは出来上がったビルに「よくできだ」と愛着があっても、それ以上のセンチメンタルさは持ち合せてい

▶『ウルトラマンタロウ』における特美の最初の仕事は写真の1/165スケール東京タワーの塗装だった。大きさはちょうど2mで、ラッカースプレー塗装仕上げ。

〔野村やすさん〕

◀特美スタッフの野村安雄氏。安丸さんの「やすさん」と区別するためか、こちらは「野村やすさん」と呼ばれていた。

▼怪獣映画などの必需品が大立ち回りの際に破壊される、ビルほか建造物だ。写真はウルトラマンタロウ用に製作した 1/25 スケールの石膏製ビルで仕上げ色（ベース色）の塗装と「汚し」が終わったところ。石膏で作ったビルはクリアラッカーを吹いてからベース色を塗った。

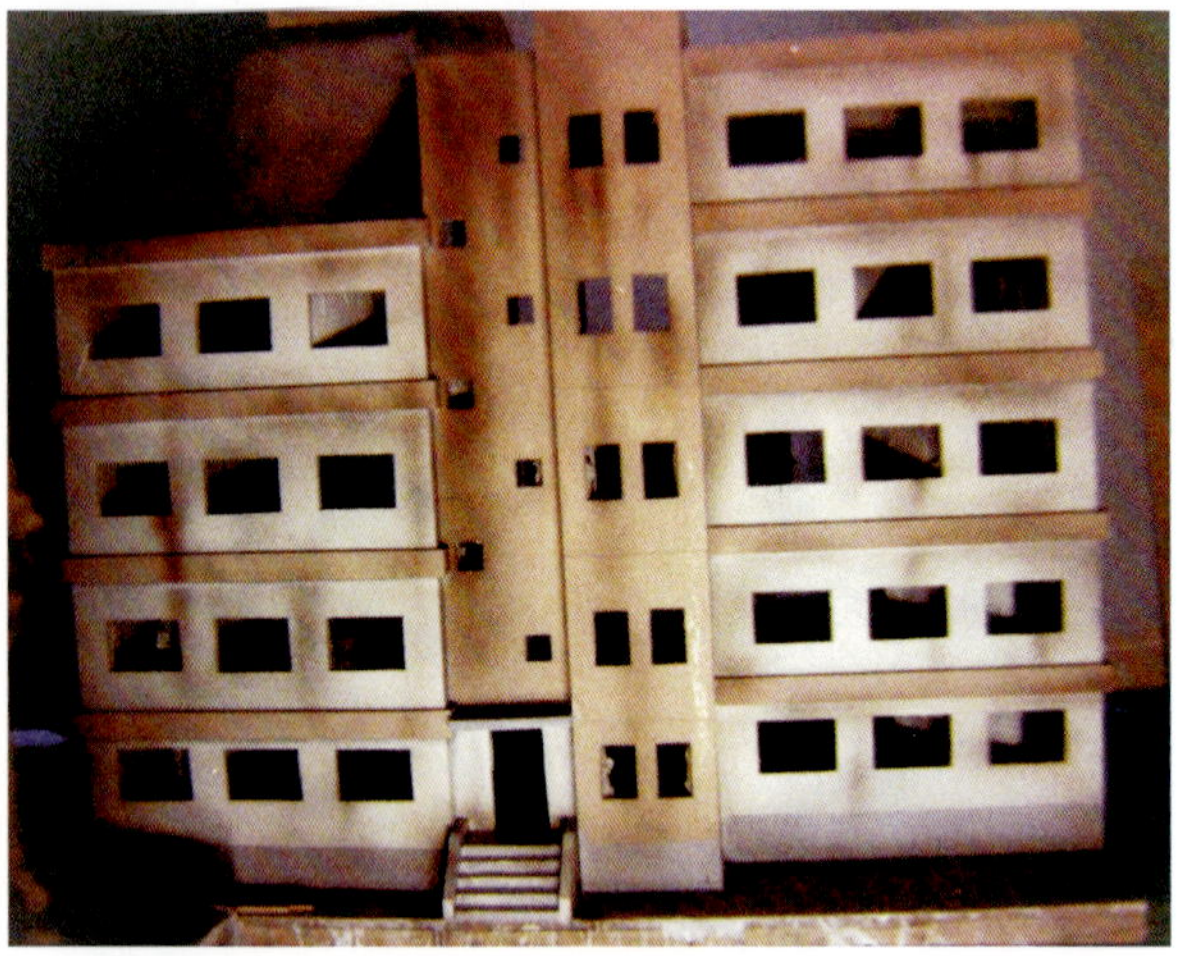

▲右写真と同じビルの模型に窓サッシを取り付け、「汚し」を調整して完成させた状態。塗装に使ったカラーの種類はネオカラー。撮影の度に壊されるこれらの造型物にいちいちセンチメンタルさを持ち合わせていては特美スタッフは勤まらない。

▼特美工作室において、エアブラシで造花を塗装中の小島こーちゃん。ちょうどウルトラマンタロウの撮影の時期だが、この花を何に使ったかは忘れてしまった。

ない。破壊されるビルを横目に、毎日せっせと石膏ビルを作っていた。

野村やすさんは模型少年より3つ上の27歳。青森は八戸出身なので東北弁が抜けきっていず、寡黙で実直な人柄は特美の誰にでも好かれていた。彼は社員ではなく、なんとかセンターからの派遣だという。大道具なのだがその器用さから石膏ビル造りを任されていた。

撮影が定時前（午後5時）に終わったので、野村やすさんは 荷重（にじゅう。平台）に載せたまま組み立てた石膏ビルを、美術スタッフの手を借り、明日撮影のセッティング場所へ設置した。

「にに、終わったど、帰ろう」

野村やすさんに促され、2人で特美に戻った。小プールの脇には「ひめおどりこ草」がピンクの小さな唇をおちょぼ口にして咲き誇っている。西の空は緋色に輝いていた。春はすぐそこまで来ていた。

●ゾーンは700個の作り物を数えたが、ゾーンとほぼ同じ半年間で、タロウはなんとその倍の1300個を仕上げた。この記録は筆者が特美に勤務した24年間、破られることはなかった。

【シーン5】

『狼の紋章』本編 〜ダミーな小道具たち〜

昭和48年（1973年）3月。

特美がゾーンとタロウの作り物でてんてこ舞いしていても、外部からの注文を請けるのが事務所の役目。どんな経路で受注したのか知らないが、ある建設会社が売り出す分譲地の模型を作ることになった。学術的とはいえないけど、スケールをちゃんと合わせた地形模型で、分譲地売り出しに際し、宣伝用のいわばプレゼンモデルである。1／1500の縮尺とし、1m角で作る。

映画用のミニチュアは沢山作った特美のプロ達も、こんな地形模型は初めてという。それでも造型の安さんたちが発泡スチロールを削り出し、大道具の田中さんたちは木軸で枠組みのような台座を製作する。

分譲地のロケハン〔ロケーションハンティングの略。撮影場所を求めて視察することなのだが、今回のように映画と無関係でも視察や現地調査ならなんでもロケハンと呼んでいる〕写真や詳しい等高線地図と分譲地図面を見ながら、安さんと小林ともが等高線を一枚一枚その形にして貼り合わせていく。つまり「コンタ模型」だ。そのあと余分な所を削ってそれらしい地形とした。

等高や面積に間違いがないかをチェックし、若干の修正が加えられて、製品は塗装室へとやってきた。こーちゃんは例の水性パテを、発泡スチロール面の道路と宅地にヘラで擦り付けてゆく。力を入れ過ぎるとスチロール面が凹むので作業は簡単ではない。パテが乾いてから＃320のサンドペーパーで、平らに平らに磨いた。

分譲地以外の周りの丘陵地や法面（のりめん）に、ラテックスに超細かいおが屑を入れてよく練った、特製パテ「コクソ〔下巻の巻末用語参照〕」を塗っていく。乾いたら緑色を吹き付けて草地のような仕上げとする。糊を塗って「シーナリィパウダー」をパラパラとやれば、同じような見かけにはなるが、触ったり擦ったりすると剥げてしまう。ところがコクソで作ったザラザラ状は、カチカチになるので取れたりはしないのである。だから、発泡スチロールの保護と補強にはうってつけなのだ。

大騒ぎしてとりかかった地形模型は、ネオカラーで綺麗に仕上げられて納品されていった。

さて、俳優が芝居する撮影を「本編」と呼び、ミニチュアが主体の撮影を「特撮」と呼んでいるが、その本編で使う特殊な小道具の依頼があった。松本正志監督の『狼の紋章』で使うバットと木刀を、殴っても怪我をしないように「ダミーな材料で作ってくれ」というもの。

造型の安さんたちはビニールパイプを芯にして布を巻き付け、ラテックスを塗って木刀の形に成形していく。バットのほうは溶いた石膏に浸した包帯を実物のバットにまんべんなく巻き付ける。ちょうど骨折の時のギブスのようにね。それが固まったら最中（もなか）を割るように、薄刃のサンダーでカットする。左右ふたつの雌型が出来たところへ、調色したバット色を混ぜたラテックスを塗りつける。乾いては塗りを何度か繰り返すと、バット形の厚い「皮」が出来る。

ビニールパイプに布を巻きつけて太らせた芯を、雌型に入ったままの「皮」に入れ、隙間にラテックスを流し込み、左右の雌型をピッタリ合わせて、最後に湯口からラテックスを流し込んで、赤外線の乾燥ランプに1日当てるとゴムのバットが完成だ。

こーちゃんがレタリングやマークを描き込み、適度な「汚し」を入れると、それはもう本物のバットであった。木刀、バット各2本を仕上げ、取りにきた助監督に渡した。

その1週間後、今度は「ダミーな材料でバイクのチェーンを作ってくれ」と言ってきた。

役者がこいつで殴るというわけだ。ゴムで一体成型で製作すると、あのチェーン独特のコマ部でカクッとした動きは出ない。そこで実物と同じように作る事にした。

大道具さんがチェーンの8の字形の小さなコマとローラー部を木材で作り、造型の小林ともがそれを原型とし、シリコンで型取してラテックスゴムで複製を沢山作った。各パーツを実物のように1個1個組み付け、2mのチェーンが出来た。この仕上げは模型少年がやった。柔軟性を持たす為、地色の鉄黒は水性を使い、塗膜を薄めに吹き付ける。ローラー部は銀粉を水性クリアーに溶いて筆塗りし、最後に保護を兼ねて全体にクリアーを吹き付けて完成。黒く澱んだ廃油にサッと漬けて軽くふき取ったあと、グリス〔固型オイル〕に泥を混ぜたものを擦りつけ、これまたサッとふき取ると、見紛うことなきバイクのチェーンが出来上がった。

試しに腕にバシッとやってみると、結構痛い。本物よりはるかに柔いといっても、こりゃあ役者も楽じゃないやと、こーちゃんと模型少年は顔を見合わ

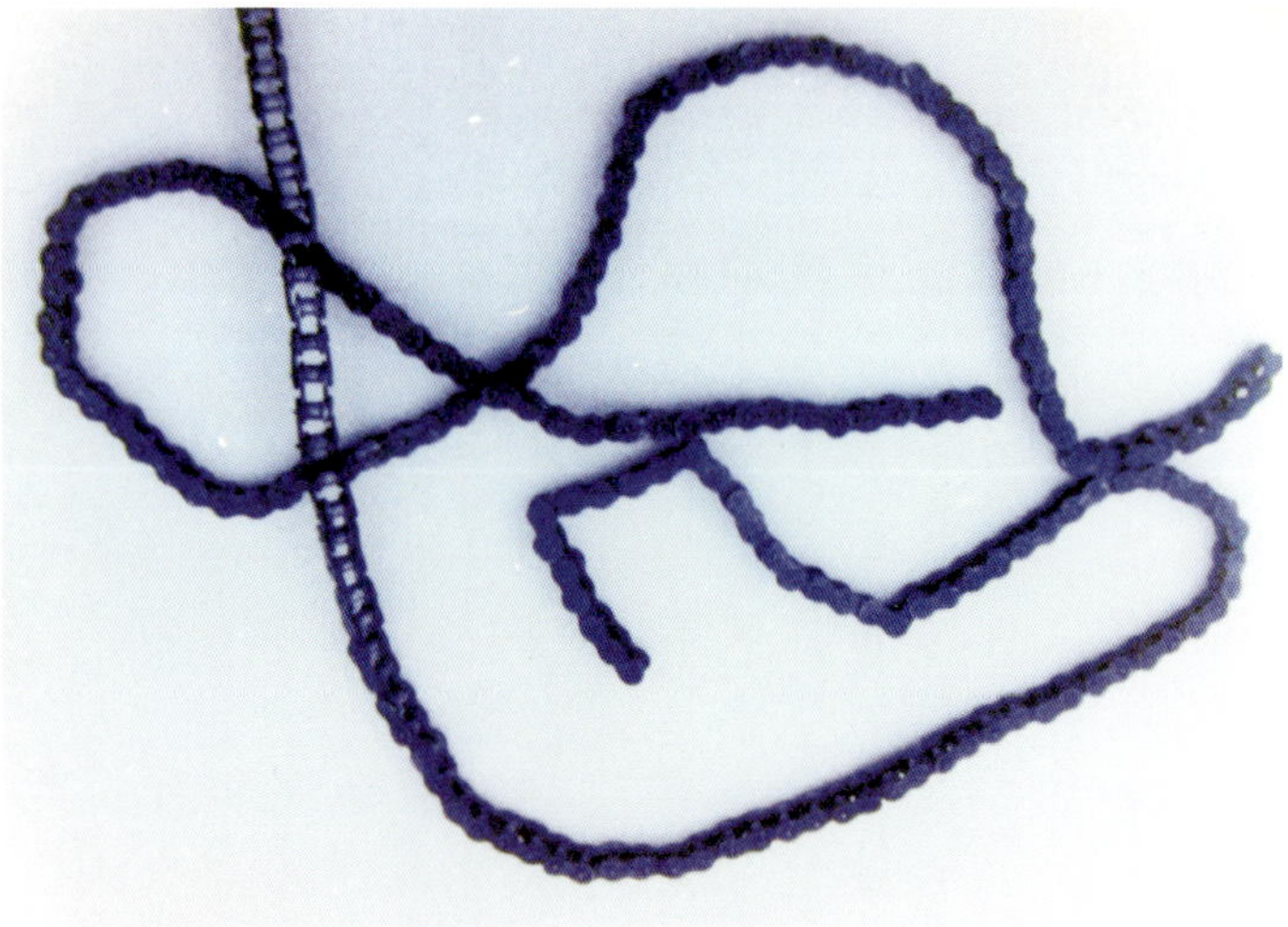

▲本編美術からの依頼で木刀に続いて作った「ダミーな」バイクのチェーン。実物と同じようにヒトコマヒトコマを小林ともがシリコンで型取してラテックスゴムで複製し、実物のように繋ぎあわせたもの。仕上げは模型少年。地色の鉄黒は水性を使って塗膜を薄くし、ローラー部は銀粉を水性クリアーに溶いて筆塗り。最後に全体にクリアーを吹き付けて完成だ。

◀こちらは主人公が狼に変身した芝居のために作られた狼男の面。安丸さんが白いウレタンを切ったり貼ったりして作ったマスクにラテックスを塗り、狼の毛をピンセットでつまんでブスッと突き刺して植毛してあった。牙はバルサ製。

せた。

それからまた1週間後、主人公が狼に変身した芝居を撮るので、狼男の面を作ってくれと助監督から特美に依頼があった。今度は「ダミーな材料で」とは言わなかった。

安さんが白いウレタンを切ったり貼ったりして、狼のような人間のような、頭からスッポリ被るマスクを作った。一品製作なのでこの造り方をしたらしい。そして狼の毛皮を頭に貼りつけていく。バルサを削った牙もつけ、それらしい狼の顔になってきた。顔面にラテックスを塗って狼の毛をピンセットでつまんで、ブスッと突き刺して植毛する。

あらかた出来たところで、ともが被ってみた。

「どうだ？　きつくないか？」

安さんが聞いた。

「ボウンデゴガァ、アダッデル。……グルジイ」

「何言ってるかわからんぞ」

「グッドゥジイガラ、ハズジデグュレイ」

ともが答える声はマスクの中に籠って、これぞ狼男の声だ。安さんもこーちゃんも思わず笑ってしまう。まだ鼻の孔を開けておらず、息が出来ないから、ともが苦しいのはもっともだ。

おでこが当たって目の位置まで下がらない、と、ともが言うので、内側のウレタンを少しずつ切り取っていく。役者と面合せをしてから内側に木綿を貼って、最後の仕上げでこーちゃんのペイントメイクアップが施された。

狼男は「狼ジンギスカン」というのだそうな。助監督はホクホク顔で受け取って行った。

5月になってもゾーンやタロウの作り物で、特美は忙しい毎日を送っていた。そんな中、久し振りに『狼の紋章』から依頼があり、手と切断された指を造ることになった。

造型班でバイトの男の子の腕をシリコンで型どりし、その雌型にやはりシリコンを流して複製を作った。白いシリコンを人間の生の肌色にするのはかなり難しい。シリコンには塗料がのらないのだ。唯一使えそうなのは、輸入品の「サテン」という製品。確か以前見たようだとこーちゃんが言ったので、2人して倉庫を調べると、隅の方に4kg缶が幾つか積まれていた。まさしくサテンである。全缶作業場へ運び、蓋を開けてみた。

とたんに石油の腐ったような臭いが広がった。と言っても腐った石油の匂いがどんなかは知らないのだが……。

「おっ、固まってないぞ、使えそうだな。にに、そっちのも開けちゃってくれ」

こーちゃんがヘラで掻き回しながら言った。

「こっちも使えそうですよ。この臭いって事はエナメルですよ」

模型少年は中学時代、ハンブロール製の豆缶を使って模型を作ったがそれがエナメルであった。同じ臭いである。こうなるとラッカーシンナーは使えない。ケロシン系の希釈剤が必要となるが、倉庫にはそんな希釈剤の缶はなかった。もちろん特美にもそんなジェット機の燃料があるわけがない(ジェット機の燃料はガソリンではなくケロシンを使っている)。

このころ、乾きが遅いエナメルは使っていなかったので、その希釈剤もない。しかたがないので出入りの「島亀塗料店」へ電話をした。1時間後やってきた島亀のあんちゃんは、「塗料シンナー」の一斗缶（18リットル）を納品していった。

なんてことない、白灯油だ。もっとも塗装用に添加剤などで調整されているので普通の白灯油とは違う。「そういえば町内の塗装屋がペンキを薄めるのに灯油を混ぜていたっけ」と、模型少年は思い出した。油絵で使うテレピン油も同じようなものだ。

まあちょっと時間がかかったけれど、こーちゃんはそのサテンを調色して肌色を作り、ハンドピースで静かに塗り始めた。塗るというより白いシリコンに肌色の霧を被せるという感じだ。塗料はかなり希釈されているから、なかなか色が上がってこない。半乾きになるとまた吹き付ける。何度か繰り返すと、透明感のある人間の肌になった。

細かい仕上げ、そう、実は人間の腕は一色ではない。肌色と称した単色をいくら塗っても生きた腕にはならない。よくある人形になってしまう。だから細密な仕上げが必要なのである。浮いた血管は青味がかっており、細かい皮膚のシワは白っぽく見える。本編で指が切られる一瞬の芝居に使う小道具である。博物館の学術的な腕を作っているわけではないので、そんな再現は不要なんだけど、例によってこーちゃんの闘志に火がついた。

数時間して気持ちの悪い、生きているような腕と、切断された指が仕上がった。美術の竹中和雄デザイナーが見にきてひと言。

「うわーっ、気持ち悪いね、触ってもグニュグニュしてるし。これは実に生生しいよ」

まあ出来はOKって事だ。竹中さんの感想「生生しい」を頂戴して、向後こんな作り物を「生腕」としよう。首なら「生首」だわ。こーちゃんはそう決めたのであった。

●1984年のゴジラの撮影の時、ハリウッドからリック・ベイカーとマーク・ステットソンが我が撮影所にやってきた。特大ステージの№9で撮影を見学したあと、何人かの東宝取巻きと特美に来たので、筆者は自分の小さな模型作業室へ連れていった。言葉はわからないけれど、そこにあったゴジラに出すメカ物模型たちを手に取ってふたりは大喜びであった。その後、安丸さんを紹介して、通訳を介してリックに「彼も昔、狼男を作ったんだよ」と言ってもらったら、ほんとかどうか怪しいけれど、10年前のその映画は観たと言っていたような。あの安さんの狼男と、リックの狼男アメリカンとは比較にならないけれど、日米の狼男つながりで握手を交わした安丸さんはご満悦でした。

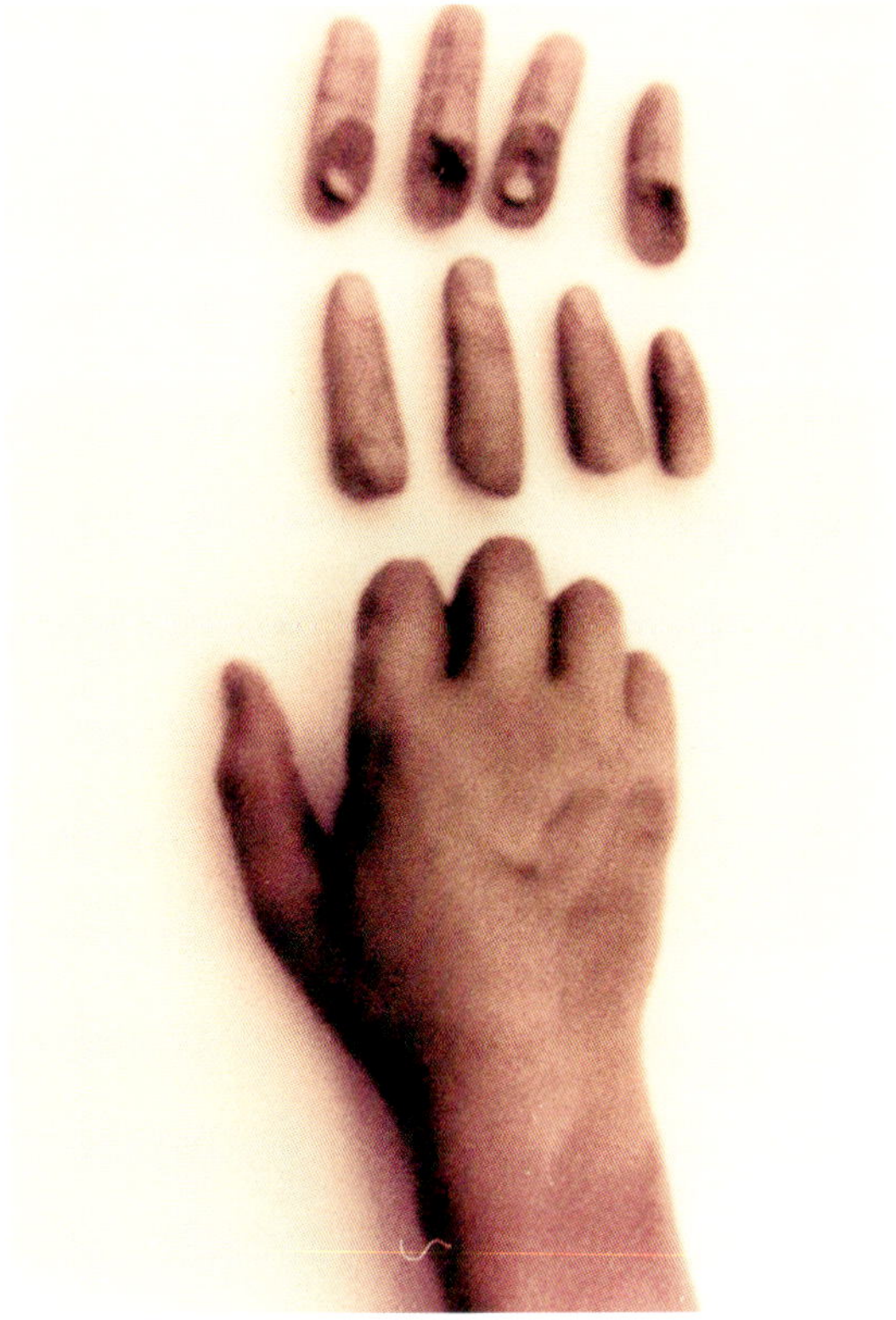

◀しばらくたって再び特美に舞い込んできた『狼の紋章』作り物は、1/1（実物大）の人間の手と切断された指だった。造型班で製作したシリコン製の腕と指を、特美倉庫に眠っていた秘蔵、輸入品の「サテン」というエナメル系塗料を使い、こーちゃんが仕上げた。気持ちの悪い、生きているような腕と、切断された指は、見にきた本編美術の竹中和雄デザイナーにひと言、「うわーっ、気持ち悪いね。これは実に生生しいよ」といわせるほどの出来だった。写真で指が2組あるのはスペアの意味。

【シーン6】

『日本沈没』特撮
〜自衛隊へりといえば「ヒューイ」〜

ゾーンやタロウでアップアップしていた頃、模型少年と内縁のかみさんのそれぞれの親たちの周りの人間が、「2年間も同棲しているなんて許せん、いいかげんに式を挙げろ」とメンドーな事を言いだした。

ちょうどその頃は撮影所も春闘たけなわで、組合員たちは毎日の昼休みに集合をかけられていた。

そんな4月の中ごろ、模型少年は結婚式と新婚旅行を理由に1週間の休みを貰い、結婚式前日の朝から、アパートで独りバルサの塊りを削り出した。かみさんは準備の為、すでに日本橋浜町の実家へ帰っている。

前に作図しておいた1／72の「ジービーレーサー」のR1とR2を作り出したのだ。ずんぐりむっくりの「空飛ぶビヤ樽」と呼ばれた赤と白の機体は愛らしくて割と人気があった。エアレースの優勝を何回もかっさらっている。

全長7㎝の機体ふたつが形になった時にはもう陽が暮れていた。2機のジービーを机に並べてニヤニヤ眺めていると、腹が「ぐるぐるグー」と鳴った。朝、パンを1枚食べたきりだったのを思いだし、近くの定食屋へとアパートを出た。

戻ってきたら早速下塗り、基本色は白、豆ラッカーが乗った机の棚には……あれ、白がない。しょうがない、銀を塗ろう。乾いては塗り、を数回繰り返した。

当日8時に目覚めた。結婚式は午後1時から。式場は池袋。ここ阿佐ヶ谷南から1時間くらいか、1時間前には着いていないとまずい。11時に出れば間に合うとして、朝飯も喰わずに仕上げの赤の塗り分けにかかった。各所にレタリングを施し、機体の腹にブローチピンを接着して完成した時にはもう11時をまわっていた。

こりゃいかんわいと、完成した2機をポケットに入れて、あわててアパートを飛び出した。

式場ではかみさんをはじめとする誰もが、やきもきしていた。

「なにやってんのよ」

「飛行機作ってたんだ。間に合ったよ」

ジービーは紋付・打掛からスーツに着替えた時に、2人の胸にジービー号

▶紋付袴、色打掛姿から化粧直しをして、当日の昼前（式は午後1時から！）まで製作していた1/72スケールフルスクラッチのジービーレーサーをブローチに付けてスーツ姿になった“模型少年”こと新郎と、“かみさん”こと新婦。新婚旅行を終えて出社した際には“社員登用”という素晴らしい結婚祝いが待っていた。

▲▶今も模型少年の手元に残る2機のジービーレーサー。バルサ材の削りだしで「空飛ぶビヤ樽」といわれた機影を作り出した。機体全体は、白がなかったため、銀で仕上げている。

が飛んでるとカッコいいじゃん。そう考えて作ったのであった。むろんそうしたのはいうまでもない。

結婚式を挙げ、または挙げさせられ、翌日新婚旅行へと発った。

休みが終わり特美に出勤したら、すごい結婚祝いが待っていた。

今年の春闘で、組合は多くのスローガンを掲げていたが、妥結を得た中に「契約者を社員化せよ」の一条があった。知らぬまに、こーちゃんが模型少年をリストアップしてくれていた。おかげで社員登用という素晴らしいプレゼントを頂いたのである。

昭和48年（1973）6月1日付けで、特美では模型少年と野村安さん、そして小林とも、本編では製作課の水野と宮本が「東宝美術（株）」の社員に登用され、5人は美術会社の社員第1号となった。東宝美術の社員たちは本体の東宝から企業分離した時、「出向」という形で美術会社に勤務しているので、正確に言えば東宝本体の社員なのだ。だから模型少年たちは子会社の社員第1号となったわけだ。

配属はそのままで、特殊美術課特殊美術係「クラフトモデラー」の名刺を受け取った。まさに模型少年にピッタリな肩書（東宝関連社初）だよね。「クラフト」は造ること。「モデラー」は模型を作ったり仕上げたりする「人」のこと。まあ自分で考えた造語なんだけど……。組織的にはこーちゃんの助手であります。

模型少年も式を挙げ、籍も入れ、本当の世帯を持ったのだから、収入の安定した社員の身分は有難い。しかし今までのように気楽な「模型少年」で居られるのだろうか……。画塾セツモードの研究科4年生として新宿の校舎へも通えなくなってしまう。絵描きの夢も断念せざるを得ないのか……。

社員になった喜びと同じくらいの不安が広がった。

テレビ物のゾーンとタロウが終わって、ひと息つけると思ったら、『日本沈没』が入ってきた。小松左京原作のSF映画だ。模型少年はこの小説は読んでいなかったので、本屋で買おうと思っていたら、デザイナーの青木さんが読み終えたと言って上下2冊の原作をくれた。何日かの通勤の電車であっという間に読み終え、この映画への楽しみが募っていった。

今までのゴジラは、多少SFっぽいが俗に怪獣ものと言われている作品。学術的な面が多出する今回のこの作品は特撮的にもこだわらなくてはならない。そこで特殊美術に井上泰幸さんが迎えられた。

▲町田大丸での展示に製作された6mのネッシー。発砲スチロール製でダークグレーに調色した水性塗料ノコ屑「ナコ」を混ぜ、「ずん胴」と呼ばれるスプレーガンで塗装した。

井上さんはかつて円谷監督と共に特撮をやってきた超ベテラン。特撮の中野監督とは旧知の仲である。特美も久しぶりに井上さんを迎えて、ピリッと引き締まったようだ。多くの特美課員は以前一緒に仕事をした仲、井上さんの頑固さや物事に対する真面目さをよく知っている。けっこうやり難いところもあるらしい。言いかえれば「融通が利かない」人らしい。だから特美全体が一種構えたようになり、全く彼を知らない模型少年の目には、「ピリッと引き締まった」と見えたのであった。

模型少年とこーちゃんは作り物の仕上げパートで、青木さんや小村さんのように直接の部下ではないから多少の気楽さはあるのだが、それでも美術屋の一員、家来のひとりでもある。精いっぱい頑張ろうと、密かに心した。

この準備期間中の7月、町田大丸の催事用に、なんと「ネッシー」が作られた。こいつは架空ではあるがやはり恐竜だ。そんなにインチキは出来ない。1間の発泡スチロールのブロックをくっ付け、安さんと「とも」が大型の包丁でサクサクと切り出していく。粘土の原型も、図面もない。子供図鑑の「プレシオサウルス」のページが唯一の資料だ。形は彫刻家の安さんの頭に入っているのだろう。見事な包丁さばきで1週間もしない内に真っ白な首長竜が彫られた。なにせ体長は6mもあるし、背高も2m近くあるから、作り物としてはかなり大きなネッシーである。だが、発泡スチロールだから、その形態に反して強度はなく極めて脆い。

さて、こいつに強度をもたせるにはどうすれば良いか。なんて悩む間もなくこーちゃんは、ダークグレーに調色した水性塗料（エマール＃500）にキメの細かいノコ屑「ナコ」を混ぜている。「ずん胴」と呼ばれる吹出口径が1cmもあるスプレーガンにそのナコ塗料をぶっ込み、いっぺんに塗ると乾かないし、ディテールが埋まってしまうので、全体を平均にぶっかける。こーちゃんはその凄まじいハネを浴び、顔から胸からダークグレーのボタボタだらけになっている。塗料が赤色ならまさしく「かぎやの辻」の荒木又右衛門だ。何人かを切り伏せ、返り血を浴びた又右衛門そのまんまであろう。

そう、まさにこの吹き付けは闘いであった。ちょっと大げさだけど……。月末、ネッシーは幾つかに分解され、トラックに乗せられて町田へと去っていった。

8月になって、倉庫から『世界大戦争』で使ったポラリス型原子力潜水艦「ジョージ・ワシントン」が引っ張り出されてきた。これをリペイント（塗替え）するという。

「へえー、原潜が出るんだ。そんなシーンあったかなぁ？」

艦船や航空機のマニアである模型少年が何となしにこう訊くと、

「いや知らん。青木やんがこの色に塗ってくれって言ったんだよ。にに頼むよ」

と言って、こーちゃんは赤とクリームのカラーチップを示した。

艦橋を赤に、艦体をクリームに塗り分けると、1m70㎝の原潜らしからぬ潜水艦が出来上がった。こんなの有りえないな、と思いながら青木さんに出来た事を告げると、模型少年の顔を見た彼は、考えている事がわかったのか、

「カメラテストに使うん・だ・よ」

とニヤニヤした。

なんのことはない、劇中・海洋調査の深海潜水艇「わだつみ」の代用品であった。その後、油土と石膏で作った1m角の1／20万の地形模型もカメラテストされて、いよいよ本格的な模型製作に入っていった。

本作品最大の作り物「日本列島」が特大№9ステージに建て込まれていく。ステージいっぱいの全幅30mの枠組みがセットされ、発泡スチロールをベースにした日本列島と中国大陸に、紙粘土「フォルモ」で山脈などの凸凹をつけていく。美術スタッフ総員が手を紙粘土だらけにして塗り付けた。

2週間近く経つと、長さ15mの日本列島もディテールがついてそれらしくなった。天井に上がって下を見ると、まさに宇宙から見えるだろう日本があった。色仕上げをすれば完璧となる。

かちかちに乾いた紙粘土の上にラッカーパテを希釈したものを塗ってコーティングし、つや消しラッカーと顔料で色を調える。周りの海に煮出した和糊に「青竹（メチレンブルー）」を混ぜて青色にしたものを流し込むので、防水のためラッカーを使うのだ。メチレンブルーというのは金魚が風邪をひ

◀▲こちらが本物（?）の1/10スケール（全長1m25㎝）の「わだつみ」。ポリエステルとアルミ素材でできており、外注先でラッカー塗装されていたが、これにエナメル、ラッカー塗料を使いリアリング、レタリングを施し、フラットクリアーで仕上げた。抱えるのは青木利郎デザイナー。トレードマークの額のタオルとセイルの赤が一致するのが面白くてパシャリ！

◀▲映画『日本沈没』の撮影に際し、特美の倉庫から引っ張りだされてきた原子力潜水艦「ジョージ・ワシントン」の模型。もともとは映画『世界大戦争』に登場したもので、今回は赤とクリーム色でリペイントされて劇中に登場する深海潜水艇「わだつみ」のカメラテスト用に使用された。

▼こちらはリアのアップ用に製作された「わだつみ１号」の1/5スケール模型。ポリエステルと真ちゅう製で、ラッカー仕上げ。被写体は好村「なお」。

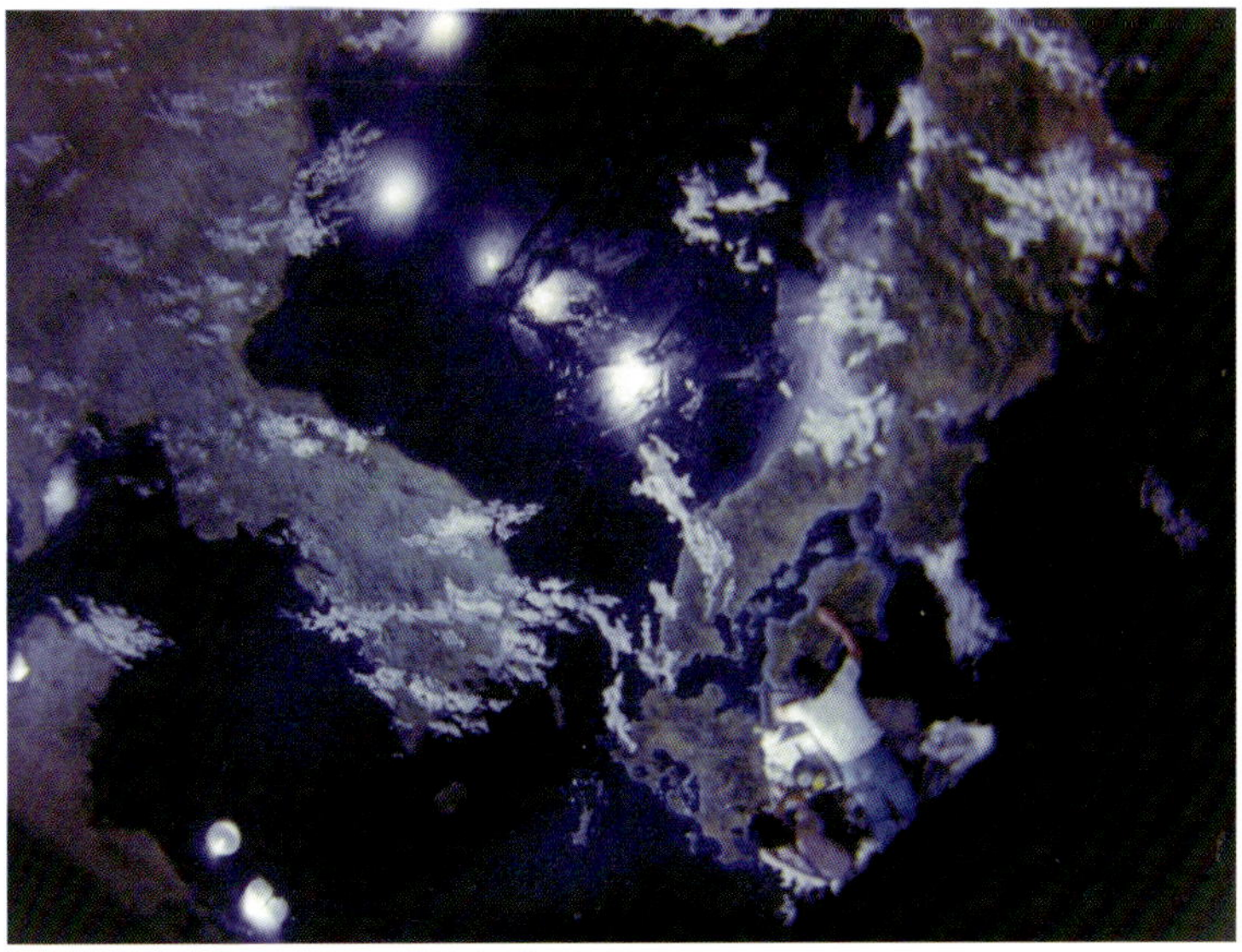

▲映画『日本沈没』における特美最大の作りものとなった日本列島と中国大陸。発泡スチロールをベースにフォルモで山脈などの凹凸を付け、溶いたラッカーパテでコーティングした上につや消しラッカーと顔料で仕上げた。全幅は実に30mに及び、日本列島だけでも15mもある代物だった。

いた時に入れるあの青い薬だね。
ガンで吹き付けると広いステージもたちまちシンナー臭で満たされてしまう。美術スタッフは慣れているが、撮影部や演出部の連中にはたまったもんではない。あんなに大勢いたスタッフは一瞬の間に美術スタッフ6、7人だけになっていた。

塗装仕上げが終わると、和糊を流し込み、海を作っていく。そして「雲」だ。キャットウォークに上がった青木さんの指示で、ちぎったり丸めたりした綿を糊付けする。こういった雲を「綿雲」というそうな。それはともかく、形の定まらない雲はスケール感を出しにくい。どだい誰も見たことがない景色なのだ。航空写真を参考にするしかないが、やはり感性も必要である。井上さんのイメージでセッティングし、撮影本番にはうっすらとドライアイスのフォッグを漂わせて大気層を再現すれば、人工衛星から眺めた１／20万の日本列島である。

メカ物の主役は深海潜水艇の「わだつみ」である。これはまだ完成していない本物の「しんかい２０００」をモデル化している。１／10で１m25㎝の大きさだ。ＦＲＰとアルミで作られていた。井上さんの会社「アルファ企画」製なので塗装は済んでいるが、さらにこーちゃんがエィジング、ウェザリング、レタリングなどを施し、リアルさを増していく。

わだつみのスクリューのアップ撮影用に、１／５の後半分の模型も特美で作られた。模型少年として、このわだつみにはさして興味をそそられず、むしろ普通の自衛隊ヘリを作る方に気が入ってしまった。

ベル社のＨＵ１Ｂヘリコプター、米軍呼称「ヒューイ」は、陸上自衛隊の多用途機として災害時などや人員の輸送に多く使われている。その陸自東部方面隊のヘリを本編で使うので、特撮でも必要となり、レベル製１／32プラモ、40㎝ぐらいあるんだけど、そいつを８機買ってきた。飛行中のシーンを撮るが、ロングなのでローターは回さないという。そこでローターシャフトだけ組み付け、メインローターとテールローターは外して、熱帯魚のグッピーみたいなシルエットのヘリが出来た。機体の金属感を出すため、当然今までの水性塗料は使わない。プラモ少年が普通に使う「レベルカラー」で仕上げ、ウェザリングを施した。レタリングを水性のネオカラーで描いて完成だ。特美裏の作業台に人工芝のマットを敷いて、８機を列線に並べて目線を下げれば、そこはもう模型少年の世界だ。

デザイン室からその様子を見ていた井上さんは、口元に笑みを浮かべ隣席の小村さんに話しかけた。

▲映画『日本沈没』における最後の大物模型となったのが写真の 1/20 スケール大阪城天守閣。ベニヤとラワン材でできており、何日もかけてエマールやネオカラーで塗装し、フラットクリアーを吹いて仕上げた。こうして丹念に仕上げた模型がものの 5 分の撮影で壊れていく様に、模型少年はちょっと乙女チックになってしまった。〔1973.11.15〕

▲模型少年がもっとも張り切ったのは陸上自衛隊のヘリコプター、ベル HU-1B の製作。レベル 1/32 プラモデルの UH1D をベースにレベルカラーやネオカラーで塗装、フラットクリアーを吹いて仕上げた。

▶こちらは外注先のトイダで、2 機製作された 1/16 スケールの HU-1B。トタン製で、メインローターやテイルローターが回転し、各ライトの点灯も可能。ラッカーやネオカラーで塗装し、カットシールなども用いている。この模型は壊される撮影に使われなかったため長持ちしてその後も随分使われた。〔1973.11.5〕

「なかなかおもしろい男が入って来たねえ」

「ええ、あの子『にに』っていうんですよ。飛行機とか船とか車とかんなると、もう夢中になっちゃうんだから……」

「ほうそうかね。『むっちん』みたいじゃないか」

　むっちんとはかって井上さんの助手をしていた、今の豊島課長である。彼もかなりなメカ物好きで、今だに〝模型少年〟の気が残っている。メカ物の図面を担当していたと聞く。

●井上さんとの出会いはこの時が初。向後、幾つもの井上美術監督のもと、仕事をさせて貰い、メカ物模型を一任してくれた。と言うとちょっとカッコいいが、ホントは筆者のマニアックさがウルサくてメンドーなので、「まあいいか」といったところではなかったのか……

　このヘリは10月になって、やっぱりというか、ローターを回せるようにモーターを仕込んで12機追加製作した。11月にはトイダに外注した1／16の80㎝のヘリが2機納品されたので、仕上げを楽しんだことは言うまでもない。

●この大きなヘリは、後年の特撮にその都度リペイントして、必ずといっていいほど登場、随分と長持ちした模型である。なぜなら……、ゴジラに壊されなかったからであった。

　11月、撮影もクライマックスのシーンを迎える。日本列島がいよいよ沈没するのだ。9スタの寒天の海に浮かぶ列島が沈没していくばかりでなく、各地のセットを作り、そいつが水没していくシーンも撮る。

　浜川崎のコンビナートは1／25のミニチュアセットを組み、壊滅していく様子をすでに撮り終えている。街のビルや民家が崩壊する様も同様だ。最後の大物模型は大阪城水没シーン撮影用に、やや大きめの1／20で、五層ある天守閣の天辺から三層分が作られた。丹念に木工された細工物のような城を、何日かかけペイントしていく。最後にフラットクリアーで艶を抑えて完成。

　この模型も5分くらいの撮影で津波に襲われて、その寿命もあっという間に尽きてしまった。

「こわしてなんぼ」の世界、壊すために作る、それが映画屋美術の仕事。感傷にひたる間もないはずなのに、ちょっと乙女チックになった模型少年はまだまだ修行が足りなかった。

【シーン7】

「三保文化ランド」
〜日本初のミニチュアランド〜

本編のデザイン室の「本田清方」さんは、映画以外の外部受注の仕事を担当していた。１５４㎝の小さな体で、童顔にベレー帽を被り、「ベビー」と呼ばれている。

『日本沈没』の準備が始まって間もなく、その本田さんが特美にやってきた。静岡県の三保の松原にミニチュアの国を作るというプロジェクトの、デザイナーというか担当者として。本編の大道具も建物などを作るが、特美は船や飛行機などが主体となるので、模型少年はおおいに喜んだ。

「にんにくんや、ジャンボ旅客機いっぱい作ってくれや」

本田さんはその童顔で笑いながら、リストアップしたメモをくれた。スケールは１／１００のプラモだという。おまけに野天に設置するとのこと。

「えっ、これってサンプルじゃないの？　本田さん、すぐ駄目になっちゃうよ」

「うんにゃ、うんにゃ、いいんだよ」

「えー、だってプラモだよ。やばいと思うけどな……」

結局ＧＯとなり、模型少年はニットー製のＢ７４７を２機、ＤＣ８を３機買ってきた。頑丈にする為、各部に裏打ちをして接着し、脚柱に番線〔太めの針金〕を仕込んで組み立てた。Ｂは２機とも日本航空、ＤＣはスカンジナビア航空、オランダ航空、全日空と５機の塗り分けが終わり、少しでも色褪せないようにクリアーコートを施した。

エッフェル塔を１／１００の３ｍで作った。これは例によってトイダのトタン製である。

このミニチュアランドは１／１００の統一スケールで作るのかと思っていたら、そうでもなく、本編で作っている建物は特撮で使う１／25だ。手前から奥へパースをつけて特撮セットのように設置するのかと思いきや、それも違った。それぞれの展示に脈絡はなく、コーナーごとに分離した展示らしい。

ま、特美は注文品を作ればいいんだから、事務所も僕らも「へんなの……」と思っていても表立って口に出すことはしなかった。実は「変だ、変だ」とこーちゃんと言い合っていたんだけれどね。

そんな時、模型少年のかみさんが２、３日、暇ができたというので、特美

▶三保文化ランドでの展示用に、外注先のトイダにより製作された 1/100 スケールのエッフェル塔は全高 3m。トタンと鉛でできておりラッカー塗装で仕上げた。〔1973.9.4〕

▼こちらはすでに三保文化ランドに建て込まれた展示用の飛行場格納庫と旅客機たち。ただし、文中にある「ふにゃくたら」になった 1/100 のプラモデルではなく、対策品として新たに製作した 1/40 の木製の DC-8。手前はアリタリア航空、中央はモヒカンルックの全日空機で仕上げている。

に連れてきて小物のペイントを手伝わせた。動物園の情景セットに設置する動物の仕上げである。市販品のエンビでできたキリンを3匹仕上げる。15㎝ぐらいだからスケールは1／35か。やはり動物園と他の模型の縮尺が異なっている。まあそんな事は気にせず、かみさんは楽しそうに色塗りしていた。後日、設置現場の三保に行ってみて驚いた。結構広い動物園スペースには、なんとキリンしかいなかった。まだ途中なのかと思って本田さんに訊くと、これで終わりだという。ホワイトモルタル製の擬岩に囲まれた5㎡くらいの平地に、黄色の、たった15㎝のキリンが3匹。なんなのだろう。特美スタッフは唖然としたのである。

そうかと思うと、40㎝の白雪姫と15㎝の7人の「こびと」たちもFRPで作って設置した。

これまた異スケールのメリーゴーランドは、なんとまあ1／10だ。直径が2mもあった。

いやはや色んな展示のしかたがあるもんだね。多分、見学のお客さんたちは混乱するだろうね。どうしてこうなっているのかは、我々にはよくわからなかった。

飛行機を追加製作するという。今度は1／40のダグラスDC8－62型、約2mの模型だ。こいつを3機、特美の大道具がバルサと朴板で作った。野天設置なので「キシラモン」という防腐剤を浸み込ませ、ラッカーパテを塗布し、ラッカーで仕上げるという一応防水塗装とした。でも完全な耐水性は備えていない。なにせ木仕上げなのだ。木材の内部の空気が熱せられて膨張したらラッカーはひび割れするだろう。そこから雨水が侵入して……。いやこの仕様でいいというんだから、もう考えるのはやめよう。模型少年もこーちゃんも作業を続行した。

3機のDC8を、アリタリア、BOAC、ルフトハンザの各社に塗り分けて完成すると、今度は1m弱の1／50のボーイング707－420型が3機作られた。DC8と同じ手法で仕上げ、パンナム、ノースウエスト、エールフランスとそれぞれの航空会社塗装に仕上げて現場に設置した。

2mの船舶も多数作られ、模型少年にとり、仕事なのか趣味なのか？「公私混同」という言葉があるが、これはそれ以上のまさに「公私合体」だよね。

その後、現場調査とメンテを兼ねて、本田さんと僕らスタッフは現地に赴いたけれど、案の定、ベニヤ製の建物群はサクサク、プラモ製の飛行機は太陽熱でフニャクタラ、バルサ製の飛行機はなんとか原型を保っているけど、近くで見るとペイントがヒビ毎にまくれ上がっていた。これじゃ設置したままメンテするのは難しいと判断し、本田さんの指示で現状を調査するにとどめ、敷地内の東海大学海洋博物館（だと思ったが…）の見学をして本日の出張業務は終了となった。

●後年ウッドシーラーが導入されて、木材をカチカチにすることが出来るようになった。また、ポリエステル樹脂をラッカーシンナーで溶かして、ややシャブくしたものを木に浸み込ませて、これもまたカチカチに出来るようになった。さらに後年、当社で建設した「ワールドスクウェア」というミニチュアパークの模型は、ほとんどがFRP型抜成形で作られた。ミニチュアランド建設時に比べ、格段に耐久性があがっている。この初の三保ミニチュアランドはその後も利用されていたが、２００６年閉園となった。

◀同じく特美の大道具がバルサと朴板で製作した1/40スケールのDC-8。写真はルフトハンザ航空機仕様。

▼こちらは木馬20匹と子供13体からなる1/10スケールのメリーゴーランドと「こーちゃん」。模型の縮尺がまちまちなのが、スケールモデラーたる模型少年には理解不能だった〔1973.9.19〕

【シーン8】

『ゴジラ対〆カゴジラ』特撮
～ドジなカ〆ラ小僧～

昭和48年（1973年）12月。

社員になって半年、初めてのボーナスが支給された。勤務期間も僅かだから大した額ではないけど、それでも念願の一眼レフカメラが即金で買える。ニコンFが欲しかったけど、高望みをせず、ニコマートFTNと50㎜のレンズを買った。これで特美の記録写真もハーフサイズから脱せる。コマが2倍大になった分、フイルムの使用量が増えるけど、その分、写りもよくなるのだからと、模型少年はカメラ小僧に変身しつつあった。

造型の小林知己が結婚するので、世間一般の祝金の他に、お祝いとして「に」らしいものはないかと思案し、1／50のP51ムスタングという、アメリカの戦闘機を改造したエアレーサーを、バルサを削り出して作ることにした。手作りの模型なら気持ちの籠ったものになるだろう。シルバーの機体上半分にマリンブルーを塗り、「TOMEKKO」のロゴをレタリングした。知己の「とも」と奥さんの悦子の「えっこ」を混ぜたネーミングだ。

受け取ったともが大笑い。エアレーサーはなんと「トメッコ」号だ。いやうっかりしたもんだ。「トモエッコ」号のつもりだった。Oが抜けているのに全く気付かなかった。まあそれでも「とも」は喜んでくれた。

この頃、休み時間にこつこつと作っていたXT-2も形になってきた。XT-2は、三菱で作った国産初の超音速機で、昭和46年7月20日に初飛行した。模型少年の誕生日と同じ日に飛んだ、このジェット機の写真を眺めていたら、無性に作りたくなったのだ。

1／72で図面を描いて、朴の木を削って作り、塗装は機首が赤い101号機とした。塗っていると営業部へ異動していった豊島さんが特美に現れ、しげしげと機体を眺めながら、

「へー、カッコいいなあ。これ自作だろ、上手いもんだねー。今度、俺にも作ってよ」

「いいですよ。豊さんは何が好きなんですか？」

「俺ね……、にには紫電改っての知ってるかい？　ちばてつやの漫画でさ、主人公の滝上飛曹が乗ってんだけど、真っ黒くてさ、カッコいいんだよ。あれが大好きなんだよ」

豊さんはキラキラした眸で語った。

「えーそうなの、実は俺もなんですよ。漫画の黒い夜戦タイプの紫電改も好きだけど、松山の343空の実機の紫電改は絶対作ろうと思ってんですよ」

語り合うふたりのそばで、呆れ顔でこーちゃんが仕事をしていた。こーちゃんはこの手の話には全く興味がない。だから話の内容もわからない。いい歳した大人が漫画の話でなに盛り上がってんだ、といったところか。

●3年後、模型少年は1／35の真っ黒い紫電改を豊島さんに作り、この約束を果たした。

▲「とも」の結婚記念に、模型少年らしいお祝いをしようと製作した1/50スケールのP51改造レーサー「トモエッコ号」。本書編集の最終段階になって、当時のフィルムを整理していた所、偶然にも見つけることができた。バルサの削りだしで、シルバーにマリンブルーのツートンカラー。コクピットにはトモ&エッコのふたりが座る。

▲模型少年が休み時間にこつこつと製作していたのがこの1/72スケールのXT-2。のちT-2練習機となり、F-1戦闘機に転じた機体で、この頃は当然プラモデルなどないから、自分で図面を引いて朴の木を削って作った。

▼豊島さんのリクエストに応えて模型少年が3年後に製作、プレゼントした1/35スケールの日本海軍局地戦闘機「紫電改」。ちばてつや氏の漫画『紫電改のタカ』の主人公、滝 城太郎上飛曹が搭乗する、真っ黒な機体。

明けて昭和49年1月、『ゴジラ対メカゴジラ』特撮の準備が始まった。

目新しいのはゴジラのロボット版「メカゴジラ」。もちろんスーツアクターがこの着ぐるみに入って芝居をするから、今までの怪獣とそう変わり映えするとは思えない。ところが硬質ウレタンとFRPで作られた着ぐるみが出来てみると、まだ塗装前だというのに、一種異様なフォルムのせいか一味違って見える。全ポリ製の頭部のフォルムも変わっている。頭頂にツノがあるのだ。

明朝、中野監督たちのチェックがあるので、夕方までには胴体の塗装が終わったが、今日中にすべてを仕上げなければならない。頭は残業して仕上げればいいとこーちゃんは判断し、事務所の白崎さんへ夕食券を請求した。

「うん？　残業？　そうか明日の朝、カメラテストだっけ。うんうん、こうちゃんも大変だねえ、あんまし遅くならないようにね」

事務所の白崎さんは食券を2枚出した。

撮影所の前にある「赤ちょうちん・増田屋」という食堂で飯を食い、特美に戻ったら大方が帰っていて、いつも残って一杯やっている特効連中も、久米ちゃんと関山だけしか居なかった。特美で残業するのはこーちゃんと模型少年のふたりだけだ。

ポリ製頭部に下地のサフェーサーをガンで吹き付け、乾いてから軽く磨く。そしてベース色のシルバーを全面に吹き付けて、乾いたら仕上げのシャドーでメリハリをつければ完成。

6時から作業を始めて7時半近くになっていた。

乾き待ちなので、ふたりは控え室へ移動して小休止とする。茶を飲みながら雑談していると、突然、作業場から、ガシャン！　と大きな音がした。

「うん？　なんだあ？」

ふたりが作業場に駆け戻ると、ああなんて事だ、メカゴジラが乾燥台から転げ落ちて、床のコンクリートに転がっているではないか……。

メカゴジラの頭頂部のツノがポッキリと折れていた。拾って合わせてみると接合部にはあちこちかなりの隙間。細かくくだけたカケラたちが床に散らばっている。

「あっ………」

「む………」

ふたりとも唖然として声も出ない。明日の朝からカメラテストなのだ。まいったなんてもんじゃない。

さてどうする。幸いツノは原型を留めているから、接合部の欠損をなんとか出来れば復元も不可能ではない。じゃあ、どんなものでなんとかすればいいのか。こーちゃんは頭を抱えている。パニックっている。

大きな音を聞きつけた久米ちゃんと関山が、ドタバタと駆けつけてきた。

「そうだ、とにかくツノを本体に接着して、隙間にパテを詰めればいい……」

模型少年が言い終わらないうちに、

「パテは痩せっからこんなに深い隙間なんて埋まんないよ！」

こーちゃんは怒ったようにまくしたてた。

「……小島さん、うちに『ポリパテ』あるから取りに行ってきますよ」

関山は大丈夫大丈夫とこーちゃんに声をかけて大急ぎで家へと向かった。

ポリパテはこのころ出回りだした合成樹脂パテで、本剤と硬化剤を練り混ぜて使う。ラッカーパテのように痩せないから、孔などの充填にはうってつけなのだ。だが模型少年たちはまだ使ったことがないから、果たしてその効果には不安があった。

特効の「関山和昭」の下宿は車で20分もかからない所にある。しかし、1時間弱経ってもまだ来ない。もうすぐ9時になる。待つ身の長さ。いらいらして待つこと1時間と少し。大プールの横にヘッドライトが見えた。関山だ。

作業場に入った関山はポリパテを調合し、すでにGボンドをツノ折れ面と本体側に塗って、それを乾かしてから接着した接合面の隙間へ、歯科器具のヘラでそのオレンジ色のパテを押込んでいく。

「5分もすれば固まるから、はみ出たところ水研ぎすればOKだよ」

関山は夜中の余分な作業にも関わらず、嬉々として作業をしてくれた。同じように何度か繰り返し、大体のところを磨いてから帰っていった。時計は12時にならんとしていた。

事故部を中心に下地のサーフェーサーをかけ、仕上げのシルバーを塗ったら、このツノが折れたなんてとても思えない。シャドーを入れ、作業が終わった時には、もう終電はない。

今度は倒れないように首に紐をまいて柱に縛った。メカゴジラは疲れたように柱に寄りかかっていた。こうちゃんと模型少年のふたりは朝までの数時間、控室の長椅子で〝死んで〟いた。

メカゴジラの設定はロボットだから、ゴジラを金属で作ったらこうなった、といわんばかりの、犬か狐と間違えそうなカクカクとした顔を持ち、腕や足の関節部が強調されており、竹の蛇玩具のようにカシャカシャと曲がりそうな、平面を組み合わせた大きな尻尾を持っている。もちろんゴジラと同じように数枚の背びれも取り付けてあった。

表面はチタン材の設定なので、全身シルバーだ。ウレタン部分は例によっ

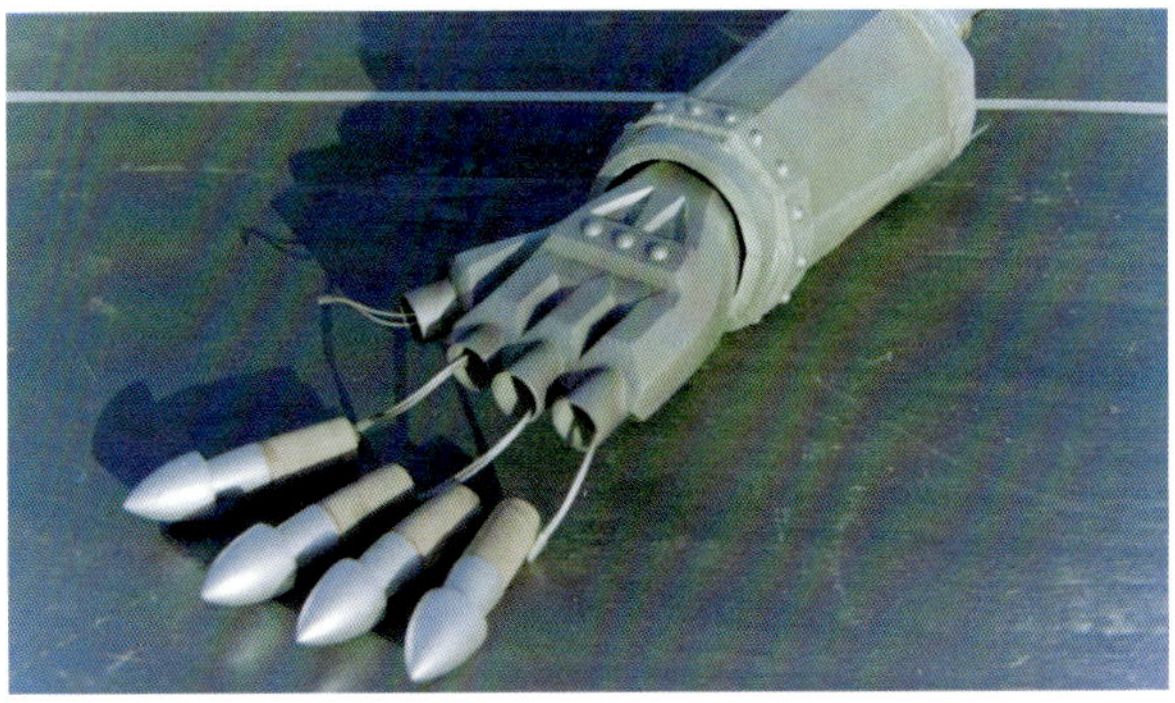

▲FRPとウレタンでできたメカゴジラスーツ。カメラテスト前日に頭頂部のツノを折ってしまったが、特効の関山くんの助けで大事にはならなかった。▶（右上）アップ用のメカゴジラの左手前腕。ポリ、バルサ、ウレタン、ベニヤ、朴材、鉄のフレームや棒などでできており、ラッカースプレー仕上げ。（右下）メカゴジラの爪ミサイル。材質はラワン材、トタンなど。

て「ボンドカラー」を塗って、FRPで作られた頭部やボディの一部、それに手足の指は、新たにラインアップされた洋物のケミグレーズ社の塗料を使った。確かに極め細かくてノリはいい。金属感は充分に表現されている。ただそのままだと、なんというか「軽い」感じがする。そこでこーちゃんは例によってシャドーを施し、量感を出そうとした。2・5mのスーツは設定上63m弱もある。だからシルバー一色では大きさを出しにくい。細かい汚しをしても効果はなかなか出なかった。あとは照明班の腕に託すしかなかった。

メカゴジラ登場の洞窟基地セットが9スタに組まれ、メカゴジラがセッティングされて撮影本番を迎える。模型少年はカメラを持って撮影カメラの後ろに組まれた照明用のイントレ〔パイプ足場〕に上がった。照明班の他に演出助手と何人かのスタッフも上がっている。

中野監督が大きな声で「本ばーん」と叫ぶと、ざわついていたステージが「しーん」となった。

「よーい！」

カメラが回り出した。空気がピリリとする。今まさに「スタート！」がかかる瞬間、突然、ガシャン！　と大きな音がした。

「カット、誰だあ、静かにしろ！」

中野監督が大声で怒鳴った。赤面した模型少年が消えゆくような声で

「すいません……」

カメラを構えなおした時、手が滑って1m下の床にカメラを落としてしまったのだ。幸い爆破シーンではなかったのですぐに撮影態勢に戻り、なにごとも無かったかのようにメカゴジラ登場シーンの撮影は終了した。

模型少年のカメラは、幸いなことに床に一間桝で埋め込んである垂木の上

▲メカゴジラ飛行形態と小島こーちゃん（左）、並びに特効の久米 攻氏（右）。1/50スケール、1m20㎝という大きさ。スチロールとウレタンでできており、エマールパテ、エマール2000、ウォルテックスクリアー、ウォルテックスシルバーと重ねて塗り、ネオカラーで仕上げている。

▲キングシーサーになる前のシーサー座像は 40 ㎝というサイズで、発泡スチロール製。こくそ、ラテックス、ネオカラーと塗り、レベルカラーのカッパー（銅）を塗ってある。

▼正面から見た「キングシーサー」。いつものようにボンドカラーを使ったのだが思ったようなレンガ色が出ず、思案した結果、アンツーカーをすり鉢で細かくすって顔料状にしたものを混ぜ合わせたらちょうどいい銅色になってくれた。

▲映画の舞台は沖縄なので、シンボルともいうべき「シーサー」も巨大化して「キングシーサー」となり、ゴジラとメカゴジラの戦いに参入する。写真は造型班が製作した 2.2 ｍの着ぐるみ。本来のシーサーはレンガ材のような焼き物だから、着ぐるみも全身レンガ色に塗った。「獅子舞」のような顔は、ウレタン成形なので柔らかさを感じさせる。

に落ちたらしくて、ＵＶフィルターの枠が見事に曲がっていたが、レンズや本体は無傷だった。

それにしてもカメラ小僧大失敗である。向後ストラップ（カメラの吊ひも）を必ず首に掛けるようになった。カメラマンの常識なのに、本番前のある種興奮がそれを忘れさせていた。

映画の舞台は沖縄なので、沖縄の魔除けの獅子「シーサー」が巨大化して登場する。作品のなかでは「キングシーサー」と謳っていた。２・２ｍの着ぐるみを造型班が製作した。本来のシーサーはレンガ材のような焼き物なので、着ぐるみも全身レンガ色に塗った。正月の「獅子舞」のような顔は、ウレタン成形なのでやはり柔らかさを感じる。これはロボットのメカゴジラに対して、シーサーは伝説の生き物だから、動物っぽさを表現したんだと思う。

いつものようにボンドカラーを使うのだが、思ったようなレンガ色が出ない。「いっその事アンツーカーを混ぜるか」と誰かが冗談ぽく言った。

「それだっ」

陸上競技場の走路が赤褐色になっているが、あれがアンツーカーだ。水捌けを良くする為に煉瓦の粉で出来ている。

こーちゃんは業者から取り寄せたアンツーカーを、すり鉢でさらに細かくすって顔料状にし、それをＧボンドに混ぜ合わせて「ボンドカラー」の銅色を作った。キングシーサーに塗ると、いい具合に発色し、メカゴジラより重みを感じる堂々たる体躯の仕上がりとなった。

こちらが主人公といってもいい出来栄えである。

この作品ではいつものように、戦闘機や艦船などメカ物の作り物がひとつもない。寂しいかぎりである。しかたなく模型少年の「凝り性」を１／25の民家など建物で晴らす事にした。ドライブインとその小物。公衆便所。別荘。ガソリンスタンドとその小物。沖縄の民家。と時間の許す限り凝って仕上げた。写真に撮ってみて一番リアルだったのは、公衆便所だった。自信作だ。

しかし完成試写を観ても、どこに出ていたのか全くわからなかった。もしかしたらセットの端の方にあって、写っていなかったのかもしれない。まして情景の中で公衆便所が主役たる事はありえないのであるから……。

２月23日、特撮が終了し、特美は次の作り物へと入っていった。

【シーン9】

『ノストラダムスの大予言』特撮
〜予言的中か？　事件発生！〜

メカゴジラが終わった翌月、造型班は子供向け怪獣の着ぐるみと同寸の展示用怪獣を作り出した。発泡スチロールを彫刻し、ドングロス（麻袋の布を10㎝角に切ったもの）をベタベタと貼って、スチロールを補強する。ウレタンの塊りを削ってパーツを作って、胴体や顔のディテールをつける。角や牙はポリ樹脂やラワン材を使った。

役者が入る着ぐるみではなく、形だけだからカチカチでも良いわけだ。丸や三角の鱗をごてごてと貼りつけ、水性塗料で着色、シャドーアップ（凹部にダーク色をボカシ入れて立体感を強調すること）したら、見たことのない怪獣が5体完成した。これ等は東宝特撮サイズ、すなわち１／25になっている。

姿態はテレビ怪獣のようである。誰がデザインしたのかわからないけれど、展示のねらいどうり怖さのない笑えるキャラクターに仕上がっている。

ゴジラをモチーフにした「ラムダー」、大きな目玉を持った「ギョロタン」、のっぺりした蝉顔の「ガニメロン」、牛の顔と金の胴体の「コチーラ」、ハイエナのような「ギャオポン」。それぞれリアルさとは縁遠い怪獣である。ただ笑ってしまったのは、ラムダーは元がゴジラという事で、やっぱり黒一色なのだ。

●現在の漫画チックな「ゆるキャラ」とは全く異なり、一応怪獣らしさはあった。

5体は、３月中旬、奈良のドリームランドへ送られていった。

同じ頃、模型少年が入社した時に特美で作った『マルコ』の唐人船を、一部改装リニューアルして宝塚のファミリーランドでプール展示するという。舷側に描かれていた龍はすべて塗りつぶし、髑髏マークの海賊旗をマストに取り付け、なんともおかしな船が出来上がった。デザインのコンセプトがどこにあるのか、全くわからない。多分ないんだろうね。予算をかけずに、リサイクルしたってわけだ。

まあ、それはともかく２ｍ半のガサがあるから、そこそこ見映えはするはずだ。

月末になってコマーシャルで使うヒコーキを作ってくれとの注文が入り、そのヒコーキを模型少年が作ることになった。

「バスピカ」のＣＦ（コマーシャルフィルム）だという。それにしても、なぜ「飛行機」ではなく「ヒコーキ」なんだろう。それは、「これです」と言って届けられた材料を見たら、市販の発泡スチロール製複葉機でゴム動力で飛ぶライトプレーンだった。おまけに実機とは無縁のデザインなので、なるほど、これはまさしく「ヒコーキ」だわ、と納得してしまった。

白と黄色で可愛く仕上げて納品したけれど、どういう風に撮影されたのかはわからない。

昭和49年（１９７４年）4月。

巷で話題となっている「世界の終わり」をテーマにした「ノストラダムスの大予言」を映画化することになって、特撮の美術にまた井上さんが呼ばれた。特撮監督はいつもの中野さんである。

作品は不気味な「予言」をテーマにしているので、一種の気味悪さを感じたのは模型少年だけではなかった。しかし、撮影前のお祓いも実施するのだから、大丈夫だろう。

ざっと決定稿を見て、ジェット機や船舶が出そうだぞ、しめしめと喜んだのは模型少年ばかり。

さて、打合せ用に超音速旅客機「コンコルド」を作ることになり、例によって１／１３２のニットーのプラモを買ってきた。今回は模型少年にひとつの計画があった。翼のジュラルミンをよりリアルに表現してみよう、ということで、塗装の済んだ機体の銀色に、超微粒なクロームシルバーで磨き出しを施した。プラモなのに金属の質感が出て、「おっ、いいじゃん」。大きい模型もこれでやってみよう、とひとりニヤけたのであります。

コンコルドはロング用の１／１００をニットーのプラモで仕上げ、通常撮影用に１／33を大道具がバルサで作った。これは１８０㎝の大きな模型である。そしてアップ用に胴体の直系が33㎝もある１／10の部分模型を大工さんたちがベニヤとトタンで作り出した。

これらをパテ磨きから始めて2週間掛りきりで仕上げた。当然、例の計画は実行し、バルサという柔らかい木材で作った機体なのに、実機のような金属感溢れる仕上がりとなったので、模型少年ひとりで大喜び。だがこれは多分に仕事中の趣味的マスターベーションと言える。なぜなら本番時に翼が照

▲▼映画『ノストラダムスの大予言』用に製作し、クロームシルバーで仕上げたニットー 1/100 スケール、コンコルド。大道具により 1/33 スケールのものも作られた。〔1973.9.19〕

明を反射しすぎるので、撮影班が「つや消し剤」を吹き付けていたからね。この大きなコンコルドは、結局のところ空中爆発シーンで見事に瓦礫になってしまった。

地球に異変が続々と起きる中、地下鉄銀座線の線路にわけの判らない植物が蔓延ってしまう、というシーンの撮影は特撮となり、やや大きめのセットが組まれた。黄色い車両も、アップに耐えるように1／8の、大きさが2m以上の模型を作った。ただ模型少年として残念なのは、たった1輌なので電車の雰囲気がイマイチなのだ。まあ、撮影は先頭車両しか映さないからそれでいいんだけれど……。

5月になって特美の裏に、支柱の上に載った大きな地球儀が運びこまれた。以前コマーシャル撮影用に作ったものだ。直径が1・8mもあって、天端は地面から3m近くもある。こいつをどう仕上げようというのか…。

「えと……、こうちゃんな……水爆戦争がおっ始まってな……世界中が荒廃しちょってな……」

と井上さんが「えと」の「と」をあげたアクセントで、こーちゃんに近づき、ゆっくりと話しかけた。どうやら設定画も資料もないらしい。勿論誰も見たことはない。かなり難しそうだ。

●井上さんのこの口癖「えと……」の雰囲気は、アクセントの表記ができない「文章」というコミュニケーション手段でお伝えするのは難しい。井上さんは福岡の出身。もう関東に長くいたため訛りは感じなかったが、この「えと」のアクセントにだけ、やや関西風が残っていたように思う。「え(→)と(↗)」と、「と」のほうが上がる感じだ。表記としては単に「えと」となるでしょうね。何かしゃべる時に必ず「えと」が先に出てきてました。また、ニュアンス的には「えと」のあとに「、」は無く、隙間あけて言葉が続く感じかな。

こーちゃんは井上さんへ、

「イメージありますか?」

と訊いた。

「えと……、こうちゃんの思い入れでな……好きなように描いてや」

井上さんはそう言うと、デザイン室へ入ってしまった。

「好きなように描くのが一番難しいんだよ。だってさ、俺の『好き』と井上さんの『好き』が同じだってことはないからな。ケッコーうるさい井上さんだけど、『ふー』が描いたやつは一発でOKだもんな。だから好きなように描けって言って俺を試してんだよ」

「ふー」又は「ふーちゃん」こと島倉二千六(しまくら・ふちむ)さんはこーちゃんより若干早く撮影所に入っていて、本編の背景係に所属していた。島倉さんとこーちゃんはその背景係で助手を務めていたが、会社が企業分離した時に島倉さんは退社してフリーになった。だから今は注文があると、背景を描きに来る。背景係の頃は、円谷さんの特撮の背景を描いていたその親方よりも、ずっと上手い雲や空を描いていた。だからこーちゃんもふーちゃんの描く様子を見ていて、雲や空をハンドピースやガンで描けるようになった。練習の成果もあってこーちゃんもその親方よりは上手い画を描いた。

▲▼ベテランたちから「ふーちゃん」と呼ばれた島倉二千六氏は「こーちゃん」より少し先輩で、ふたりは長らく背景係として腕を磨いた間柄。この当時は独立してフリーランスとなり、オファーがあると特美にやってきていた。〔1975.3.6〕

▶▼アップ用に1/8スケールで製作した地下鉄銀座線の車両。素材はベニヤ板、木材、針金など。エマール500、ネオカラーなどで塗装し、クロームアルミテープを貼り付けている。ちょうど銀座線の地下からわけのわからない植物が蔓延っているシーン。〔1974.4.25〕

▲水爆戦争後の荒廃した地球を再現するため塗装にいそしむ「こーちゃん」。井上“たいこう”さんの「好きなように描いてや」、のリクエストを受けて2時間あまりで完成させた。

▼スタジオに組まれた地球。〔1974.5.7〕

「井上さんが小島さんを試してんの？　そんな事ないと思うけどなあ。小島さんの考えすぎだよ」

　模型少年は親方に対して遠慮がない。普段から被害妄想的な発想をするこーちゃんだから、もっともその発想はすべて冗談・軽口なのかも知れない。面白可笑しく話しが出来る人なのだ。まぁ真面目な模型少年はストレートに感想を述べるくちだから、彼のしゃべりの術中にすぐハマってしまう。

　こーちゃんは脚立をセットして、地球儀にハンドピースを向けた。大陸や島の薄緑は薄い赤茶色になり、青い海はだんだんと白い雲に覆われていった。

　2時間ばかりして荒廃した地球ができた。

「ほほう、流石はこうちゃんだね」

　井上さんは両手を後ろに組んで地球儀を見上げてそう言い、よしよしといった顔で部屋へ戻っていった。ちょうど、漫画「浮浪雲」の渋沢先生のように……。

　井上さんはOKともNGとも言わなかったが、特に直しも不要らしいから、OKってことだ。地球儀は大道具の手でステージへと運ばれていった。

　5月11日、7スタいっぱいの沼沢地のセットに、1／50の農家や1／33の民家を11軒セッティングし、異変によって沼が干上がるというシーンを撮影する。撮影は明後日からなので、準備を終えた大道具と美術スタッフは特美に戻った。

　事件は13日の月曜日に発生した。

　撮影当日、大きな「シナ鍋セット」の沼の泥を干上がらせる為、鉄板の下からガンガン火を入れているので、7スタはものすごく熱い。模型少年は写真を撮っているだけなのに汗が噴き出してくる。セットの沼からは湯気が立ち上がり、幻想的な情景となった。特撮班は、干上がる前の景色を撮影し終えて、あとは沼底の泥が干上がり、カチカチになっていくシーンの撮影だけだ。

　7スタは異常に熱い。撮影は続けられている。

　空は良く晴れていた。

　特美作業室で次の出物を仕上げていると、外が騒がしくなった。表へ出ると上空にバタバタとヘリコプターが旋回をしていた。それも何機飛んでいるのかわからないくらい幾つも飛んでいる。何かあったのか？　ヘリの旋回の中心は7スタだ。白い煙が立ち上がっている。サイレンも響いていた。消防車が何台もやってきた。

「火事だ！　7スタが火事だぞっ」

特美の連中は一斉に駆け出して7スタに向かった。模型少年もカメラを持ってその後を追った。

撮影所はその細長い敷地の真ん中を「仙川」で分断され、ふたつの橋で繋がっている。「一の橋」と「二の橋」だ。その一の橋際に小ぶりな7スタがある。橋の手前に非常線が張られて、立ち入り禁止となっていた。7スタから炎が上がっていた。顔が熱い。あちこちから駆け寄った所内の人たちは消防署員に非常線の外へと押しだされていた。

7スタは全焼してしまった。

火元は古い7スタの天井防音材だが、直接原因は撮影方法にあったようだ。火薬責任者の特効の渡辺さんと、製作部長の神保さんが消防署からきついお灸をすえられたのであった。

それにしてもこれは何かの「大予言」であったのか……。

その後、赤潮の漁村、鉄砲水にのまれる街、23m×18mの関東平野などの情景セットを作り、撮影は進行していく。

20日すぎになり、大道具は2mの船を作った。劇中の「バランタイン号」という客船である。スケールは1／92だから実船にしたら184mもあり、横浜港の氷川丸より21mも長い。まあこの特撮模型は架空のものだから、デザインは貨物船と中型の客船を組み合わしたようで、「柳原良平」の描く船のようになぜか前のめりなフォルムになっていた。

仕上げて大プールに浮かべ、昔から特美の裏に転がっている鉄のインゴット〔鋳鉄の塊り〕を船内に並べてバランスをとって、喫水線ギリまで沈めてやると、やっと客船らしくなった。

この船は1ヵ月後に貨物船に改装され、青木さんの名前をレタリングして「青木丸」とし、コンビナートの炎上シーンで、ガスタンクやオイルタンクと一緒に炎上・爆発して、短い模型生涯を終えた。

6月、特美大道具作業場では、鉄のチャンネル材を加工したメインキール〔船の竜骨〕に、厚ベニヤを型切りしたトランスウォール〔船の隔壁〕を組み合わせて、舷側に杉板を貼っていくという、本式の船舶製作手順で、6・2mのタンカーが造られていった。

全部木材で作られた船体は、内外ともガラスチップを混ぜたポリエステル樹脂が塗布され、防水処理と補強が終わったところで、サンダーやサンドペーパーで研磨したのち塗装仕上げへと入った。ラッカーパテとサフェーサーで下地磨きをしっかりとした船体は、ラッカーで仕上げられ、船首と船尾に欧文字で「サンタ・マグダレナ」と出鱈目なレタリングをして、例によりウェ

●（右上から左下へ向かって）本文中にあるタンカー「サンタ・マグダレナ」を大プールへと運び込む一連の写真。台車を使ってホリゾン堤まで８人がかりで運び、人力で進水させる。最後にバラストを積んで喫水線の位置を調整すれば準備完了。

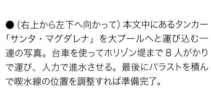

▼▶本文ではとくに触れていないが、地球を滅亡させる原因となったＡ国とＢ国のICBM（大陸間弾道弾）の模型も今回の売りのひとつ。両国共通のデザインで、ロケット本体は外注で製作され、材質はトタン、鉄板、真ちゅうなど。トタンシーラーで下塗りした上にラッカーやネオカラーで塗装している。〔1974.5.28〕

ザリングとエィジングを施したら、

「小島さん、本物みたいだよ」

この6月にKK社員〔子会社の東宝美術社員〕になった、美術助手の好村なおが、艦首から低い目線で眺めながら言った。

「なお！『みたい』はいらないの！」

こーちゃんは笑いながら答える。

台車に乗せ、大道具と美術、総員8人で大プールへと運んで、ホリゾン堤〔大プール背景側の低い縁堤〕から人力で進水させた。いつものようにインゴットを入れてバランスと喫水を調整するが、いや大きいから錘となるインゴットがたくさん必要だ。数が足りないかもしれない。

「そうだ、コンビナート停泊ってことは、運んできた原油をタンクへ送油した後かもしれない。だから喫水の赤色が幅広く見えててもいいんじゃないの」

と模型少年がえらそうに手前勝手な事を言ったが、誰も聞いていなかった。まあそこそこに錘を入れて、模型船は10万トンクラスのタンカーとなった。

特撮班の撮影が終わって、諸々の片付けが何日か続いた。

ある朝、特美課員が出勤すると、撮影所の一番奥にある特美の建物に異変が生じていた。建屋の裏側にあたる塗装室の扉のガラスが割られ、塗装室内が荒らされていた。泥棒が入ったのだ。課員はただちに特美全室内を点検した。休憩などをする控室の鍵のないロッカーは扉が開いたまま。造型室の前には作業場があって、そこに怪獣がぶら下げられていたが、それが床に転がっている。あちこち悪戯されているようだが目立った被害はなかった。

だが資料やハンドピースなどの機材を入れておく戸棚の一番下が荒らされていた。昨日仮置きした模型少年の一眼レフが無かった。一緒に入れておいた200㎜の望遠レンズはある。

「くそっ、初めてのボーナスで買ったカメラだったのに」

駆けつけた守衛と警察に、ガックリして事情を説明する模型少年は悔しさでいっぱいだった。

調査の結果、盗まれたものはカメラだけである。これも「大予言」の一部なのであろうか……。

その後の警察の調べで上がった犯人は中学生1人と小学生数人との事。なぜかカメラは出てこなかった。しかたないので、この夏のボーナスで今度は黒い「ニコマートEL」と「マクロ55㎜レンズ」を買った。

カメラ小僧はまたせっせと写真を撮っていくのである。

【シーン10】

「秋田の博物館」
〜初めてのジオラマ〜

昭和49年（1974年）8月。

ノストラダムスが終わってすぐに、ブリジストンのタイヤのコマーシャルが入り、かなりたくさんの車を作った。撮影セットが1／25なので、短い準備期間を考え全部市販品を利用した。ヤマダとレベルのプラモで乗用車たちを、こいつは1／24と1／28で47台。キャブオーバータイプの2台の大型トラックはAMTのプラモを木で補強改造し、他にダンプ、パネルバンをこれもまたAMTプラモで。主人公はフォルクスワーゲンなので、こいつは知り合いの店を探し回って、西ドイツ「ガマ」の1／24ミニカーを2台入手した。

さあ、色仕上げだ。塗装済のミニカーも含め、すべてのアイテムを塗装する。改造したピータービルトキャブオーバーの荷台に布で作った幌を取り付けて、架空の運輸会社（模型少年の生まれた村の名）をレタリングする。フォードパネルバンにも架空の運輸会社（父母の生まれた村落名）をレタリングして、エイジングとウェザリングを凝ると、実車がそこに居るようだ。

これってホントに仕事なのかな。いいや、仕事のような趣味かもしれない。車を仕上げながら、ニヤニヤする模型少年に、

「おらー、ににっ、いつまでも凝ってんじゃねえぞ！」

タオルを額にまいた青木さんだ。いつの間にか後ろに立っていた。

特美は今までにいろんなジャンルの模型を作ってきた。特撮の作り物、これは姿かたちもさることながら、天変地異などのシーンの場合は、その壊れ方をも考えて作らなければならない。そのため円谷監督の時代から材料や組み付け方を吟味してきた。またコマーシャルの作り物も、特撮的な手法で使われたなら、その作り方と出来映えは特撮と一緒である。いずれも「本物に見えること」が必須条件だ。ただその「本物」は、あくまでもフィルムに写されスクリーンに投影された時に見えれば良いのであって、必ずしも精巧・精密な模型でなくても良い。だから「えっ、これがあのシーンで使ったやつ？」なんてこともある。

模型たちがリアルに見えるとしたら、それはひとえにカメラアングルや照明、スモークやフォッグの特効、本物らしい動きを操る操演、そして演出する監督の采配によるものである。

そうは言っても、模型少年たちはより「リアル」な模型作りを目指しているけれど。

さて、展示物の場合はどうだろう。実物大からいろんなスケールに縮尺されたものと、サイズは多様なんだけど、出来映えは超リアルというものではない。その目的に合わせて作ってきた、例えば分譲地のプレゼン模型であったり、発泡スチロールのネッシーであったりした。ミニチュアランドの世界の建物と飛行機や船は、模型としてはきちんと作られていたが、展示された物を見ても、本物には見えない。あくまでも模型だよね。

その点、超リアルな作り物と言えば、本編の芝居で使う、「生腕・生指」のたぐいだね。これは本物の代わりとなるものだから、当然作り物に見えてはならない。これはもう模型ではないね。食品サンプルってあるじゃない。そう、まさにあれだろうね。

と、いろいろな模型を作ってきた特美に、新しいジャンルの作り物がまい込むことになったのである。

▲博物館などの展示物の製作下請けも特美の重要な仕事のひとつだった。秋田県立博物館からの依頼で製作するジオラマは、奥に行くほどスケールを小さくして奥行きを出す手法で製作されたもの。同スケールで全体を製作したものはパノラマとして区別されていた。〔撮影／スタッフ〕

「ウァハハハ、小林くんや、ナウマン象って知っとるかい」

体の大きなシンゲンさんが豪快に笑いながら小林ともに尋ねた。
「いや見たことないすね」
「ヴァハハハ、そりゃあそうだろう。儂だって見たことないよ。1万5000年前には居たらしいけどな。ナウマン象というのはな……」

ある晴れた日の特美の作業場で、最近来はじめたT社の武田シンゲンさんと若者ふたり、そして安丸さんと小林ともが、資料を見ながら語り合っていた。というより、シンゲンさんの豪快話法による講釈を、安さんとともが「聞かされている」と言った方があたっている。

シンゲンさんの講釈は続く。
「大正10年に浜名湖の工事現場でな、化石が見つかったのよ」
「ええ！ 丸ごとですか？」
「いやいや、そうではない。歯とな、牙とな、下あごの骨だったのさ」
「じゃあそれだけで……」
「うん、研究しとった『ハインリッヒ・エドム・ナウマン』の名前をつけたんだな。彼によると、マンモスより小型で体毛が無いけど、キバはマンモスなみに長いというんだ。しかし丸まってはいないけどな」
「へえー、シンゲンさんはナウマンって人に会ったんだ？」
「ヴァハハハ、小林くんは面白いことを言うね。まあ儂も会いたかったけどな」

安さんはひと言も口を挟まず、ふたりのやりとりを聞いている。

そんな打合せがあって、T社から発注された「ジオラマ」なる、初めて聞いた学術模型を作ることになった。

「ナウマン象の棲息」「おおつのしかの狩り」「昭和の稲作」「縄文時代の住居」「等身大の旧石器人と縄文人」、そして「江戸時代の市場」など、奥に行くにしたがって小さくする「パース」をつけた情景模型、即ちジオラマを作っていく。これって特撮の情景セットと同じなのだ。ただ規模が小さいだけだ。

狭い空間を広く見せる手法だね。従来使われてきた「パノラマ」と何が違うのか、模型少年はシンゲンさんに尋ねてみた。
「パノラマはな、広角的なワイドのあるロケーションなんだよ。ジオラマは工夫された人工的なロケーションだな」

シンゲンさんの説明は判るような、判らないような、大局的なものであった。

まあ早い話が、ジオラマというのは自然の景色を眺めたとき、遠くのものが小さく見える事を計算して手前を大きく、奥を小さく作った情景で、狭い空間でも広がりのある情景を演出できるものだ。まさに特撮セットだね。そのセットのミニチュア版ってとこかな。

ともが昭和の稲作用の30㎝の農耕馬を作った。
「なんだいこれは……。豚じゃねえか」

馬を手に取った青木さんは得心がいかない。青木さんは東宝に入る前は故郷の農協に勤めていたから、農耕馬は日常茶飯事で見ているはずだ。その青木さんが「豚」と言ったのだ。確かに後ろ足は短く、本来なら馬は長い顔、だが作り物は丸っぽくて短い。首もなんだか短いようだ。茶色の電気植毛がされているが、なるほど豚に見えないでもない。
「うっさいなー、馬なんだよ、これでいいんだよー」

ともは作業の手を休めず顔もあげない。さも迷惑だと言わんばかりだ。
「なんだとっ、どこが馬なんだよ、どう見てもブタじゃねえかよ」

青木さんは遥か格下のともの言いようにむかっ腹をたてている。

騒ぎを聞きつけたシンゲンさんがやって来た。しばらくなりゆきを見ていたが、
「ヴァハハハ、何事かと思ったら……青木さんは見方を知らなかったのか」

シンゲンさんは馬を斜めになったジオラマベースに置くと、この目線から

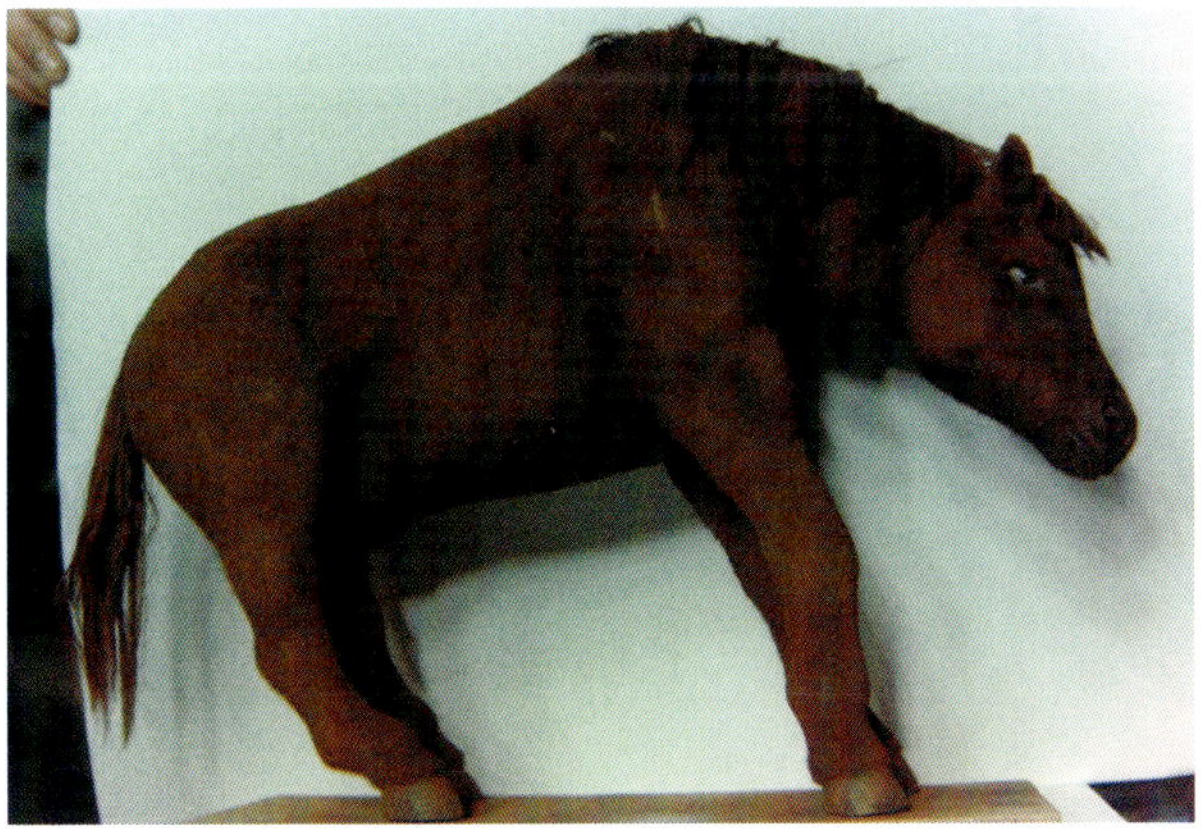
▲「とも」が製作した30㎝の農耕馬を見た青木課長、「豚じゃねぇか」と首を傾げたが……。

見てくれと青木さんを促した。じっと見ていた青木さんの顔が僅かにほころんだ。

「あれ、なんだぁ、馬になってるよ」

「だからさっきから、これでいいって言ってんのに……」

「まあまあ、豚だの馬だので揉めてりゃ、それこそトンマな話だ」

シンゲンさんはやんわりと言ったかと思ったら豪快に笑いだした。一座もつられて笑い出したものだ。

ジオラマはパースをつけて、奥行感や広がりを見せると先述したが、そのパースは水平面だけではなく、立面にもつける。四角い家の室内を例にとると、まず水平面のパースは、手前の玄関を10で作って奥にいくほど9・8・7、あるいは7・5・3と小さく作る。すると天井平面は台形になっておかしな家となってしまう。が、正面から眺めれば奥が狭くなっているので、部屋が広く見える。そこで今度は立面にもパースをつけてやる。手前の柱高を10で作り、奥に向かって柱を低くしていくと立面にパースがついて、さらに奥行感が強調されて見える。

と、これで充分なのだが、さらに床を奥にいくほど上げて斜面にしてやれば、その奥行感や広がり感は増大される。この斜面の床や地面は特撮でも「やおや」と呼んでよく使っている。ただむやみにこの勾配をきつくしても、奥行感のある情景とはならないから、その辺は経験とセンスがものを言う。商店街の八百屋の軒下に並んでいる「なす」や「きゅうり」が転がらない程度の勾配が多分ベストではないかな。で、この陳列台が斜面になっていることから、映画屋は斜面にすることを「やおやにする」というわけ。

▲それはジオラマベースに配置した際のパースを計算したためだった。写真のように前から見るとちゃんとした馬に見えるようになっている。

つまり、ジオラマとはそんなタテ・ヨコ・ナナメのパースを組み合わせて、狭い空間を強制的に広がりのある景色に見せるというテクニックを使った情景模型なのであります。

だからジオラマベースにセットしたブタ馬は、設定視点から見てやれば、確かに農耕馬なのです。ともは馬にパースをつけて作ったのです。見る角度が異なると馬もブタに見えるし、多分、鹿もウマに見えるかもしれません。見え方が豚馬になったり馬鹿になったり、ジオラマ製作はなかなか難しいものである。

さて、ジオラマの添景のひとつ、ストラクチャーを作ることにしよう。

昭和の稲作は手前が1／10で奥が1／40の縮尺、その奥の背景はもう遥かな遠景となっている。耕運機が出始めた頃の設定なので、1／10と1／40の金属で作った耕運機を下請けに出した。3日ばかりのち、ふたつの未塗装品が届いたので、ラッカーシーラーを吹いてから塗装にかかる。ラッカーとレベルカラーを使用して本物然とした製品に仕上げた。それを操作する農夫人形は造型が作り、ポリの体に多種な布を縫って作った衣服を着せ、菅笠を被せて耕運機とともにジオラマの田圃にセットする。遠くの田圃でも耕運機を転がす農夫がいる。先述した馬に代掻（しろかき）を曳かせた農夫もセットする。

手前の畦道には仔犬が2匹じゃれていた。出回ったばかりのアルマイトのやかんの傍らには、急須と瀬戸焼きの湯呑茶碗がふたつ、そして桜皮の茶筒が置かれている。もうすぐ一服なのだろう。

実感のある着色とウェザリングを施せば、そこはもうミニワールド、昭和の苗代風景となる。

ちなみに畦道の茶道具は、やかんはツルを入れて僅か3㎝、ラワン材を旋盤で削ったものに各パーツをつけて、塗装し、銀磨きをかけてアルマイトの質感を再現している。たった1㎝の湯呑茶碗もラワンを旋盤加工して作っている。大道具に「朴（ほう）」で作ってくれと言ったのに、ラワンで作ってくれちゃったから、荒い木目がもうガサガサ。アルミや瀬戸焼きの表情にする為、パテ仕上げと磨きに一（ひと）苦労どころか、五（ご）苦労様でした……。

初めての学術的模型とジオラマは、秋田の博物館に展示された。

この秋田の博物館がスタートとなって、向後T社から長年にわたり博物館や資料館の仕事を請けていくことになるのである。

【シーン11】

『エスパイ』特撮
～特大な737旅客機～

昭和49年（1974年）10月。

博物館の模型を作っている特美に、また小松左京原作の『エスパイ』という、エスパーを主人公にした特撮映画の作り物が入ってきた。学術的な模型も面白いが、やっぱり特撮用の方が特美には似合っている。

この作品は特撮映画なのにミニチュアワークが意外と少ない。それで作り物も飛行機と建物だけ。

本編繋がりの「バルトニア国特別機」は勿論架空で、ボーイングのB737-200の設定だ。双発の中型ジェット旅客機である。さて模型は幾つ作るのかな……楽しみだね。

例によりロングでのカメラテスト用と撮影用とで2機欲しいってんで、またまた1／100ニットーのプラモを買ってきた。撮影用機はエナメルのクロームシルバーで翼などをピカピカにして、尾翼にバルトニア国章をマーキング。こいつは本編中の国旗をアレンジする。ラインなどはこっちで勝手にデザインして、赤と黒で塗り分けた。

カメラテスト用機はアルミテープを全面に貼ってみた。塗装前のジュラルミンの機体になった。ロング用と同じ要領で塗装して、最後につや消しクリアーに埃色をちょっと混ぜて2機とも全体にぶっかけた。これで小さいのは完成だ。

中ロング用に60㎝ぐらいのも要るというので、またまたプラモを探した。だが、ちょうど良いのがない。そこで1／50の747ジャンボの機首部10㎝を切りとばし、バルサの角材を接着して削って、そしてエンジンは双発だから2組だけ組み付け（ジャンボは四発）、同じように塗装して仕上げた。

「違うな、カッコ良すぎる。ナナサンナナのずんぐり感が全然ないものな」

出来上がった模型を車の屋根に乗せ、空抜きでカメラファインダーを覗きながら、独り言を呟いている模型少年のそばにやってきた好村なおは、

「出来たんだあ、セットに持ってていいかい？」

「いいけど、でも違うんだよな。痩せってから大型機に見えちゃうんだよ」

「えっそうなの、でもわかんないんじゃないか」

「いやいや、やっぱりこれは駄目だよ」

▲▼最初に製作した 1/100 の B737-200。ニットーのプラモデルを利用したもので、カメラテスト用にアルミテープを貼ったものと、ロング用にエナメルのクロームシルバーを塗ったものの 2 機製作した。

▲▼続いて中ロング用として製作した B737。1/50 の B747 を利用したものだったが、ご覧のように B737 特有のずんぐり感が出ず（カッコよすぎる！）、結局、1/30 サイズのものを大道具に作ってもらった。

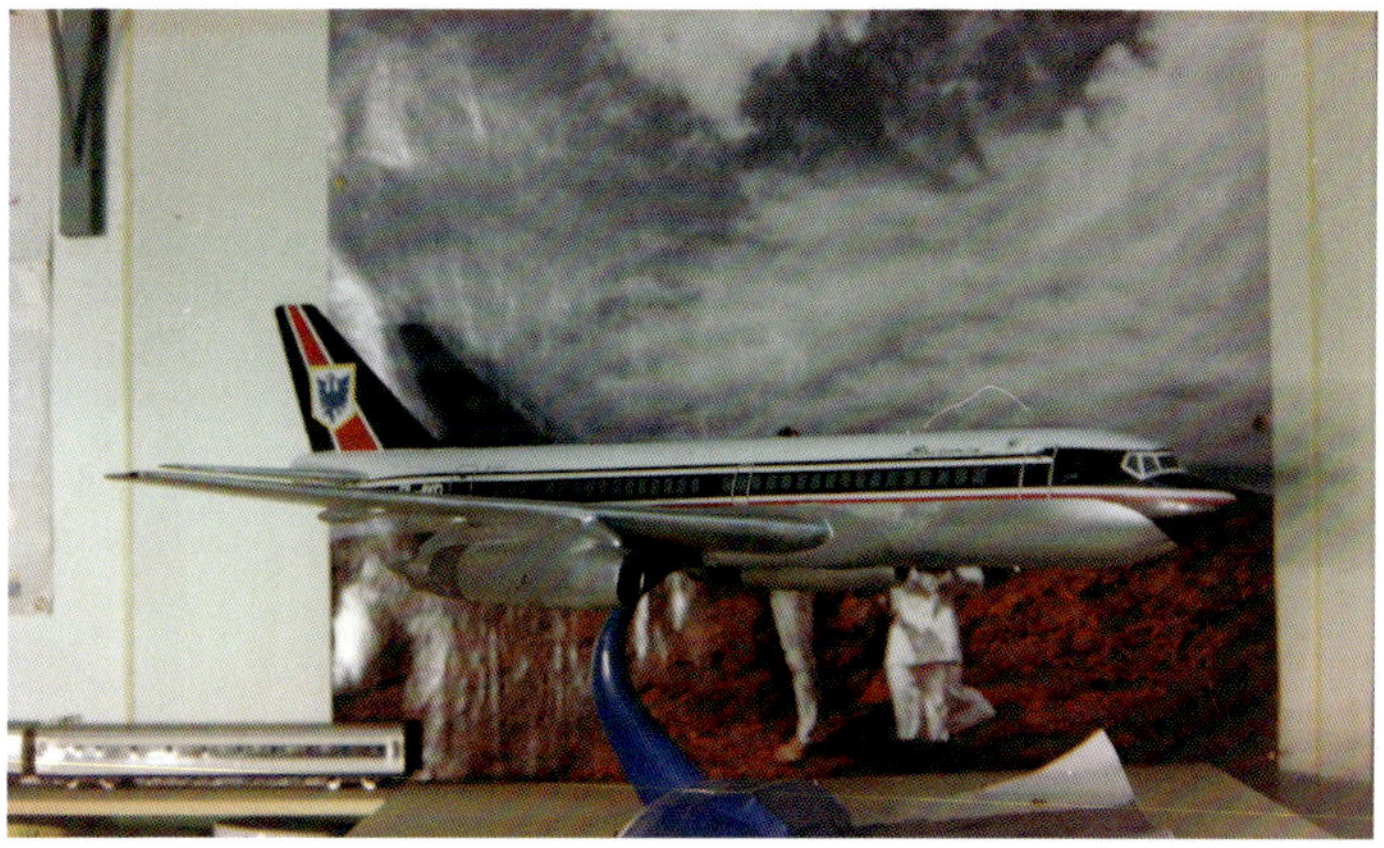

そこで、大道具がベニヤとバルサで作っていたアップ用の1／12、長さにして2・4mの他に、もう1機バルサで作ってもらった。1／30で1・1mの機体だ。バルサ材が幾ら軽いといっても、これだけの大きさになると相当な重さになってしまう。だから飛行可能なフルスケール模型飛行機（ラジコン機）のような作り方をする。機体の断面リブを幾つも作って、そこに大道具がバルサの塊りを丸鋸でスライスした超薄板を貼り、ガランドウの機体を作る。これはバルサ板でプランクしたモノコック構造なので割と丈夫だ。翼はバルサの板を削って左右各一枚もので作る。左右のフィレット（翼取付けの整形部）をバルサの角材で補強も兼ね一体に製作して胴体に取り付け、そこへ主翼を差し込めば、あとは尾翼・垂直尾翼・エンジンをつければ木工の完成だ。

塗装仕上げは小さいのと基本的に同じなんだけど、やはり大きくなったから、各所にディテールアップを施した。エンジン回りの材質の違いを微妙に異なるシルバーで表現し、エイジングとウェザリングをハンドピースと筆で施す。マーキングとレタリングも入れて、ひと月近くかかった2機が完成した。

旅客機の操演は、戦闘機とは違ってさすがに宙返りや激しい動きは無いものの、これはこれで結構大変なのだ。特に大きい方はそれなりに重さもあるからまっちゃんたちが騒いでいる。

「なんだよー、重いじゃねえかよー、これじゃピアノ線太くなっちまうぞ！」

「まっちゃん、なるべく細いのにしてよ、線が映ちゃったら興ざめだからさ」

中野監督が脚立の上に立っているまっちゃんに声を投げた。

親線〔ステージの端と端を繋いだケーブル〕の滑車から吊ったトンボ〔木材をトンボの翅のように組んだ吊元〕へ737をぶら下げる。吊元から下のピアノ線は映り込んでくるから、なるべく細い線で吊りたい。旅客機を静止状態で撮るだけなら細線でもなんとかなる。しかし動かして芝居をさせるにはそれなりの強度が必要だ。その太さを見極めるのはやはり経験である。

操演はモノが落ちないように太い線を使いたい。そうすると撮影部はピアノ線へつや消しを吹いたり、背景色を指で塗ったりして目立たないようにする〔これを「線消し」と言う〕のだが、それも限度があり、太線はやはり消えにくい。ここに操演と撮影部の戦いが始まるのですよ。

まして撮影シーンは特別機がただ飛んでいるだけではない。嵐の中で翻弄されアルプスの山腹に腹をこすったうえに、さらに山頂を擦りながら飛び去っていくというハードな芝居……操演……をしなければならないのだ。まっちゃんだって心配だ。途中でピアノ線がぶった切れれば、フィルムも無駄になり、模型も壊れてしまう。そうなると撮影はそれらの修復が済むまで待機となって、製作担当もスケジュールオーバーで予算が無駄になる。

この撮影はまさにまっちゃんたちの操演にかかっているのであった。

●まあ撮影は落下事故もなく順調に終わったので、模型少年たち美術もホットしたんですがね……

さて、特大模型はエンジンが発火するシーンに使う。これは吊りではなく固定して使うからピアノ線が切れる心配はない。模型は全長の半分、胴体直径の2／3、右翼全部という、1／5スケールの大きな部分模型だ。胴体は4m、翼は3mになる。大道具が頑張った。ベニヤとバルサと鉄板で作られ、エンジン後部は、特撮で火を使うから耐火用のアスベストで加工している。

塗装は小さいのと基本的に同じ方法、翼部や胴体の下はアルミシートをカットして貼って、実機と同じようにジュラルミンのつなぎ目を表現した。実機の資料を見ながらあちこちとディテールアップするのは、これはもう模型少年の醍醐味である。発火する瞬間の撮影に使われるだけだから、そんな細かいところまでは映らない。わかってはいるけれど、そこにアップ用があれば凝ってしまうという模型少年の性なのですよ。

ああだこうだと独り言を呟きながら、せっせと作業をする模型少年を、砂糖が入ったせんぶり（煎じ薬）を飲んだような顔をして、青木さんとこーちゃんが眺めていた。

特大機の撮影も順調に終わって、11月の末になっていた。

撮影所のメインストリートを真っ直ぐ特美に向かうと、左手に東洋一の№8、№9ステージがある。それを過ぎるとすぐに右手に100×70mの大プールがあり、その端に三階建てのホリゾン棟（大プールの背景。中は倉庫になっている）があって、道の左手には№10ステージがある。その先は特美までの100m四方が原っぱとなっており、四季おりおりの雑草に覆われている。そこを「オープン」と呼んで、いろんな撮影に使っていた。

そのオープンに、特撮のラストカット、敵のエスパイ「ウルロフ」たちが潜む「大倉山国立精神研究所」を模した洋館「ウルロフの館」の炎上シーンを撮るため、1／10という大きなスケールで精密な洋館群が建て込まれていた。木軸ベースで、瓦解する壁や柱は石膏で作っている。

ノコ屑を篩（ふるい）にかけて粒をそろえ、水性塗料のエマールに混ぜたものを吹き付ける。ザラザラとした石壁の質感はたいがいこの手法で間に合う。乾いてから各部の色仕上げをして、青空に映える堂々とした洋館群が出

▲▶エンジンが発火するシーン用に大道具班で製作された 1/5 スケールの特大 B737 模型。全長の半分、胴体直径の 2/3、右翼全部で、胴体は 4m、翼は 3m あった。材質はベニヤとバルサと鉄板。エンジン後部は、特撮で火を使うから耐火用のアスベストで加工してある。翼部や胴体の下にはアルミシートをカットして貼り、実機と同じようにジュラルミンのつなぎ目を表現した。ただ今、こーちゃんが最終仕上げ中です。

来上がった。本物のヒムロ杉枝をそれらしく剪定して周りに植樹すれば、美術班のセッティングは終わる。

特効が火薬やガソリンで作った「ナパーム〔火炎弾〕」を仕込んで準備OKとなって、カメラがあおり目〔モノの下から空を見上げる位置〕にセッティングされて、あとは「用意っ、スタート」を待つばかりとなった。

特撮ステージではなく、なぜここで撮影するのか？　建物と高い空の絵が欲しいのですよ。それに炎が上がっても背景の低いステージでは、水平引きしか撮れないから迫力がイマイチ。オープンなら背景の空は無限大だからね。けれど実景が映っちゃう場合もあるので、撮影部はフレームアングルを慎重に決めなくてはなりませんが……。

さあ本番。

カメラが回りだし、洋館を舐めるように、又は「羊羹を嘗める」ようにカメラが移動していく。

中野監督の号令！

特効のナベさんが「シャミセン」を弾いた。シャミセンとは連続爆破用電気スイッチのこと。バチで弦を弾くように、端子を並んでいる棒状端子にスライドさせてスイッチを入れる姿から三味線の名が付いた。

ドッカーン！　グウオー

大爆発、炎上。一瞬にして洋館はあとかたも失くなり、火炎が3mも吹きあがった。

周りの僕らに熱風が吹きつける。カメラマンはひるまず回し続けた。

「カット！」

中野監督の大声が響いた。

静寂が漂った。

スタッフは誰もが無言で、茫然と立ちつくしている。

演出上どんなねらい目だったのかわからないが、誰の目にもオーバーに映った。火薬が多すぎたと思っている。

「……オッケー」

しばらく経って中野監督がOKを出した。台本には

『#179　洋館・表　地軸を揺るがすような轟音と共に、洋館はゆっくりと崩壊してゆく』

とある。

――うん？　ゆっくり……？。

まあハイスピード撮影（スローモーション）しているから、充分使えるものは撮れたはずだ。そして誰がなんと言おうと、監督がOKなんだからすべ

▲1/10スケールで製作したウルロフの館。木製で、ノコ屑をふるいにかけたうえ、水性塗料のエマールに混ぜたものを吹き付けて石壁の質感を表現してある。手前には本物のヒムロ杉の枝をそれらしく植樹。左奥のアーチ型天井は撮影所内の体育館で、右の青い三角屋根が特美の建物。

◀その爆破・炎上シーン。特効が火薬やガソリンで作ったナパームを仕込んで「用意っ、スタート」、特効のナベさんが「シャミセン」を弾くと、大爆発、炎上し、一瞬にして洋館はあとかたも失くなった。火炎は3mも吹きあがった。

てオッケーなのだ。スタッフはいそいそと片付けにかかった。

本日のこのド派手なシーンで特撮は終了となった。ラッシュ〔撮影したそのままを試写で確認することだが、正確にはラッシュプリントのこと〕を見ると、ハイスピード撮影は肉眼では見えなかった洋館の爆発がダイナミックに撮れていた。

12月、3スタは7回目の団結祭準備で、組合員たちが朝から動きまわっていた。模型少年たちKK社員は組合員ではないので、その準備の手伝いはしなくてよいと言われていた。午後5時の定時になり、仕事をきっちり終わらせた従業員たちが、3スタに集まってきた。

端の方に舞台が設置され、キラキラモールや団結祭と大書した横断幕やたくさんの提灯で飾りつけられている。3スタはギャラリーでいっぱいとなり、その熱気がモンモンしている。課長以上を除く全員が集まっているのだろう。

式次がどんどん進行し、いよいよメインイベント「歌合戦」が始まった。自薦他薦のつわものが司会のコールを受けて舞台に上がる。アカペラだ（当時はまだカラオケはない）。10名ほどがギャラリーの手拍子で歌いきった。

司会がおもむろにマイクをとり、

「次は……本日のおおトリー、小島のこうちゃん！」

ギャラリーが「ワー」と歓声。

「女になりきったこうちゃんが、せつせつと歌いまするは大津美子の『ここに幸あり』さあどうぞ！」

こーちゃんひとりのために来てくれた、ギターを抱えた祖師谷「どうする」のマスターが、イントロを奏で始めた。ギャラリーはシーンとなった。パンチパーマのこーちゃんが歌いだした。その姿とこの歌のギャップもなんのその、その声量で奏でる歌に全員が酔いしれている。

歌い終わったこーちゃんとマスターがゆっくりと礼をすると、大歓声が3スタに轟いたのであった。こーちゃんが優勝したのは言うまでもない。

▲おまけ。第7回団結祭のメインイベント「歌合戦」においてオオトリを勤める「こーちゃん」。ギターを抱えるのは祖師谷「どうする」のマスターだ。こーちゃんは見事優勝をかっさらった。

【シーン12】

『メカゴジラの逆襲』特撮
〜ファントム戦闘機初登場〜

昭和50年（1975年）1月。

エスパイが終わって間もなく、メカゴジラの続編『逆襲』の撮影が始まった。配られた台本をパラパラとめくったら、おっ、なんと！　模型少年の名前が載っているではないか。嬉しいねえ。特撮のスタッフ項にいつもは載っていない「塗装」があり、そこに、こーちゃんと共に載っていた。模型少年の役割はいつものようにメカ模型他製作塗装なので、美術としてのスタッフではなく、所属係の「塗装」に載せてくれたのだ。「造型」もあって、安丸さんと小林とも載っている。裏方スタッフの名があるなんて考えられないことなのである。もしかしたらページが余ったのかな？　まぁこれでより一層、模型少年たちは張り切らざるを得ない。

さて作り物なんだけど、劇中「海洋開発センター」の潜水艇で「あかつき」一号・二号というのが出てくる。こいつは特撮物の主役メカにしては珍しく小さい。１ｍ20㎝しかない。そしてロング用として半分の60㎝、いずれも外注トイダのトタン製である。

そして怪獣との「分一（ぶいち）」用のたった5㎝のもの、なお「分一」というのは、本来は建築用語で「縮尺」のことなんだけど、同時にふたつの模型が映る場合に、それぞれ同じ縮尺であれば「同じ分一」となる。けれどそこは映画屋、単に「ぶいち」と呼んでいる〔下巻の用語集参照〕。

で、あまりにも小さく軽いので、操演はかえって難しくなる。言葉で表すと「ヘラヘラ」、あるいは「ふわふわ」な動きになって、潜水艇としての実感は出ない。そこで朴の木で作ったボディを繰りぬいて鉛を融かして流し込んで重く作った。

この「あかつき」はデザインを小村さんが起こしているので、日本沈没の「わだつみ」のように実艇を模したものではなく、軍用潜水艦のように長細い形をしている。模型少年がディテールアップをしているが、アイボリー一色の艦体の艦橋へ赤い帯を塗ると、軍用潜水艦には見えなくなった。

潜水艇やら、劇中「ムガール星人」の地下基地の作り物、パワートランスなど嘘っぽいストラクチャーを仕上げている頃、造型では新怪獣「チタノザウルス」と「メカゴジラⅡ」を製作していた。

▶▼劇中に登場する「海洋開発センター」の潜水艇「あかつき」。特美の小村さんのデザインで、一号、二号の２艇あり、1m20㎝と60㎝のものが外注先のトイダで製作された。スタイリングは軍用潜水艦のようであったが、アイボリー１色の船体の艦橋部分に赤い帯を入れたら民間船らしくなった。

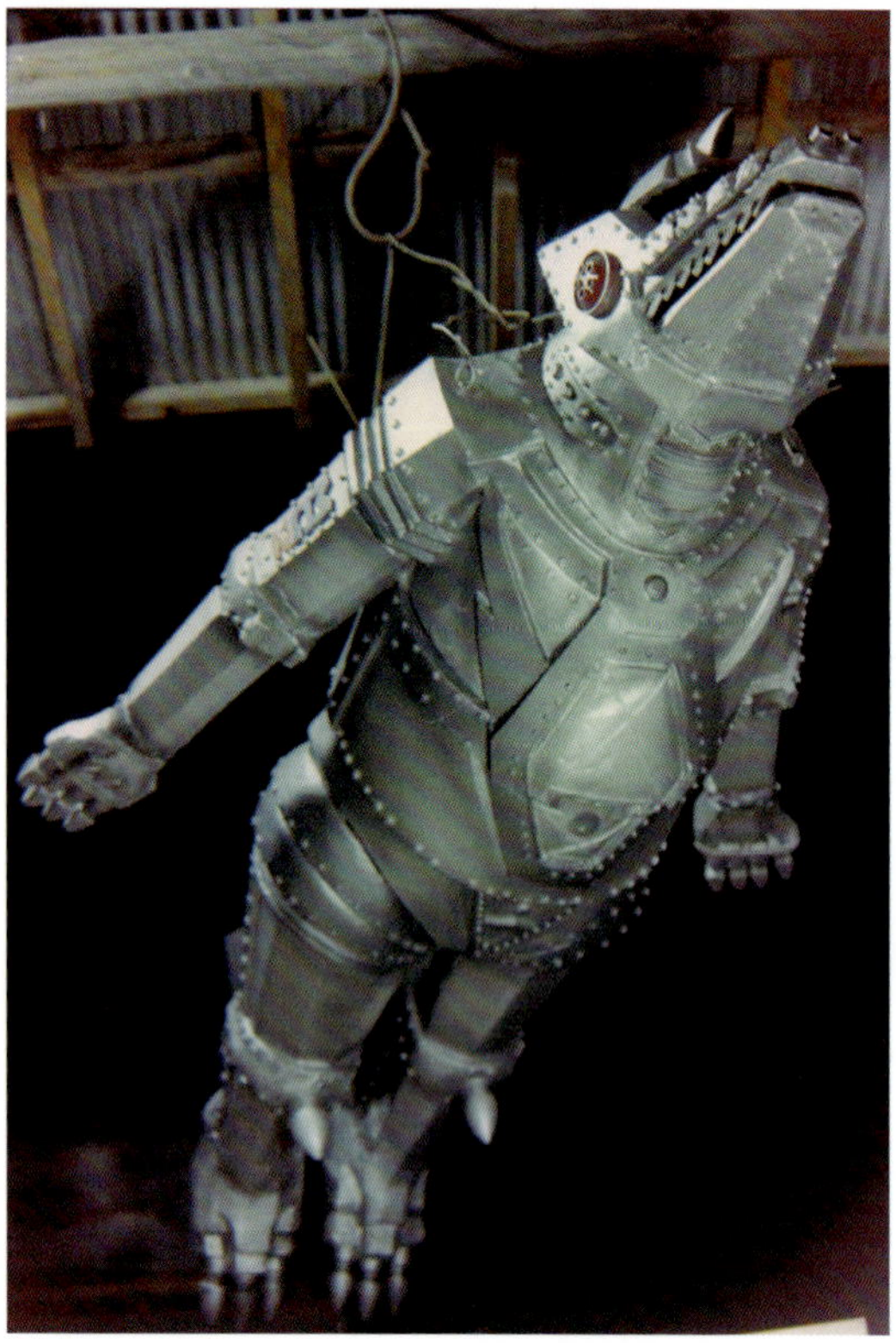

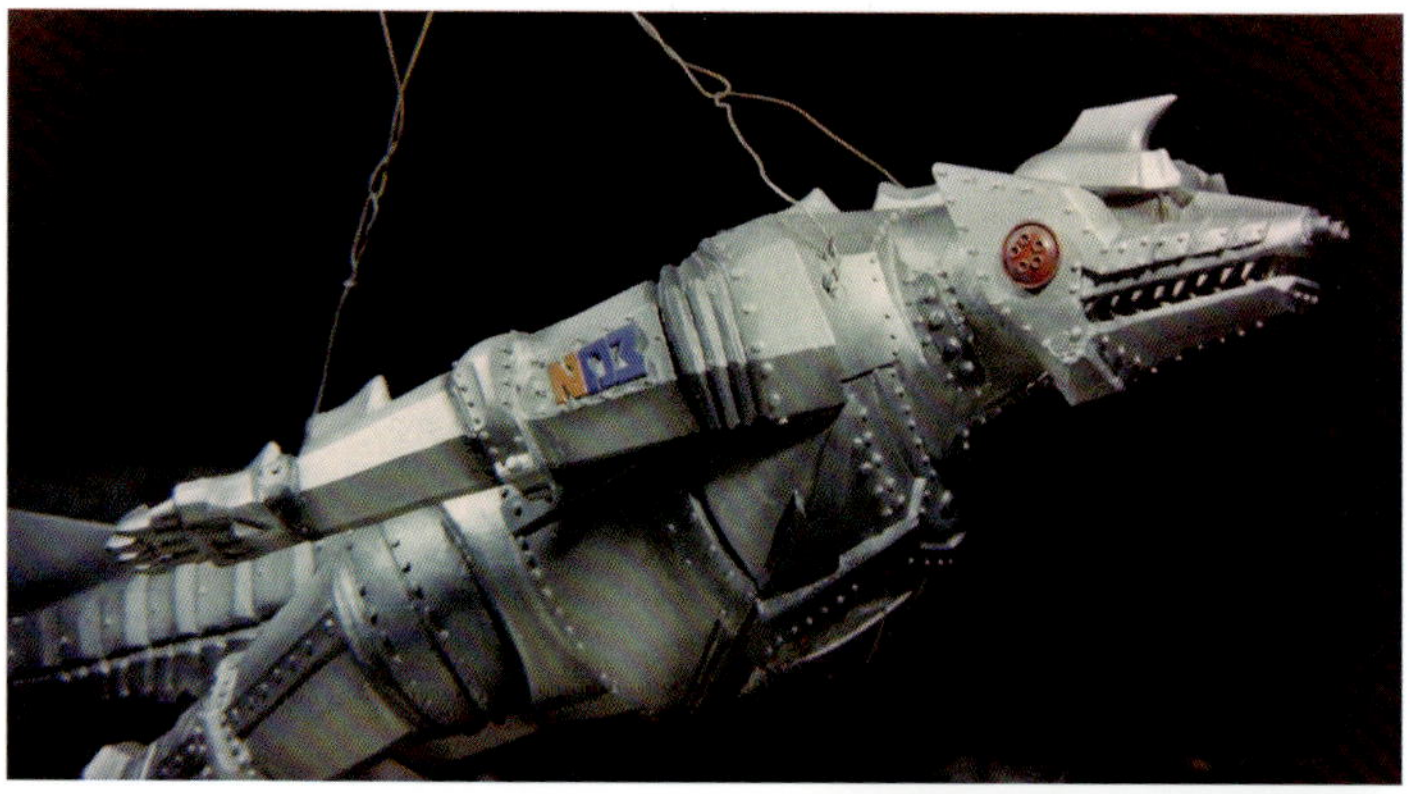

▲◀▶発泡スチロールで作った1/50、1mの飛行態「メカゴジラII」。とんがった口から顔、背中・脚・尻尾と一直線になるさまは精悍そのもので、まさしく空飛ぶ戦闘艦のフォルムだった。模型少年、もとより怪獣キャラクターマニアではなかったが、おもわず、「おっカッコいいじゃん」とニヤリ。今回はシルバーを塗ったあとに、クリアーに紺と黒を少量まぜた塗料を吹付けして、金属感を強調し、引き締まって見えるよう工夫してあった。

メカゴジラⅡは前作のものとほとんど変らないのだけれど、こちらの方がなぜか精悍に見える。それはボディ色のシルバーがひと工夫されているからなのだ。前回作と同じシルバーを塗ったあとに、クリアーに紺と黒を少量まぜて吹付けして、金属感を強調したからぐっと引き締まって見えるってわけ。

発泡スチロールで作った1mの、飛行態メカゴジラⅡはもっと精悍さが出ている。こいつが空を飛んでいる横姿は、そのとんがった口から顔へ、そして背中・脚・尻尾と一直線になる。まさしく空飛ぶ戦闘艦のフォルムなのだ。模型少年は怪獣キャラクターマニアではないけど、おもわず、

「おっカッコいいじゃん」

と、手前勝手にニヤついた。

一昨年の春から特美の課長になっていた村上さんが定年を迎えた。作品中でもあるので、とりあえず特美の大道具作業場が送別会会場となった。

村上さんは豊島さんが営業部へ異動となったあと、東宝直営の劇場から転属となり、変人集団の特美に戸惑いながらも、その人間性で優しく優しくまとめてくれていた。

あとがまは、係長として事務を一手に引き受けていた白崎さんが昇進、三代目の特殊美術課課長となり、空いた係長にはなんと、特美のデザイナーの青木さんと決まった。作品が終れば現場を降り事務職となる。これは青木さんにとり、青天の霹靂（へきれき）。それも後輩だった白崎さんの部下になるのである。心境は大変だろう。余人の模型少年たちにもそれがうかがえた。

「いやだと言って断る事も出来ない宮仕え、サラリーマンはつらいもんだねー」

と青木さんは怒ったように笑って、しばらくの間こぼしていたっけ。

台本『＃71、飛行場。ミサイルを装備した数十機の戦闘機が待機している』台本『＃110、ある造成地。空からは、防衛隊空軍によるミサイル攻撃。……空からのミサイル攻撃。怒ったメカゴジラ、戦闘機を叩き落とす。』と、たった2シーンに登場する戦闘機の機種は特定されていない。しめしめと思い、近頃やっと航空自衛隊の百里基地に配備された、最新鋭の「F-4EJファントムⅡ」にしようと考え、特殊美術の青木さんに提案し、青木さん経由で中野監督のOKをとりつけた。

ところがシーン71「待機する戦闘機」を特撮するには飛行場のセットを作り、模型を10機以上並べなければならない。その機体には当然脚を工作しなければならないし……ケッコー予算がかかる。もともと特撮の設定ではあっ

▲ムガール星人地球開発本部壁かけ用パース。好村「なお」がイラストレーションボードに描いたもの。

▶（右２枚）着ぐるみと分一（ぶいち）の1/25スケール、80㎝のF-4EJファントムII。模型少年の図面により特美大道具でバルサと朴で製作されたものを模型少年が塗装、レタリングして仕上げた。マーキングは当時百里基地に配備されたばかりの「第301飛行隊」で、垂直尾翼には「マフラーを巻いた筑波の蛙」のマークを描いている。

▶撮影中のメカゴジラとチタノザウルス。このチタノザウルスが嫌うという「超音波発振機」搭載ヘリを作ります。〔撮影／東宝フォトプロデュース〕

たが、それなら茨城県の百里に行って列線のＦ－４を撮影する方が遥かに予算（製作費・時間）は安い。それで制作サイドも同じ事を考えていたという事でロケは即決され、東宝映画作品初のファントムIIの製作となった。

あまり大きいと芝居させにくいので、着ぐるみと分一の1／25をバルサで2機、中ロング用の1／32をレベルのプラモで9機、ロング用の1／48をフジミのプラモで3機製作することとなった。

さあ、楽しみはここからだ。図面を大道具に渡し、模型少年はマーキング図を作成する。「シーン１１０の造成地」は横須賀に近いから、攻撃機は一番近い茨城県の百里基地から飛んでくるはずである。それなら「第３０１飛行隊」だ。垂直尾翼に「マフラーを巻いた筑波の蛙」のマークだ。マーキング図ができたところで、買ってきた12機のプラモの組立にとりかかった。

大道具ではバルサと朴で80㎝の機体が形になりつつあった。

プラモが組み終わった頃、大きいのがふたつ、大道具から上がってきた。詳細な図面を渡して木工して貰ったので、映画用としてはもう充分なんだけど、模型少年の血が騒ぎ、翼端やエアインテークをサンドペーパーで整形し、よりシャープさを出してから、ラッカー系シーラーを全体に浸み込ませて、これでやっと下地が塗れる。

今までとは違うやり方で下地を作ることにした。今度はパテ代わりに水性のエマール＃１５００の「こみ（濃度）」をよくして、吹いては乾かしを3度ほど繰り返し、硬めに仕上がった肌をサンドペーパーで一心不乱に研ぐ。すると木目は完全に消え、肌に光沢が出てきて、これで下地終わり。

次は仕上げ色だ。これはラッカーで塗る。最後にマーキングとレタリングで塗装終わり。ウェザリングを施して全体の艶を調整して完成だ。「いつでも取りに来い」ってなもんだ。

模型少年はどんな模型も好きなんだが、特に飛行機マニアなもんで、初のファントムを送りだせた密かな喜びにひたる姿を見て、こーちゃんも青木さんもただ呆れるばかりであった。

チタノザウルスが嫌うという本編用小道具「超音波発振機」は特美が作った。約1ｍの大きさで金属製なので、ラッカーで仕上げ、シャドウやリアリング〔本物らしくする為の細工・塗装の総称。模型少年の造語。下巻の用語集参照〕を施しそれらしさを出した。

そのマシンを積んだヘリコプターは、当初「ベル２４１Ｂジェットレンジャー」の予定だったが、本編のリースの都合で、「ベル２１２Ｂ」に変更になった。特美の倉庫に『日本沈没』の時使った自衛隊仕様の「ＨＵ１Ｂ」（ベ

◀（左２枚）ムガール星人の円盤は 1/25 スケール。バルサ、ポリ、ベニヤ、アクリルなどの素材でできており、ラッカー塗料のピカピカのシルバーの上に、クリアーなブルーをハンドピースでグラデーションをつけて仕上げた。

▼チタノザウルスが嫌う「超音波発振機」を搭載するヘリコプターは、「ベル 212B」。『日本沈没』で使った自衛隊仕様の「HU1B」（ベル 204B と同型）を塗り替えて、民間チャーター機「朝日ヘリ」とした。超音波発振機は記録ノートに写真がないので、どんなデザインだったかは覚えていない。

ル２０４Bと同型）が残っていた。幸い両機は姿がほとんど同じなのでそれを使うことにした。ただ自衛隊機から本編繋がりの民間チャーター機「朝日ヘリ」に塗り替える手間は生じる。

１／16を１機と１／32を１機、倉庫から出してきて、珍しくこーちゃんが２機とも仕上げた。

●超音波発振機は記録ノートに写真がないので、どんなデザインだったかは覚えていないが、それを積み、防衛隊幹部が乗り込んだヘリが、自衛隊機ではなくなぜ朝日ヘリなのかはよくわからない。台本の設定も特に記述はないが民間ヘリのようだ。多分、海洋開発研究所が急遽チャーターしたのだろうね。でもホントのところは自衛隊機なのかもしれない。けれど自衛隊の協力がなければ民間機をチャーターするしかないし、ましてそれを自衛隊機塗装にするにはいろんなしがらみがあるだろう。予算だってバカにならない。まあ今になってみれば「堅い事言いっこなし」なんだけれど、当時はこだわりいっぱいの筆者だから、こうした部分がものすごーく気になっていた。ただ、ストーリーもシーンも全然覚えていないから、その「気になった事」も、今になって台本を読み返してみて思い出しただけなんですよ。

特美の作り物はラストスパートに入った。

ムガール星人の円盤は、ピカピカシルバーの上にクリアーなブルーを、ハンドピースでグラデーションをつけて仕上げたら、飾っておきたい位に綺麗なのが出来てしまった。台本のイメージとはちょっと違ったかもしれない。

特撮ラストカットの横須賀の街全壊シーンの、ビルや民家や小物を沢山作って、こいつ等が全部壊され炎上して、２月中旬特撮アップを迎えた。

▼おまけ。特撮ラストカットで破壊されていった民家たち。

【シーン13】

『東京湾炎上』特撮
〜ありものタンカーついに死す〜

昭和50年（1975年）4月。

撮影所「オープン」の原っぱの雑草に色とりどりの花が咲き誇っている。原っぱに続く特美の表で、造型の安さんや小林ともが、大きな発泡スチロールの塊りを、サクサクと削っていた。

しばらくすると、靴のような形が見えてきた。長さ4mもあるサボ（オランダの木靴）だった。オランダ航空の展示会で使うそうだ。こんなでかいサボは特美でも初めてだ。いや、サボを作ること自体が初めてだ。

形ができたところで水性塗料に胡粉を混ぜてパテのようにし、4、5人で全体にベタベタとなすりつける。下地の整形だ。曲面がスムースではない部位は、石膏を溶いてこれもまたベタベタとなすりつける。見た目が足に巻いたギブスのようになったサボを、完全に乾燥硬化するまで2、3日、そこに置いたままにする。カチカチになったギブス状サボをサンダーやサンドペーパーで研磨すると、ギブスが取れた大きなサボになった。

さぁこーちゃんの登場だ。水性塗料のエマール＃2000をぶっかけて、石膏や胡粉を抑える。これで下地は仕上がった。指定色はエナメル系の「アルキコート」を調色して塗り上げた。エナメルはラッカーと違って乾きは遅いが、乾いても柔軟性があるので、発泡スチロールのような形が不安定なものにはうってつけである。このサボは一応エマール2000で覆ってあるので、エナメルシンナーが発泡スチロールを侵すことはない。

乾き待ちで3日間おき、完成したサボは銀座ソニービルへ運ばれていった。

『日本沈没』の時、本編が製作した実物大の「わだつみ」が、撮影終了後オープンの端っこに片付けられた。それはほとんど捨てられたと言ったほうがぴったりする。1年半を経て塗装も剥げ、あちこちと欠けていたりする。発泡スチロール製だから、何かがぶつかってボッコリと挽げたところもあった。

営業部の鳥海さん（トリさん、又はチョーカイさん）は、それをエコ活用する事を思いついた。もう何度も仕事を貰っている町田大丸の、新しいイベント「海洋博」の展示物のひとつとして活用しようというわけだ。

実はトリさんとこーちゃんは極めて仲が良い。

「こうちゃん、これなんだけど見せられるように治せるかな？」

「なんだよ、こんなボロかよ、ムリムリ」

「そう言わずに頼むよ。やっぱりでっかいのがないとさ、盛り上がりに欠けるんだよな」

「トリのいう事はわかるけどさ、これを修理するったって、大変だぞ。他のを考えろよ」

こーちゃんはその場をあとに特美に戻っていった。

翌日営業部から正式に次の3点の発注がきた。

▲こちらは撮影所オープンに置かれた実物大「海の冒険号」。手前はたまたま自転車に乗って通りかかった川北監督で「にに、ちょっと写せよ」とファインダーに納まった。その後ろに赤いセイル部分が見えている。（75.4.22）

▲オープンの隅っこに放置（？）された「わだつみ」1/1。これが改造リニューアルされ海の冒険号となる。

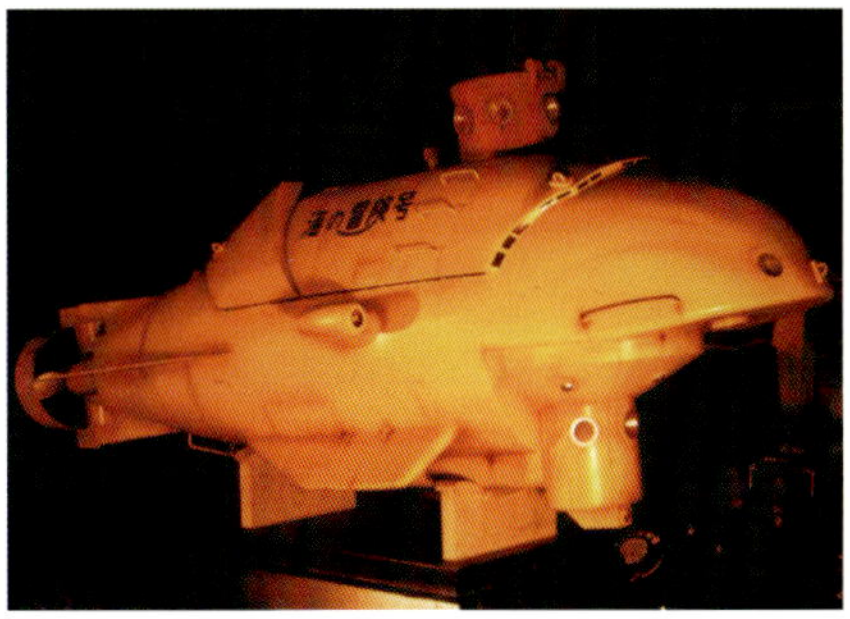

▲町田大丸「海洋博」展示用に「わだつみ」をリニューアルして製作された1/25スケール「海の冒険号」。これはFRP製だった。

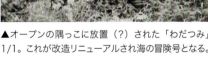

▲▼劇中登場のロッキードF-104Jは航空自衛隊百里基地第7航空団の第206飛行隊機のマーキング。写真は大道具製作による1/25で編隊用に2機製作、模型少年が仕上げた。テイルレターも実在のものにこだわっている。

■12・5mの実物大「海の冒険号」：『日本沈没』本編使用の「わだつみ」修理改造。
■1mの「海の冒険号」：『日本沈没』特撮使用の「わだつみ」改造。
■2・5mの「ジャンク（中国帆船）」：ありものの船体使用、改装。

早速大道具の手で特美木工場に運ばれた実物大「わだつみ」は、田中さんたちにより補強と改造がなされた。その間、小さい「わだつみ」を海の冒険号にすべく、模型少年が改造にとりかかった。

トリさんは毎日特美にやってきて、その様子を見ている。

「トリさん、見てなくていいから仕事に戻りなよ」

「うっせいな、見てんのが俺の仕事なんだよ。俺に意見なんぞ10年はえぇぞ！」

「だってさ、退屈そうにしてんじゃん」

「じゃあ、なんかやることあるのか？」

「大道具が終わったらパテやっからさ、そしたら大勢で研磨しなっきゃいけないから、そん時手伝ってよ」

トリさんは「わかった」と営業部へ戻っていった。後ろ姿は寂しそうだ。

「にに、トリは戻っても暇なんだよ。ここで時間つぶしてんのさ。あいつ『特美はいいなー、こうちゃんが羨ましいよ』っていつも言ってるからな。まぁ社交辞令だろけどな」

こーちゃんは帆船を仕上げながら笑った。

さて、いよいよ大きいほうのパテ仕上げに入った。トリさんに電話してその事を知らせたが、結局来なかった。何日かして下地処理が終わって塗装に入ったら、大判焼きをたくさん持ってトリさんが現れた。

「パテやっからって電話したのに…」

「バカヤロー、パテ磨きなんて汚れるじゃねえか」

「あっずるいな、『わかった』って言ってたじゃん」

「だからさ、すっぽかしたから大判焼き、皆に食ってもらおうと思って買ってきたんじゃねえか」

普段の伝法な口調とは大違いな、優しいところも多いトリさんであります。

月末、完成した3点は町田大丸に展示された。

●展示を終えて撤収されてきた実物大の「海の冒険号」は、オープンの端っこに、以前と同じように置かれた。ひとつ進歩したのはブルーシートで覆われ、ロープでしっかりと巻かれたこと。いつか使うときが来るかもしれないという配慮である。しかし、その「とき」はやっては来ず、8年後には解体され、粗大ごみとなった。合掌。

大道具やこーちゃん、模型少年たちが鳥海さんの仕事で潜水艇のリニューアルにかかっている頃、特効や操演、それと美術に、作品ごとに現れるいつもの契約者たちが集まってきた。特撮の準備1か月、撮影2か月の『東京湾炎上』という作品である。特撮そのものが劇中劇として使われる。なんだかよくわからないけれど、模型少年たち特美の仕事はいつもと同じで、なんら変わらない。模型を作って爆破して……と。

特美に『ノストラダムスの大予言』以来1年ぶりに井上泰幸さんが帰ってきた。と言っても外国へ行っていたわけではない。この作品の特美を仕切るいわば特殊美術監督として呼ばれたのだ。井上さんは東宝退社後「アルファ企画」という工房を立ち上げ、普段は工場の親父をやっている。だが、特撮がメインになる作品には、やはり御大の井上さんが呼ばれる。

劇中、鹿児島の喜入原油基地が自衛隊機によって空爆を受ける、というシーンに登場するのが、茨城県の航空自衛隊百里基地第7航空団の第206飛行隊機である。この隊のロッキードF-104Jの模型を作るわけだ。模型少年がやってきてから初の機種なので期待は大きい。

アップ用は、長さ1mの機体が倉庫に転がっていたので、こいつを修理リメイクして使う。画用紙とジュラ板で作った、長さ20㎝のサイドワインダーの発射用というわけだ。編隊用に1／25を2機、大道具がバルサで作る。ロング用は1／100を4機、タミヤのプラモを使う。

早速買ってきたプラモを組立てる。飛び用なので錘と内側補強を兼ねて、番線を束にしたものを入れて木工ボンドを流し込んで固める。

さて、面倒なのは……。

空自機にはコクピットの下に3ケタの数字が大きくレタリングされており、尾翼にも6ケタの数字（シリアルレター、又はテールレター）がある。これらの数字は機体番号で、テールレターの後ろ3ケタが、コクピット下に大きく記されているわけなんだけれど、複数機の編隊シーンで同番号があっては「ウソ」になる。だから模型には全部違う番号を入れる。小さい機体は4機あるから「46-8553」「46-8561」「46-8572」「46-8584」とする。大きいのは2機だから「46-8651」「76-8703」。いずれの「レター」もでたらめではなく、調べた実在の番号だ。

で、アップ用はこれらの機体のどれかなので、たいがいは編隊の1番機としている。1番機はまず最初にミサイルなりを発射するだろうからね。

ところが、監督のコンテ割ではどの機もミサイル発射をするという。これでは1機しかないアップ用のレターを変更しなければならない。ナンバーを差し替え差し替え撮影するわけだ。機体ナンバーが写らない撮影アングルでも、ナンバーの飾り替えは必須なのだ。これがまたケッコー面倒でね、今回は6機しかないからまあ大した事はないけれど。

次に揃えておかなければならないのは、陸自のヘリ、川崎ヒューズ社のH500で、これは西部方面隊の第8飛行隊機とする。1／20で2機をニチモのプラモで作る。こいつの撮影が終わったら今度は別のシーン用に塗替えして、海自の第21航空群館山基地隊機に仕様変更だ。最初からもう2機作っておけば、そんな手間はいらないのだが、これも節約なのかな。

つづいて『日本沈没』で使ったヘリ、1／16のHU-1Bを陸自の東部方面隊立川基地隊機にリペイントして撮影、これで自衛隊関連は終わり。

台本「#86　イメージ　羽田空港――　不意に1台のジェット機が爆発し、連鎖的に他のジェット機や建物が吹っ飛んでゆく！」

ジェット旅客機が爆発するシーンだ。『エスパイ』の残りもののボーイング737がある。2mと1mと2機あるので、仕出しの航空会社「カンナオ」機にリニューアルして出し、撮影が終わったら別な航空会社「オール・クイーン・エアウェイ」機にリペイントする。旅客機が次々に羽田へ飛んでくる様子を、この架空2社4機の模型でまかなう。

爆発シーンを撮ってこれらの模型もバルサ屑と化した。合掌。


撮影所の奥の約3000坪の原っぱ〝オープン〟に本編大道具の手で、実物大のタンカーのセットが組まれた。10万トンクラスの船だからとても全部を再現することはできない。なにせ全長300m、全幅48mもある。まぁ役者が芝居をするスペースがあれば良いのだから、全部作る必要はないわけで、幅は実物の約半分、甲板長は50m位の部分セットが作られた。夜間撮影なので、周りの民家の屋根や特美の建物など余計なものは映らない。

特撮はこのタンカーのフルスケール模型を作って、大プールで撮影する。スケールは1／47で6m30㎝の大物だ。幸い『ノストラダムスの大予言』のオイルタンカーが残っていたので、これを改装して本編繋がりの「アラビアン・ライト」号を作った。爆破の痕や船体のくたびれた表層を修理するのに手間取り、完成したのは5月も半ばであった。特撮は今月いっぱいの予定だ。

大プールでの撮影が終わると、今度は「さうじ丸」という別の船に改装する。ひとつしかない模型の使い回しである。作り物スタッフと美術助手たちは、もう急ぎ仕事だ。深夜まで残業して翌朝の撮影に間に合わせたのであった。

やれやれと特美スタッフがホッとひと息ついたのも、2時間余りか。

撮影の終わった「さうじ丸」が大プールから引き上げられて、特美に戻ってきた。明後日に爆発シーンで使うという。ならばそれなりに（爆破されてもいいようにキャビンなど内側も色仕上げをしておく）作らなければならないので、特効準備を入れて2日間あるってことだ。

しかし他にも作り物は山ほどあるので、結局、爆破用改装時間はやっぱり1日しかない。美術助手たちと手分けして、勿論のこと深夜まで働いた。

特撮終了日、さうじ丸は大爆発して大プールの底に沈んでいった。

合掌。

▲『東京湾炎上』撮影のため大プールにセッティングされた 1/47 スケール、6m30 ㎝のオイルタンカー「アラビアンライト号」。『ノストラダムスの大予言』の作り物を改装したもの。撮影後、「さうじ丸」に改装され、特撮最終日に爆破されて大プールに沈んでいった。

【シーン14】

『続・人間革命』特撮
〜超リアルな鎌倉の寺〜

間もなく梅雨に入ろうとしている撮影所のオープンには、ノビルの葱のような花や白いドクダミの花が咲いている。特美と園芸部の間の空地には、高さ3mのタケニグサが、白い小さな花を幾つもつけた花穂を天に向かって突きだしていた。特美の小さな池に浮いたスイレンも折紙のような白い花をひろげている。

昭和50年（1975年）6月、特美では沖縄の海洋博に向けた製作が始まっていた。

沖縄館に出展する生人形を受注し、造型では安さんとともが、粘土の等身大クレイモデルをじっくりと造っていた。沖縄の漁師2体である。今まさに大物を挙げんとし、切迫した気合いを発する漁師の一瞬を人形化しようというもの。クレイモデルの表情は何度も作りなおされた。さすがの安丸さんでも、納得できるものがなかなか仕上がらない。

ようやく出来上がったクレイモデルの雌型をとり、いつものFRP成形ではなく、硬性シリコンで型抜をすると、気持ち悪いくらいの生人体が誕生した。安さんはその顔に義眼・義歯を装着し、実毛で髪と眉毛・髭を1本1本植えていく。気の遠くなる作業だ。ともも別の1体に同じ作業を施している。

「せんせー、ついでに植えてやろうか?」

ともは植毛の手を休め、安丸さんの禿げ上がった額を見た。

「なに言ってんだっ。俺はまだ禿げとらんぞっ」

「なんだい、耳が遠くなったのかい、禿げてるなんて言ってないよ。植えようかって言ったんだよ」

「うるさい!」

ふたりが植毛に10日あまりかけ、不気味な漁師が出来上がった。こいつをさらに生人形とするには、こーちゃんのテクが必須なのだ。ハンドピースで色付けし、さらに各部位を味付けすると、硬めとはいえシリコンの生っぽさと相まって、造型の小母さんの手で本物の着物を着付けられれば、特美に突然生きている「海人（うみんちゅう）」がふたり現れたようだ。

翌日、守衛所から特美に電話があった。

▲守衛さんを驚かせてしまった沖縄海洋博展示用の漁師人形。暗闇でこの形相に出くわしたら、そりゃぁ具合も悪くなるよね。

当直の守衛さんが夜回りで特美に入り、みんながお茶を飲んだり休憩する控室のガラス戸を開けた。なにげなく懐中電灯を回すと、大きく口を開けギョロついた眼の髭もじゃな男と目が合った。一瞬、守衛さんは大声を上げた。

「誰だおまえは！　ここで何をしている！」

初老の守衛さんは果敢にも誰何したが、体は硬直して動悸は激しい。

完成した漁師人形は汚れるといけないので、作業場ではなく、綺麗な控室に置いておいたのである。

電話は「人形だとわかるように布を被せるか、後ろ向きにしてくれ」という注文だった。守衛さんは朝まで具合が悪かったそうだ。

チョコレートのコマーシャルは、おおかた商品カットが入る。商品をアップで映すんだが、撮影はかなり大容量の照明を使う。明るいけれど熱も半端ではない。もたもたしているとチョコが融けて原形は崩れてしまい、そのカットはすぐにNGとなってしまう。

そこでポリエステル樹脂で作った本物そっくりの複製を使ったほうがよい。なわけで特美にそれがまい込んできた。小林とともが実物を型取してポリ製の複製をたくさん作った。形は本物なので模型少年が着色仕上げをしたら、質感もそっくりなチョコレートが出来た。完成した品物20個を皿に並べ、控室に置いた。すぐに助監督が取りにやってくるという。

休憩時間となり大道具さんたちがぞろぞろと控室へ入ってきた。

「おっチョコレートでねえか。美味そだな」

「なら、わしがひとつ」

大道具の入沢さんがつまんで口に入れた。すぐ出すのかと思ったら、入沢さんはそのまま「ガキッ」と噛んでしまった。

「む……」

渋い顔をして慌てて口から出したチョコを、じーっと眺めた入沢さんは、

「なんだ、これー?」

そのまま皿へチョコを戻した。入沢さんはムッとして顔をしかめている。歯が痛かったのか……。

あとでこの事を訊いた模型少年は、何も表示しなかった事を入沢さんにひらあやまりに謝った。まぁこれでイミテーションの出来は完璧ということで、CMの撮影はスムーズに進んだようだ。

梅雨も明け、撮影所のオープンの雑草たちは、毎日熱い陽射しに照らされていた。こんな暑さにもかかわらず、昼休みになると特美の前に卓球台が持ち出され、こーちゃんも小林とももも、好村なおもナベさんも模型少年も、汗みずくになってプレーをする。

みんな気が短いからすぐスマッシュだ。下手なこともあって、ちっともラリーが続かない。打ち込まれて空振りすると「ノータッチ」なので、カウントに関わらず交代となる。時間節約の特美ルールである。打ち込まれて返しそこねた球を拾いに行くほうが多い。それでも面白くて夢中になってしまう。みんな若いのである。

夏といえば「怪談」お化けだ。そんなとき新潟県は長岡市の「いちむら」というデパートからお化け屋敷のイベントが持ち込まれた。特美はそのお化けを製作する。

造型は早速仕事にとりかかった。

番町皿屋敷の「お菊」2体。

四谷怪談の「お岩」1体。

牡丹燈籠の「おつゆ」1体。

安達ヶ原の「鬼婆」2体。

仕出しキャラクターの「猫婆」1体。

これらはマネキンをベースとし、顔だけを造型してリアルに作る。もちろん足はない。安さんも、とももも、本人たちを見たことはないから、これはもう想像の世界だ。

注文は他に、生首と首を切られた胴体を8組。生腕を6本。生足を1本。さらし首を7首。江戸時代の丸い棺桶がひとつ。

これはいつもの特撮模型と違い、なんともおどろおどろな人形である。裸の女お化けがズラッと並んでいる。昼はまだしも残業は不気味だろう。作業場には裸形の出来たキャラクターに、こーちゃんが着色をしていく。

「小島さん、残業はよそうよ」

「そうだな、気持ち悪いからな。俺これやってるから、ににには生腕塗ってくれ」

こーちゃんは、2体並んだお菊の顔にリアルな着色をする手を休めずに、模型少年に指令した。

こーちゃんも模型少年も得手不得手があり、こーちゃんはこの手は大得意。模型少年は苦手。他の下塗りを終え、頼まれた生腕の仕上げ着色に挑んだ。自分の左腕を肘までたくし上げ見本とする。1本を完成まで仕上げるのではなく、6本並べておいて平均に仕上げていく。赤味や血管の青い浮きを入れると、そこそこのものが仕上がった。こーちゃんの仕上げには到底及ばないが、お化け屋敷は暗いのだ、充分使える。この腕が天井からすーと音も無く下がって、客のくびすじや肩に触れれば、絶対悲鳴が上がるのはまちがいない。

結局、人形全部をこーちゃんが仕上げて、6時半には作業が終了した。

明日は業者がやってきて、かつらをセットし、着物を着付ける。仕上がった裸の人形たちを、このまま並べておくわけにはいかない。完全に乾いていないから横にするのも気がひける。だが、前例の守衛さん仰天事件がある。今度は幽霊のたぐいだから、夜中に巡回して懐中電灯にこれらが浮かびあがったら、心臓マヒでポックリ逝ってしまうかもしれない。

しかたがない。ウエスを作業場の床に敷き詰め人形たちを寝かせた。念のため扉に「お化け人形あり」とビラを貼った。

翌日、着付けを終わったお化けたちは、幽霊なのに生きているようだった。

▲映画『続・人間革命』の撮影のため、第9スタジオに建て込まれた鎌倉時代の寺院と集落のセット。スケールは1/10といつもの作り物(1/25スケール)より大きく、植物などは本物を植えてあった。

◀1/15スケールの鎌倉のお寺のセットを、操演の「まっちゃん」こと松本さんが調整中。階段のところに見える人形の切り抜きは本編での役者の立ち位置確認用。

▲井上「たいこう」さん（手前白い帽子）から指示を受ける好村「なお」（その左）。

お盆前から準備していた『続・人間革命』の特撮美術班は、9スタいっぱい使って鎌倉時代の情景を建て込んでいた。特撮美術に井上さんが呼ばれてステージで陣頭指揮をとっている。

お盆が明け、田舎に帰省していた大道具さんやスタッフが、すっきりした顔で井上さんの指示に従って、1／15の大きい山門や手前の1／10の武家屋敷をセッティングしていた。この作品は創価学会がらみなので予算が充分あるせいか、特撮模型常識の1／25情景ではない。縮尺の大きい模型だけに細部まで作り込める。樹木も大きいものが使えるのでセットはリアルに仕上がっていく。

特美で古色仕上した民家や橋や小物がどんどん運ばれ、月末には鎌倉の部落が完成した。撮影は明日からだが、こういった情景はカメラが据えられてからの調整がまた大変なのだ。カメラを覗いて撮影アングルを確認して、樹木の位置や大きさ、草といった自然なもの「シーナリィ」をとことん追求する。

カメラ前に陣取った井上さんから指示がとぶ。

「えと……、好村くん、山門の階段一尺下がったとこにな…」

「ここですか？」

「そう、そこ、階段の脇に土が見えてるだろ、そこに草植えてくれ」

「わかりました」

好村なおは腰に下げた釘袋の中から雑草の塊りを取り出し、穴を掘って先っぽだけを出して埋めた。スケールに合った丈にしなくてはならないが、切ると枯れてしまうので、根っこと土が着いたままセットの土に植える。じょうろで水を撒くが、もっても2、3日。だから撮影寸前に手際よくセッティングしなければならない。

井上さんの指示であちこちの調整を済ませ、本番撮影となった。

井上さんも久しぶりに時代物のセットを組めたので、満足顔である。

特撮セットはこの一杯だけなので、撮影期間は僅か10日間しかなく9月10日には終了したのである。

●筆者の記憶はあいまいなのだが、このセットは、地震と鉄砲水で壊滅するシーンだったと思う……。だから一発勝負の撮影だ。失敗は許されない、特効も操演も美術も普段以上に神経を使ったと思う。この後の撮影で1／10の寺の二階部分と、同じく1／10の寺の梁部分のアップ用を使って梁が崩れていくシーンを撮ったような……。記録ノートにも記載はなく、今となっては記憶も定かではない……。

【シーン15】

『大空のサムライ』特撮
～たくさんの飛行機たち～

昭和51年（1976年）1月。

特撮の撮影助手に、写真専門学校を出て撮影所にやってきた、背の高い桜井というのがいる。その彼が現在でいう「おたく」みたいな男を特美に連れてきた。写真専門学校にもぐりで通っており、桜井の下宿に居候しているという。名を「渡部正昭」といった。なにかバイトがないかと相談された桜井は、特美で飛行機を沢山作るのに「磨き」の手が要るんじゃないかと考え、連れてきたのだという。

白崎さんの許可が出て、渡部・「ナベ」は明日から特美のバイトとして来ることになった。

昨年末から井上さんがデザイン室に詰め、準備を始めていた『大空のサムライ』という作品の特撮が今月末から開始される。大戦時64機を撃墜した日本海軍の戦闘機乗り「坂井三郎」の物語である。今まで中野監督のチーフだった川北紘一さんが、劇場用作品の特撮監督としてデビューを飾る作品だ。

▲仮面ライダー1号「本郷猛」役でお馴染み藤岡弘（現・藤岡弘、）がエース坂井三郎を演じて話題になった映画『大空のサムライ』。模型少年はわくわくして製作に臨んだ。写真は著者の記録ノートに貼り付けられた当時のチラシ。

飛行機マニアの作り物は飛行機だけ、といってもその数は半端ではない。模型少年はもうワクワクして準備にのぞんだ。

さあ、役者たちを紹介しよう。

主演は当然坂井さんの乗機、零戦二一型だ。台湾の台南航空隊からラバウル基地に進駐した機体である。垂直尾翼にV－128の白いレターがまぶしい。

大道具バルサ製は1／10を9機、1／20を6機、編隊用の小さいのはいつものようにプラモを使う。トミーの1／32を20機、ハセガワの1／72を20機、そして大物は井上さんの会社アルファ企画製の1／4だ。こいつはでかい。コクピットの人形がラジコンで芝居をするし、井上さんに頼まれて模型少年が旋盤で作ったポンチで1個1個押した沈頭鋲も表現されている。こいつはカメラ前に置いたり、アップを撮ったりのかなりな活躍が期待できる模型だ。

零戦はまだある。今回、川北さんは本物の大空での飛びを計画していた。ラジコンは、生田無線製の1／8なのだが、こいつは飛びを優先しているので、実機に似ている程度の「セミスケール機」2機。実機と同じ姿の「フルスケール機」は丸鷹製のユーコン機を2機使用する。ロケ先でこれらを操縦

▲▶大道具製作によるバルサ製1/10零戦二一型。モーターライズでプロペラが可動。上写真は胴体や尾翼に2本の長機標識を巻いた中島少佐機。こうした考証は模型少年がコリにコったところ。1/10零戦は全部で9機製作された。

するのは生田無線のスタッフとして「エールケンフォー」の大下くんたちだ。

さて、アップ用部分模型もいくつか製作する。アルファ製の1／4零戦の片翼、大道具製の本物の2倍大のキャノピー前部と九八式照準器、これはカメラと被写体になる米軍機の間に入れる。つまり零戦パイロットの主観を撮影する。この作り物とカメラを一体にして、飛んでいるグラマン機を追えば、より臨場感のあるシーンが撮れるはずである。

助演は一式陸攻一一型、ラバウルの第4航空隊機で、TOTO製1／10を1機、郡司模型製1／20を3機、同じく郡司模型製1／30を3機、いずれも外注品である。そして特美では、大道具バルサ製の1／4の片翼部分。ロング用にはやっぱりプラモ、ハセガワの1／72を20機使う。さらに1／20のフルスケールユーコン機1機を生田無線製とした。

敵役も出て来なければ空戦シーンは撮れない。

まずアメリカ陸軍のボーイングB17E爆撃機、こいつは四発の大型機でB29が登場するまで最大の爆撃機で、特にヨーロッパ戦線で活躍した。模型は、外注品のタカノ製1／10を1機、同じくタカノ製1／20を2機。

次にアメリカ陸軍のマーチンB26C爆撃機、こいつは双発の中型機で「マローダー」とネーミングされ前線基地に多く配備された。模型は、外注品のマーブリング製1／10を1機、同じくマーブリング製の1／20を1機、そして特美で1／20を2機、ロング用のプラモはレベル製1／72を3機。

続いて、零戦と巴戦をする戦闘機たち。

アメリカ陸軍のベルP39Qエアラコブラ。基地守備隊の、日本軍でいうところの局地戦闘機だね。この模型は生田無線の1／8ラジコン機とユーコン機それぞれ2機ずつ。外注品のTOTO製1／10を2機、アルファ製1／20を14機、プラモはハセガワの1／72を20機。

アメリカ海軍のグラマンF4Fワイルドキャット。これは空母に搭載の艦上戦闘機だ。ずんぐりした機体がおなじみだね。模型は生田無線の1／8ラジコン機2機、1／10の1機は倉庫にあったものを修復、1／20を特美で4機、プラモはレベルの1／32を12機。

アメリカ海軍のダグラスSBD5ドーントレス。空母に積んでくる急降下爆撃機だ。模型は1／10を外注品エノモト製で4機、1／20を特美で4機、プラモはフジミの1／48を8機。

そして東宝初登場、イギリス空軍スピットファイアーMk5bはニューギニアのポートモレスビー基地航空隊機。こいつは主翼の平面形が日本やアメリカ機と違って鳶の羽型をしていて優美なスタイルだ。特美で1／20を1機、他に爆破用にP39を改造したもの1機、プラモはフジミの1／48を1機。

つらつらと飛行機を並べてしまったけれど、作り物が飛行機ばかりでそれも数が多いという事を強調したかったわけ。大小とりまぜ178機もあるから、特美だけでは作りきれない。そのうち44機を業者に外注。これらは塗装済で納品されてくるが、そのままでは展示模型っぽくて撮影に使えない。本物らしさを出す為、ディテールアップしたり、エイジングやウェザリングしたり、シーンに合わせたマーキングにしなければならない。

だから、特美の新規製作品にパテを入れたり研いたりを優先して、外注品の前述した仕上げは、ついあと回しになってしまう。

特美大道具から機体がどんどん出来上がってくると、塗装班の3人だけでは追いつかない。何人かのバイトを入れてくれと、こーちゃんが今や係長になった青木さんに掛け合って、その話が決まった。

ナベと新しいバイトの容子（以前いた容子とは別人）とのぶ子、そして模型少年は毎日毎日バルサの飛行機を研いた。パテ研磨はおもしろい仕事ではない。それでも手を抜く事をせず、バイトたちはたんたんとこなしている。サンドペーパーでただ単にゴシゴシ擦っても決して良い下地にはならない。荒目から細目のサンドペーパーへと仕上がり状態を確認しながら段々研いていかなくてはならない。容子たちはその要領の呑みこみが実に早いのである。

模型少年とナベ、そして女の子2人は、定時で終わった時には成城駅の向こう側にある「アルプス」という喫茶店でよく話を交わした。ほとんどが映画の話である。ナベは割とおしゃべりな方で、特に映画の話になると、長い舌がもつれたようなしゃべり方で、さらに饒舌となる。それを黙って聞いていた模型少年も、口調は静かだがナベと掛け合いのように話しだす。

女の子たちはナベほど映画に詳しくはないので、そんなには話に入り込めない。だからダベリングタイムの半分は聞き役になっていた。女の子たちはエンドレスなふたりの話を笑顔で聞いているが、大抵は先に帰ってしまう。それでも毎日のように模型少年とナベは映画について熱く語った。

2月になってぐんと気温が下がった日の特美木工場前、業者にたのんでいた飛行機たちの納品。川北監督が一式陸攻やB26をあっちからこっちから眺めていた。

「こっちはいいけどな。きれいに出来てるからな」

一式陸攻を指さして川北監督はニヤッとした。

展示模型屋の郡司製品は、いつものようにピシっとしまったシャープな出

▲特撮模型というと本物より小さなものばかりを想像するが、今回は実物の２倍サイズの零戦の風防と照準器が製作された。これらはカメラの前に置いて、敵機を追いかける際のパイロットの目線を表現するためのもの。人物と比べると何とも奇怪に目に映る。左２枚は前方風防部分を工作する大道具の入沢秀雄さん。右端はやはり２倍サイズの九八式射爆照準器を工作する小島こーちゃん。

▶納品されてきたB26に手を入れる好村「なお」。模型少年らは川北さんがダメ出しをした「見てくれ」を充分にディテールアップすることに成功した。

来映えだ。ただソリッドモデル然としていて、実機の葉巻のようなポッチャリ感がない。忠実にスケールダウンして作ったと思われる。だが、なぜか「なんか違うんだよな……」という印象が残る。良くできているんだけれど……。

川北監督が今度はB26に視線を移し、

「なんだよ、この出来は！」

「えっ、だめですか……」

B26を運んできたマーブリングの高屋文治氏が、「そんなはずはない」と言いたげだ。

「なにがだめなんですか……？」

「汚えんだよな。色なんかボソボソしちゃってるしな。全体にシャープさがねえんだよ」

「そうですか……」

NGなら持って帰らなくてはならない。高屋氏と助手の小林くんはうつむいたまま突っ立っている。

それを横目に、製品をじっくりじっくり見ていた模型少年、

「いやあ、良く出来てると思うけどなー。色だってまさにこれだよ。川北さん、展示模型じゃないんだし映画用だからさ、これぐらいの方がB26っぽいよ。だいたいマローダーってもともと泥臭い爆撃機なんだからさ、それが良く出てると思うけどなー」

とつぶやいた。

「何言ってんだよ、泥臭いって……お前本物見たことあんのかよ」

「そりゃあ見たことないけど……、写真集見るとイメージはこんな感じなんだけどな……」

川北さんはムッとして模型少年を睨みつけている。

〝なにを生意気なことを言ってるんだ、OK出すのは監督の俺だぞ〟

と顔にかいてある。……だが、川北さんはニヤッとしてこう言った。

「よし、おまえが汚し入れて使えるようにして、ステージに持ってこい、いいな！」

高屋氏と小林くんは川北さんの後ろで、笑顔で両手を合わせた。

早速、資料を開いてB26に、筋彫りや細部をディテールアップした。墨入れを施し、マーキングしたら、今度は機体を、ほんの少しワックスを浸み込ませたウェスで丹念に磨く。すると馬糞色の機体は半光沢になり、鈍く光った金属感が出て、より重厚な、でも泥臭い爆撃機に変身した。エィジングやウェザリング、つまり汚しを入れて完成。

出来上がったB26を見た川北監督の顔には笑みが……、しかし何も言わな

かった。

今までの東宝映画の飛行機は、カメラへの反射［ハレーション］を嫌ったせいか、ほぼ無反射の水性塗料で仕上げられていた。そのために零戦もグラマンもボッテリと映って金属感が無く、精悍さが足りないと思っていた。だから今回は、折角の飛行機大量登場なので、ここはひとつこーちゃんに頼み込んで、ラッカー仕上げをさせてもらう事にした。

水性塗料で塗装してクリアーを吹けばそれなりに艶は出る。けれどなんとなく「もっさり」とした感じになってしまう。それは塗膜が厚くなって年増の厚化粧みたいになるからだ。若い女のすべっとした肌には薄化粧が似合う。

模型材料のバルサは「もさっ」とした質材だが、木工でしっかり整形した機体にクリアラッカーを浸み込ませてサンドペーパーで軽く磨けば、この「もさ感」はなくなる。こうしておいて水性エマール＃５００に黒を混ぜ、丁度グレーのラッカーパテのようにして全体に吹き付ける。ラッカー仕上げだからといって全工程をラッカー系でする必要もない。木目止めには研き時間のかかるラッカーパテより、研ぎやすいエマール＃５００の方がだんぜん早い。

こうして磨きによりをかけた若い肌へ、塗膜の薄いラッカーでメイクをしてやれば、ジュラルミンの金属感を伴った美人肌の機体が誕生する、ってぇわけだ。

――編隊で飛んでいる零戦の1番機が敵を発見した。翼を左右に振った。転瞬キラリと光った。編隊は敵機めがけて一斉にダイブを始めた……。

といった具合に太陽との位置で反射光は発生する。だから模型だってそうしたいじゃない、ねえ監督……。

まあそんなわけで、全機キラリ仕上げされた零戦の編隊撮影には、撮影助手たちがつや消しスプレーを持って待機した。キラリがねらい目以上にならないように、各機の艶を調整しながら、大編隊の撮影は進行していく。

模型少年たち作り物班は撮影の現場付スタッフではないから、作り物の合い間にステージへ行って様子を見たり、タイミングがいいときは本番に遭遇できたりする。そこには模型少年から特撮少年に変じ、なおかつカメラ小僧となった模型少年がいる。そんなカメラ小僧の師匠はスチールカメラマンの巨匠、田中一清・「いっせいさん」だ。

「ににゃ、ほれ、ここから撮れや」

手招きをして自分の横を指さした一清さんは多くは語らない。動きまわる零戦を追いながらシャッターを切る。それでも興がのると、ステージの片隅のベンチに座って楽しそうに語ってくれる。

「戦争映画だからな、カッチリしなくていいんだよ。動きのある方がずっといいよ。それにはな、モノの大きさが出るようにアングルとフレームをまず決めるんだよ」

一清さんはそう言うと、吊下げられた零戦編隊のすぐそばへ行き、やや下方から何枚か撮影した。そばで見ていると、カメラを横に僅かに動かしながらシャッターを切っている。2、3枚撮り終わって、隣に立っているカメラ小僧の方を向きニッコリとした。

――なるほど、止まっている零戦の流し撮りか……。あれまてよ、今準備中だからペラが回ってないじゃん。ああそうか、お手本だな。こんな感じだぞって……。

「ににゃ、こっちのカメラ俺に貸しなよ。ほれ、向こう行って撮ってこいや」

カメラ小僧が首から下げていた2台のニコンには、それぞれカラーポジ、モノクロネガが入っている。一清さんにモノクロのカメラを渡し、吊り下がった一式陸攻の前下から写真を撮った。

後日現像があがってフィルムを見ると、カメラ小僧がカメラを構え、写真を撮っている姿が2枚写っていた。カメラ小僧は28歳だが、その写真に写った姿は、背を丸めた60歳の一清さんそのものだった。

撮影は模型が残っているうちに撮るシーン、すなわち被弾や爆破で壊す前に撮ってしまうシーン、劇中・ラバウル基地の列線、発進、進撃飛行、編隊飛行など（これらは大方が水平移動するだけ）を№９ステージで撮り終えると、いよいよ空戦シーンの撮影となる。操演の腕の見せどころというわけだ。空戦にもいろいろあって、零戦とグラマンの一騎打ち、そう、巴戦や、一式陸攻を襲うグラマンやエアラコブラ、B17やB26を襲う零戦など。その襲い方を演出するのが川北監督の腕の見せどころ。斬新な構図でスピード感あふれる絵を作りだしていく。

こういった撮影になると、模型少年は特撮少年のカメラ小僧に早変わり、本番カメラの後ろから手に持ったニコンのシャッターを続けざまに切る。

「おい、ににっ、耳元でカシャカシャとうるさいんだよ、離れて撮れよ」

本番カメラ横にしゃがんだ川北監督が、犬を追い払うように手首を振った。美術監督の井上さんも苦笑いである。スタッフも失笑。カメラ小僧は赤面。

次はグラマン（F４F）の被弾シーン。特効の関山が美術の好村なおへ、

「よしやん、どのグラマン使うの？」

「ああ、ににへ聞いてー」

▲こちらの 2 枚は本編用に製作された実物大の零戦二一型。東宝撮影所のオープンにて。

▲井上「たいこう」さんのアルファ企画で製作された 1/4 スケール零戦（井上さんに頼まれて、模型少年が枕頭鋲再現用のポンチを製作した）を使用した撮影の準備風景。零戦は坂井三郎 1 飛曹機（V-128）を再現している。コクピットの人形がラジコンで演技するスグレモノだった。

▲ 1/4 スケール零戦を仕込む、トレードマークのハンチング帽にサングラス姿の人物は「なべちゅう」と親しまれた特効技師、渡辺忠昭氏。

◀プロカメラマンの田中一清「いっせい」さんが「にに、カメラ貸せや」と気を利かせて撮影してくれた、一式陸攻にがぶりよって「カメラ小僧」になった模型少年の姿（写真右端）。

▲（上２枚）昭和17年８月７日、ガダルカナル島攻撃初日に８機のSBDと対決して負傷した坂井氏のエピソードシーンを再現するために用意されたSBD群。左はプロペラを回したあと、機体の揺れを止めているところ。右が、撮影に入った姿。後方機銃が心持ち大きく見えるのは、火薬を仕込んで発砲炎を演出するため。

◀同じくガダルカナル上空の空戦で、一式陸攻に食いついた瞬間、零戦の射弾を受けて撃墜されるF4Fというシーン。カメラと反対側にスモークを仕込んでいる。

「ににー、被弾のグラマンどれー？」

模型少年は飛行機が吊ってある棚へ走り寄り、４機の１／20から１機を選んだ。関山は、被弾して煙の尾を曳きながら降下していくシーンの為、カメラ側と反対側にスモークをしかける。これは、翼や機体が熱くなるからトタン板を貼ってある。機体ナンバーとの繋がりもあって、どれでも良いというわけにはいかない。

グラマンを吊ったピアノ線が切れないかぎり、新しいスモークに付け替えて、何回か撮影する。テイク１、２、３はかたい。時には４、５と川北監督の納得いくまでの撮影となる。

明日は被弾機が爆発するシーンを撮るというので、グラマン・ワイルドキャットを１機、特美に持ち帰り、関山と相談しながら、翼に大きな穴をあける。関山がおもむろにグリグリやり出した。

「あっ、ちょっと待て」

「えっ、ナニ……？」

関山のグリグリが止まった。

「翼の場合はこことここに四角目に。胴体はこのあたりをバラしてから」

「えー、一瞬だからどこでも同じだよ」

「爆発する素がない所から火は出ないじゃん」

「俺も好きだけど、ににもこだわるんだなぁ、相当なマニアだね」

結局マニアなふたりは、機体をバラして仕掛けを施した。火薬を入れる穴は翼の機銃弾倉のあたりへ四角いのをあけ、銀色に塗ったリブ（翼骨）を装着して火薬と発火プラグを挿入、ジュラ板を被弾したときのようにギザギザに切って１枚１枚貼り付けて翼を復元した。

胴体も同じように仕掛けを凝って、復元した機体に塗装を済ませた時には、特美には誰も残っていなかった。「爆破用・火気厳禁」の紙を貼って、ステージに戻してマニアタイムは終了した。

翌日の爆破シーンを無事撮り終え、ラッシュを見たが、一瞬なので果たして仕掛けは有効だったのか、機体のジュラルミンが飛び散って、ねらい目どうりキラキラと舞ったのかはわからなかった。関山も筆者も凝った甲斐があったと思うことにした。

ラジコン機のロケも伊豆の海岸で行なわれていた。ラジコン機はその縮尺からすると、実機のスピード４５０〜５００㎞／ｈを越えてしまう。縮尺に合わせたスピードは60㎞／ｈくらい。ところがこの速度だと遅すぎてコントロールが出来ず、下手すると墜落してしまうのだ。スケールに換算するとジェット機なみとなる速度で、宙返りやインメルマンターンをこなす。

望遠レンズをつけた本番カメラは、その迫力のある空戦の様子を追いきれない。それに零戦とグラマンが巴戦をやっていても、2機を同時にフレームインさせるのは極めて難しい。操縦者とカメラマンのタイミングも重要となる。かといって、巴戦をしている2機を短めのレンズで撮ればフレームに納まるが、平面的なノッペリとした、迫力に欠ける絵になってしまう。

ラジコンロケは極めて難航していた。

その点ユーコン機は、ワイヤーの長さが半径となり、常に円を描いて飛行するから、撮影はラジコン機よりはるかに楽だ。

一方、9スタ（№9ステージ）では、ガダルカナル上空で坂井三郎機が被弾するシーンのセッティングが行なわれていた。

劇中・坂井三郎は、敵戦闘機隊を追撃中、視界に黒点を発見。追尾していくと4機の小隊がふたつ。なおも近づいていくとその編隊は戦闘機ではなくドーントレス艦爆で、後部にある機銃は全部こちらに照準されていた……。

瞬間、坂井機の攻撃によって艦爆のパーツがぶっ飛び、坂井機も被弾して風防は破壊され、翼にも破孔があいた。そして坂井一飛曹自身、重傷を負いながらもラバウルに帰りつく……。

このシーン用の機体を用意する。垂直尾翼にV－128の白いレターが描かれた1／10零戦の、風防まわりの被弾・壊れを凝りに凝った。実物を見た事もないくせにね。「講釈師、見てきたようなウソをつき」なんて川柳があるが、全くそのとうりだ。「被弾機、再現するは戦後生まれなり」ってね。

3月初め、模型少年にとり至福の作品はあっという間に終わってしまった。この映画が先人の作品とはひと味ちがう特撮となったことは確かだ。

●『大空のサムライ』以来、いくつもの作品で川北監督と一緒に仕事をしたが、彼は監督でありながらマニアックな特撮少年であった。のちに取締役にまでなったが、その特撮少年魂は「俺は現場人間だ」と言って早々に地位をすて、現場に復帰していることからでもわかる。そんな川北さんとは俗に言う「ウマが合う」という感じではなかったけれど、○○少年という点では同じマニアックさを持っていたから、「ウマは合わないがノリがいっしょ」だったと筆者は勝手に思いこんでいる。だから考えが一緒だとわかると筆者はノリにノって、かえって川北さんに迷惑をかけたのかもしれない。

▲せっかくなので編隊飛行する零戦を1枚。尾翼と胴体に長機標識を巻くのは実際の台南空の零戦と同様。

▲映画『大空のサムライ』特撮スタッフ一同。最前列中央、白シャツ姿の人物がいよいよ本作で特撮監督デビューを果たした川北紘一氏。〔撮影／東宝フォトプロデュース〕

【シーン16】

『不毛地帯』本編
～機種選定……無念なり～

昭和51年（1976）3月。

模型少年の至福の特撮が終わったら、待っていたように本田「ベビーさん」が特美に現れた。例によって大き目のベレー帽が頭にのっている。

三保のメンテか？　と、こーちゃんとふたりで身構えたら、今度はT社の博物館の仕事だという。

神奈川県の真ん中に相模川が流れている。河口は茅ケ崎市と平塚市に接している。その平塚市にある博物館という。いくつかのジオラマ製作と植物標本の展示である。

天明（1781年～）の頃、薪や米を積んで帆をかけた3間3尺（6ｍ）の川舟が相模川を行き来していた。その姿を1／30のジオラマに再現する。大道具で作った20㎝の舟に積む荷物と船頭などの人形を、造型の小林ともとバイトが器用に作り、色仕上げはこーちゃんと模型少年がこなす。

舟に帆柱を建て帆を張るだんになって、

「うんにゃうんにゃ、こうちゃんそのロープはこっちじゃなく、ここにかけるんだよ。あっ、にんにくんや、その俵は米ではなく炭が入ってるから少し汚してくれや」

本田さんがあちこちと指図する。小さなジオラマの前に3人がたかっているので、初春といえどかなり暑苦しい。おまけに耳元で「うんにゃうんにゃ」「にんにくんや」とうるさくてたまらない。

――あのねー本田さん、ここには「にんにく」は無いの！

そう言ってやりたいがそれもメンドーくさい。彼の呼ぶ声がどうしても「にんにく…」と聞こえるのだ。

4隻の川舟と荷物と人形をジオラマベースに設置し、ポリ樹脂を流し込み、川そのものを製作する。こーちゃんが描いた背景の雲と、船頭たちの動きのあるポーズ、それに川舟の角度などが一体となり、「相模川の川舟」ジオラマはなかなか良い情景が再現出来た。

造型で作っていた等身大の縄文人7体がFRPで出来てきた。さてこーちゃんが仕上げで忙しくなるぞ。いつものようにラッカーで仕上げた人体に着せ付ける衣装の古色「エィジング」は、まず「傷め（いため）」から始まる。

◀（左２枚）映画『不毛地帯』特撮用のF104試作１号機。バルサ製の1/20スケール。

▼同じくF104試作１号機で、ハセガワ1/32スケールキットを使用したもの。

▲同じく映画『不毛地帯』特撮用のデ／ハビランド・カナダ DH2C ビーバー。バルサ製の 1/10 と、ニチモのセスナ 172 を改造して製作した 1/20 スケールのものを製作。

▶煙を吹いて着陸態勢に入るところまで吊って撮影したあと、車輪が折れる着陸シーンとなった。写真は操演の小川昭二さんがリヤカーに乗ってスタッフに押されて、ダッダッダーとビーバーが接地したところ。左のランディングギアはもう取れそうになっている（撮影カメラは並行レール上の移動車に乗っている。スチール撮影の模型少年もこれへ便乗）。上方の腕木と細いパイプはプロペラ風ほこり用のエアを送るためのもの。〔1976.4.16〕

麻で織った衣装に荒いサンドペーパーをかけて、着古した擦り切れを表現する。ほらジーパンをわざと擦り切れにするファッションがあるじゃない。ちょうどあれだね。でもこっちはファッションではなく生活感の再現だけれどね。サンドペーパーの作業が終わると次に薄い汚れ水を作ってそれに何度もくぐらす。絞ってはまたくぐらすわけだ。それが乾くといい塩梅の古い衣装となる。

着色した人体に衣装を着せて、ハンドピースを持ったこーちゃんが、ウェザリングなどの最終古色仕上げをすれば完成だ。アイヌ犬も2体すでに剥製のように仕上がっている。

縄文住居は大道具が製作済。

さあ平塚の現場へ搬入し、ここからは現場作業だ。

ジオラマに植える草木は造花ではなく、支給された本物の乾燥草葉を使う。縄文当時の平塚に自生していた草木の再現を、学芸員とT社のシンゲンさんが製作指導していく。

竪穴住居を組み付け設置し、人形もジオラマベースのFRPで作ったダミーな地面に設置する。学芸員たちの指導によって作られた草木をブッシュのように植え、生活用品の小道具を配し、最後のタッチアップで補色を済ませたら、現場の展示場所に「縄文の生活」実物大のジオラマが完成となった。都合2週間の平塚現場通い、おつかれ様でした。

我々が特美に戻ったらもう次の仕事が来ていた。『不毛地帯』という、例の汚職事件をテーマにした映画である。航空自衛隊が使っていたノースアメリカンF86Fセイバーの次期戦闘機「FX」を決めた時のゴタゴタがテーマとなっている。

やったー、また飛行機だ。模型少年もう喜んでいる。本編助監督からもらった作り物リストを眺めた。

――ふむふむ、アメリカ空軍ロッキードF104ね。こいつは『東京湾炎上』のが残ってるな。旧日本海軍DH2Cビーバー？　なんだぁこれは？　DHC2じゃないのか？　もう1機はと、グラマンF111か。えー、こんな新しいのんが出るんかい。変だな、この話は例のロッキード事件だろ。このリストおかしいな……。模型少年は、朝一に本編の演出控室に行って助監督から直に話を聞こうと考えた。

翌日。

「疑問があるんだけど、海軍のビーバーってなに？　形からして三式指揮連絡機のことじゃないの？　でも三式なら陸軍だけどね。それからF111ってのは明らかにおかしいよ。だって時代が違うんだよ。空自の候補機はF

104とF11なんだけどね」

「いや俺よくわかんないんすよ、渡されたリスト持ってっただけだから……」

「ふーん、にしても、絶対F11タイガーなんだけどなあ」

「わかった、良く確かめて連絡しますわ」

　らちが明かないままモヤモヤとして特美に戻った。

　午後になって本編から電話があった。

「ビーバーは陸上自衛隊機ってことです。グラマンはリストのままでいいそうです」

「えーっ、絶対違うって。あの時代まだ可変翼のF111なんて無いんだよ。F11F1というのが正解なんだからさあ」

　助監督は電話の先でムッとしたようだ。「なんでもいいからリストのとうり作ってよ」と言って電話を切られた。

——リストのとうりだと、なんでもいいって事にならないんだけどな……。

　特撮映画ではないから台本はこっちまで届かない。台本があれば確認できるのだけどな……と思いつつ、いつまでもグズグズしてはいられない。それにしても、タイガーはリストのプリントミスなんじゃないかな。「F11F1」のFが抜けると「F111」になるからね。それと自衛隊機のビーバーって何だろう？　陸自の連絡機はパイパーじゃなかったっけ。疑問はつきないけれど、まあ言われたようにDHCは図面を用意して大道具へ渡した。1／10で製作する。それと1／5で左翼と左メインギヤ（主車輪）の部分を製作。ロング用の1／20はニチモのプラモで作ることにしてカタログをあたった。ビーバーは発売されていなかった。そこでセスナ172を改造することに。

　塗装は陸自機なのでオリーブドラブにして、白フチ日の丸は入れたがロゴやナンバーはあえて入れなかった。どうもおかしいという疑問がなんとなく湧いてきたからだ。しかしこれは特撮班で飛行シーンと事故シーンを撮るので徹底的にエイジングする。

　グラマンのほうは納得がいかないまま大道具へF111の図面を渡した。こいつは劇中「デスクに置いたソリッドモデル」として使うとのこと。実機に見せる必要がないから銀一色で仕上げる。

　F104はありものをリニューアルして、アメリカ空軍試作1号機の仕様とした。これは特撮班で飛行シーンを撮るので実機に見えるようにする。ただし汚しは控えめとした。

　飛行場のセットでたった1日の撮影が始まった。

　東宝ステージの空バックに、F104の1号機が飛翔しているなんて、これは特撮少年の密かな喜びである。この作品だから実現したことだものね。

　次はビーバーの小さい方にスモークを仕込んで煙を吐いて飛行するシーンを撮る。小さい方はプラモなのでトタン板でスモークの遮熱をしていても、何回かやっていると熱で機体がゆがんできた。

　大きい方でも同じシーンを撮る。

　操演の小川しょうちゃんがリヤカーに腹ばいになり、大きいビーバーの尻尾を持っている。

「スタート」の掛け声とともにリヤカーが走りだした。機体は水平だ。リヤカーの速度が徐々にゆるくなる。車輪が接地する。仕掛けをしておいた車輪が取れる。機体が地面にはいつくばった。

「カット！」

　カメラは終始、昭ちゃんの手が入らないように、機首前方をねらっていた。事故機の着陸シーンである。

　多分この飛行機は東宝初登場なんだろうけれど、今回の機種選定に関してふたつのモヤモヤ気分が残った模型少年でありました。

　本物の機種選定はこっちもモヤモヤがあったけれど、ロッキードF104スターファイターが採用されている。

●後日、完成試写で例のソリッドモデルがデスクに置いてあるシーンを観たおりには「あーあ」とひとり胸のうちで溜息をはき、責任感で赤面してましたよ。もっと突っ込めば良かったって……、無念なり……。

▲こちらが問題のF-111の模型。「F11の間違いでは？」との模型少年からの親切な確認は、むしろ本編助監督にはありがた迷惑だったようで、納得いかないままF-111を製作することになったのは本文にある通り。

【シーン17】

『インドネシアの映画』特撮
〜プロデューサー大歓喜〜

昭和51年（1976年）5月。

コマーシャル用の鮫の背びれを作っている特美に、青木係長が赤銅色の目玉のギョロリとしたインドネシア人を連れてきた。彼はプロデューサーらしい。通訳もインドネシアの人だ。青木係長が特美を案内する。造型の作業たけなわの鮫を見て、こわごわと指でさわった。

「Иηξ¢∋……∀ηя£яδ∞……」

「イキテールヨーデス」

通訳の日本語は片言だ。本職ではないのだろう。

彼らは特美をひと回りしたあと、怪獣倉庫のゴジラやメカゴジラに会い、ホリゾントの模型倉庫を見学したあと帰っていった。

「青木やん、あいつらはなんなの？」

一服していたこーちゃんが尋ねた。

「インドネシアで映画作るんだってよ。で、船の特撮を頼みにきたんだよ」

「へー、東宝で特撮か。予算あるんだなー」

彼らが置いていった二十数枚の写真から、小村さんと好村なおが図面を起こした。インドネシア海軍コーストガード（沿岸警備隊）の警備艇だ。

模型は1／12の2ｍ70㎝という大きなものである。木軸ベニヤ貼りの船体にポリ樹脂とガラス繊維でコーティングしていく。硬化してからサンダーで研ぎだすといよいよ塗装となる。いつものようにラッカーパテを吹き付け、水ペーパーでしゃかりきに研ぐが、モーターボートのような船体はなかなかに大きく丸一日もかかってしまった。もう一度パテを吹き付けて下地の作業を終わる。

翌日、仕上げ色を塗り、汚しを入れて小村さんと細かい部位の艤装を入れたら、見学にきていたインドネシアのプロデューサーが、

「Иηξ¢∋……∀ηя£яδ∞……」

「イキテールヨーデス」

まあ意味は通じるわな、「本物みたいだ」と言ったんだろう。

20日すぎ特撮班が大プールでセッティングを始めた。監督は中野さんだ。警備艇を大プールに浮かべ、錘を入れて喫水を調整する。例のプロデューサーが大喜びで、

「Иηξ¢∋……∀ηя£яδ∞……」

「イキーテマース」

実感があるってことだろう。

本番が始まり、水面を疾走する警備艇を数カット撮影する。

インドネシア人通訳が、模型少年のニコンを覗きたいと言うので、220㎜までのズームの説明をして彼に渡した。今は本番ではないので警備艇は停止している。何枚かシャッターを切ってもいいよと伝えると、嬉々としてズーミングしている。

特効のなべさんが火薬の仕込みに取り掛かった。爆発炎上するシーンというが、何の攻撃で被弾するのか、船内の事故なのかさっぱりわからない。砲撃被弾ならプールに弾着の水柱や機銃弾の弾着を用意しなければならない。

▲▶インドネシアからの依頼で製作した同国海軍沿岸警備隊の1/12スケールの警備艇を大プールに浮かべる。かたわらの人物（小村さん）と比べ、全長2m70㎝とモーターボートばりな巨大さがおわかりいただけるだろう。

▲やり直しのきかない警備艇の爆破シーンを青木係長＆模型少年が撮影。特殊効果の「なべさん」が仕込んだ爆薬により、見事に大爆発して果て、撮影は無事に終了してインドネシア人のプロデューサーと通訳氏は嬉々として帰っていった。なお、画面の上に見えている四角い物体は一種のレフ板で、これにより海面の波をきらきらと光らせて撮影することができる。〔1976.5.21〕

だがそれも無い。すると事故爆発なのか？

　まあそんなことを考えているうちに、仕込みが終り、いよいよラストカットの撮影に入った。

　ネガカラーのニコンを青木係長に渡し、模型少年はポジカラーのニコンを構える。爆発炎上をふたりで撮ろうというわけだ。

　1回目の撮影がスタート。疾走する警備艇が発火、黒煙をもうもうと吹き出す。とここまで。

　カットがかかると慌てたように青木係長が特美に戻って行った。

　美術スタッフ（と言っても小村さんと模型少年しかいない）が火薬で焦げたところや若干の色手直しをして、なべさんが再仕込みを終え2回目の撮影に入る。今度は発火から爆発までを撮るので、ホントーに最後の撮影だ。

　中野監督のスタートの合図。

　警備艇が疾走する。

　白い煙が右舷から挙がった。

　転瞬、小さな火。

　火が大きくなる。

　黒煙がモウーと勢いよく噴き挙がった。

　後部砲座あたりから突然白煙。

　瞬間、爆発！

　ナパームの紅蓮炎がみるみる大きくなる。

　誘爆！

　黒煙！

　また誘爆！

　警備艇の舳先が空を向いた。

　黒煙がホリゾンいっぱいに広がる。

　黒煙が散った水面には艇は影も形もなく、ただ、真っ白な泡が水面を覆っていた。合掌…。

「ワォー、ワォー、Иηξ¢∋……∀ηяℰяδ∞……！」

「『ジツニスバラシイ！』ッテ、イッテマス」

　歓喜の声はどの国でも同じなんだな。インドネシアの人たちは喜びいっぱいでプールをあとにした。

【シーン18】

種々雑多な作り物
〜特美大繁盛〜

昭和51年（1976年）6月。

映画『大空のサムライ』製作を記念して、撮影で使った零戦模型を寄贈することになったからリニューアルしてくれと、事務所に依頼があった。

製作記念なら撮影で使ったままの火薬の焦げや、ピアノ線の吊元がついたままの方が、撮影使用模型としての価値があるから、きれいにしない方がいいんじゃない？　と事務所に言ったんだが、青木さんはすかさず、

「特撮マニアに寄贈するんじゃねえのっ」

それもそうだ。寄贈先は制作社の「大観プロ」と「靖国神社」だという。

大観プロ用は、1／20を展示模型風に再塗装をして、これはやっぱり坂井三郎一飛曹機にしようと、マーキングし、V-128を垂直尾翼にレタリングした。スタンドを作り飛行姿勢とし大道具特製のアクリルケースに固定すると、納品するのが惜しくなった。

▲『大空のサムライ』製作を記念して制作会社の大観プロに寄贈するため化粧直しをした1/20零戦二一型（V-128）。アクリルケースに入れたら納品するのが惜しくなってしまった。

▶こちらは靖国神社奉納用の1/10零戦二一型と模型少年。塗装は撮影に使われた時のままで、劇中、中島少佐機として使われた〔V-120〕のレタリングを施した。

靖国神社用は、1／10のきれいなのを選んで、塗り直しはせず撮影時のままとした。この模型はもともと全体に、実機と同じようにリベットを打って、あちこち結構凝って作ったものだ。胴体に2本の白線、垂直尾翼のV-120のレターの上下に白線を描いて台南航空隊の中島少佐機にした。不要だと思ったが、ペラ回しの内蔵電池も新しいものに交換した。

金田一探偵シリーズの『犬神家の一族』の撮影が始まった。といっても特撮はない。特美にいくつかの注文があり、少し関わることになった。

主役のあおい輝彦マスクと首なし死体をまず作る。特撮模型ではないけれど、本物に見えなくてはならないので、生腕・生首の技術で造型が頑張った。この2点は特に塗装仕上げはないので、造型で完成と同時に本編へと納品されていく。

ミイラとマサカリ。マサカリはダミーな小道具、役者に危険がないように柔らかく作り、こーちゃんの手により、切れそうな仕上がりとなる。

あおい輝彦のマスクは戦場において火炎放射器で大ヤケドを負った状態で製作する。そこへこーちゃんが着色すると……いやもうよそう。不気味なマスクが出来上がったとだけ述べておく。

水死体。映画が映画だけにこういう物ばっかりだ。

菊人形。やっと綺麗なものが来たと思ったら、殺されて菊で飾りつけられた……やっぱり死体ではないか。役者の顔と手を作る。こいつはマスクと違って芝居がないから、造型が石膏で作る。先に型取りを済ませている役者たち。あおい輝彦、川口恒、島田陽子、三国連太郎、地井武夫の5人。

型抜きした複製の石膏の顔にクリアーラッカーを浸み込ませ、シーラー替わりとし、ラッカーパテを薄く塗布する。死に顔色に調色したラッカーを塗布してベース色とする。死に顔といっても、昨日までは生きていたわけだから、単色ではない。今度は水性のネオカラーで、そのあたりの難しい「死人なんだけど生き物だった」をこーちゃんはハンドピースで次々にメーキャップしていった。

本編に渡された顔たちは、装飾班の手により見事な菊人形となった。

お化けや死体は随分仕上げたけれど、こんな生きているような死人人形が一番怖い。

「暗闇の壁に寄り掛かったこれらと遭遇してごらん。下手すりゃ心臓止まっちまうよ」

笑いながら話す守衛さんであった。

昭和51年（1976年）9月。

二百十日も過ぎ、所内は「スポーツの秋」で盛り上がっている。誰が言いだしたか軟式野球大会を開くという。特美も若者たち、と言っても3分の2は40歳近い。が、野球大会に名乗りをあげた。

ナインは、操演の松本、小川、特効の渡辺、久米、造型の安丸、小林、背景の島倉、デザインの好村、塗装の小島、模型少年、大道具の田中、野村、係長の青木、サポートはデザインの小村と、総勢14人の特美チームが結成された。昼休みには特美前のオープン原っぱで、キャッチボールから練習が始まった。

なべさんと模型少年と田中さんは野球をするのは初めてという超ド素人。なにせメンバーが少ない。数合わせで混ぜられたようなものだ。

まっちゃんは昔のセミプロ選手だから、硬球が軟球に変わっただけ。上手いのを通り越している。島倉さんと小林とも、そして好村なおは、ほぼ野球少年。彼らはセンスもよく上手い。野球には縁がなかったがノーコンの剛速球を投げるこーちゃん。そこそこやれる野村やすさん。と、とりあえずなんとかなるかと始まったチームは、昼休みの練習にあけくれた。

模型少年のキャッチボールがやっとまともに返せるようになった頃から、特美側からまっちゃんがノックを打ち出した。全員が10スタを背に構える。まっちゃんが軽くノックをする。走る走る小プールのすぐ脇でやっと追いつき捕球。バックホーム。ボールはワンバウンド、ツーバウンドやっとだ。個人個人の我が強い、変人集団の特美課員が、よくまあ飽きもせず毎日の昼休み練習に総力をあげていたものだ。

ついに「砧撮影所第1回軟式野球大会」が始まった。所内の各部署で結成された14チームは、トーナメント方式で日曜日ごとに対戦していった。

1回戦、2回戦と勝ち進んだ特美は、なんと3回戦も勝ってしまった。次はもう決勝戦ではないか。相手は強力打線を誇る装飾チームだ。昼休みの練習に熱が入った。

9月19日、撮影所近くの砧中学グラウンドにおいて決勝戦が始まった。双方ともよく打つ。ヘボ模型少年でさえツーベースヒット。両チームとも全員安打、その割には得点は少ない。ホームでアウトになってしまう。エラー多発。これぞ草野球。終わってみれば7対5で装飾チームに優勝を奪われていた。

負けず嫌いの特美課員はすぐにユニホームを新調し「ヘイボーイズ」を結成したのである。ヘボと少年（ボーイ）を組み合わせたのは、好村なおである。

特美が野球大会で準優勝して、その実力に目覚めたころ、『星と嵐』の本編でミニチュアを使って特撮をするという。実機を使った芝居の繋がりで、よくはわからないが、実機で出来ないシーンを撮るのだと。

東京消防庁の「かもめ号」ヘリ製作の依頼だ。資料は、小村さんのもとへ助監督が持ってきた、たった1枚の写真しかない。

「にに、これなんだけど、このヘリなあに?」

小村さんは模型少年に1枚の写真をよこした。

「おっ、これ作るの。東宝初だよ。多分ね……」

「うん、見た事ないもんねぇ」

「これはさ、フランスのシュド・アルエートって会社のヘリだよ。俺の資料調べて持ってくるわ」

ヘリはⅢB型だった。旨い具合に図面もあった。金属製にしたいというので、図面と写真をコピーして外注先のトイダへ渡した。スケールは1／30、ほぼ30㎝の手ごろな大きさだ。

製品が届き、手に取るとプラモと違ってズシリとしたトタン製の重さが手に心地よい。卓上ですべて作業できるこの大きさは、仕事である事を忘れて模型少年になりきるにはうってつけであった。

この頃「トタンシーラー」なる金属用下地材が出回り、特美でも島亀塗料店から取り寄せてあるので、クリアーラッカーよりややシャブメなそいつを原液のまま吹き付ける。もちろん外でね。

下地の白ラッカーを吹き付けたら、ただの赤ではない消防レッドをラッカーで調色。実機っぽくする為に艶の調整にも念をいれる。よし、塗り分けだ。たった1枚の写真を測って白色部をマスキングする。赤を吹き付ける。レタリング。

トタン製はいいねぇ。パテ磨きがいらないから作業が早いわ。3時の一服までには完成してしまった。

●ラッシュにも呼ばれず、完成試写も見なかったので、このアルエートヘリがどんな芝居をして、果たして実機のように映ったかどうかはわからないけれど、以後も『ビオランテ』までの間、仕出しヘリとしていく度か塗り替えられ、数多く出演した長寿模型である。

CM用に氷山を発泡スチロールで沢山作ったり、藤沢商店会のパレードカーを製作したと思ったら、ブティックの広告塔だという行灯を作ったり、ポピートーイの「コンバトラーV・南原コネクション基地」というなにやらよくわからないミニチュアセットを作ったり、当社の営業サンプルだといっ

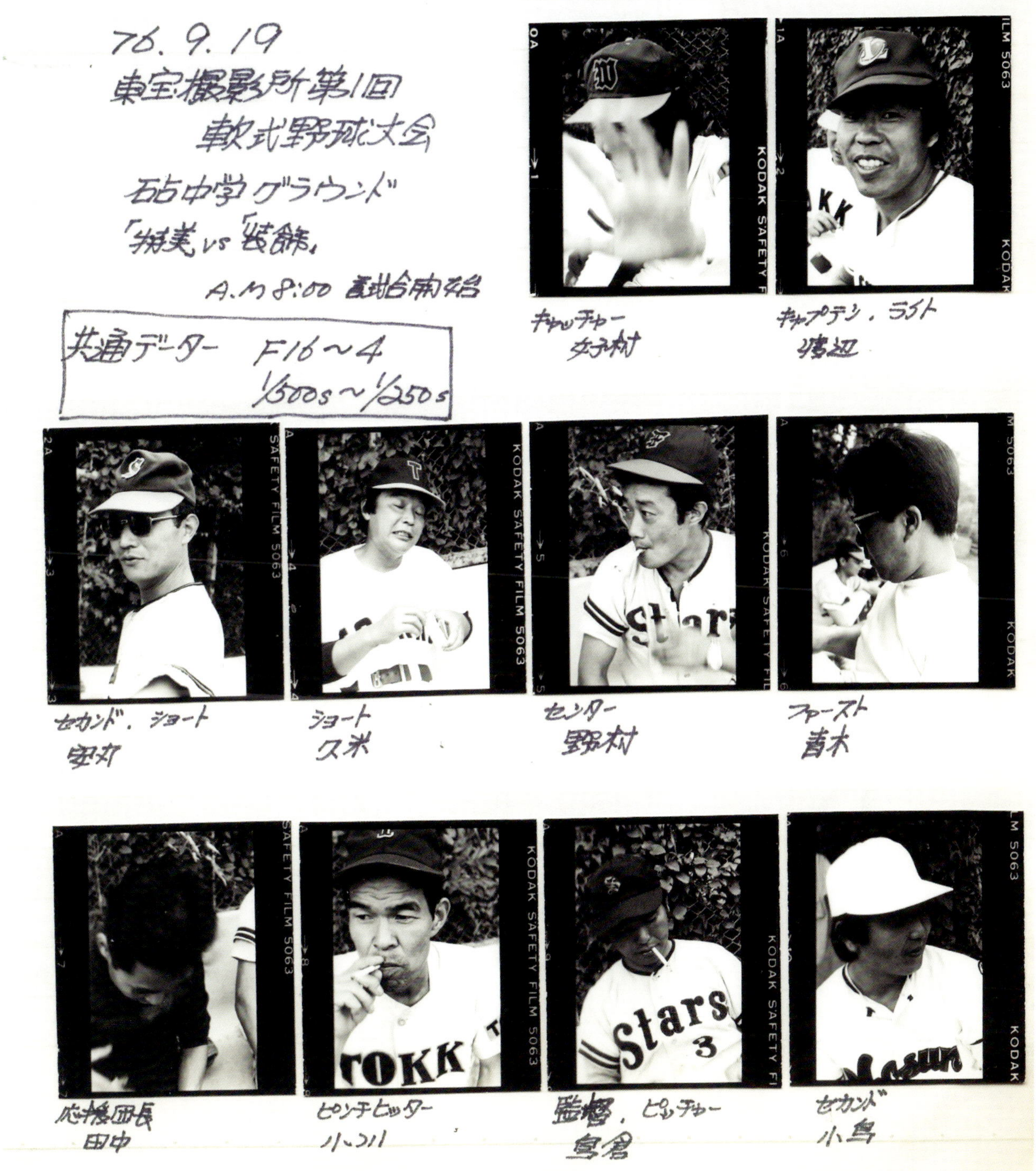

▲昭和 51 年、誰が言い出したか突然開催されることになった「砧撮影所第 1 回軟式野球大会」に、特美も経験者を中心にチームを結成。毎日の昼休みに練習を重ねたおかげか 1 回戦、2 回戦と順調に勝ち進み、9 月 19 日には「装飾チーム」との決勝戦を迎えた。模型少年のツーベースヒットも及ばず、結果は 7 対 5 の惜敗に終わり、これが常設の特美野球チーム「ヘイボーイズ」の礎となっていく。写真は決勝当日のサムライたち。皆さん、昭和映画の役者さんのようですな〜。

▲ニッサンのCM用に製作したバッカスの壁面レリーフ。素材が発泡スチロールに見えないのは「こーちゃん」の腕のなせる技。

▼香港の店頭看板用として製作依頼された5倍スケールのポットと「こーちゃん」。なかに蒸気吹き出しメカを内蔵して送り出した。

▲映画『星と嵐』の本編つながりとしてトイダに製作してもらった1/30スケールのシュド・アルエートⅢB型ヘリ。模型少年の手で、東京消防庁「かもめ号」となった。

◀サフ吹き状態はこんな感じ。全長約30㎝ながらトタン製で、手頃な重さがあった。

て、営業部依頼の「西郷南洲銅像」を小林ともが40㎝で作ったり、はたまたCM用のRバックだの空バックだのの木工やら、東洋レーヨンのCMで、特撮用操演クレーンを30㎝のミニチュアで製作したりと、この9月の特美は結構な忙しさだった。

10月に入っても特美の雑多な作り物は続いていた。

ニッサンのCM用にバッカスの壁面レリーフを、安丸さんが発泡スチロールを削って作った。こーちゃんが石風な仕上げをしたら、まさに本物の石壁レリーフとなった。こいつは3・6m×2・7mという大きなものだ。

CMが続けて2本も入り、それぞれ作り物を納品した。特撮的なCMの場合は撮影現場に詰めていろいろと対応するが、多くは納品すればそれで終わりだ。

特美は頼まれれば何でも作る。変わったところでは、香港の飯店からの依頼で鉄瓶型銅ポットを作った。実物の5倍大の約1mという大きなものだ。発泡スチロールで作った原型に新聞紙を貼り重ね、その上にポリ樹脂とグラスファイバーを積層（FRP）し、中の発泡スチロールを掻きとる。という単品製作によく用いる工法で製作され、表面をサンダーなどで研いてから、銅粉を混ぜたラッカーで仕上げる。銅の金属感が良く出ており、触らなければ、銅版を叩きだして作った物にしか見えない。

こいつに蒸気吹きだしメカを内蔵し、香港に送った。広告塔として設置するのだという。

『恋の空中ブランコ』という映画で、主役たちが夢を語る芝居の小道具「ひかりサーカス」の全景模型の依頼がきた。1／670という細かいスケールで、サーカスの全景と周りの街を1m角の台枠に製作する。

特美の久しぶりの超ミニチュアなもので、暇してた小村さんや安丸さんが、小さな建物や樹木やサーカスのテントなどを、ぶっとい指でシコシコ作っている。大の大人がニコニコしながら小さなストラクチャーを作っている姿は、微笑ましくもあり異様でもあった。

本編の撮影スケジュールがずれて、4日あった製作期間が2日になってしまった。

小島・安丸・小村・小林・模型少年の5人は、残業そして深夜、さらに徹夜で製作し、納品日当日の朝、完成を迎えることができた。

やれやれですわ。

【シーン19】

『海上自衛隊広報映画』特撮
〜東宝初登場の救難飛行艇〜

昭和51年（1976年）12月。

今までの東宝特撮映画には陸上自衛隊や航空自衛隊はずいぶん登場した。だが海上自衛隊の艦艇や航空機の出演はいまだ無い。海自には模型少年にとり魅力的な護衛艦や哨戒機がいるんだがなぁ。

昔……、といっても今から12年前の昭和39年、『今日もわれ大空にあり』という作品が公開された。航空自衛隊の浜松基地を舞台にしたジェットパイロットたちの物語である。F86からF104に機種改変される時の様々な訓練と葛藤が、三橋達也、佐藤允、夏木陽介たちの好演により、また実機も多く使われたので、航空ファンには見逃せない作品となった。

東宝のクルーは当時、浜松に常駐してその撮影をしていたが、その頃「ブルーインパルス」（戦技研究をする空自の特別な隊）はこの浜松基地におり、ある日、その浜松基地のお偉いさんから、

「今度ブルーインパルスの塗装をするんだが、なんかデザイン考えてくれんかな」

とカラーデザインを頼まれた。

東宝クルーには当然美術スタッフもいる。そこで美術助手の沼田さんがチョコチョコとカラー塗り分け画を描いた。模様の色は名前の通り「ブルー」（これは東宝カラーでもある）を使った。

沼田さんはブルーインパルス初代の、カラーリングデザイナーとなったのである。

それはさておき、今回の受注は、いい関係（？）となった空自からではなく、海自だという。海自の救難活動をテーマにした広報映画だ。

特撮班の撮影部はその救難飛行艇「おおとり」や、対潜哨戒機「おおわし」に搭乗しての空撮があるというではないか。模型少年も「乗せてくれえっ」と頼んだが、乗れる人数は限られている。

「飛んでる主観撮影だから、ににが乗っても意味ないよ。リアルな飛行機作っておいてよ」

カメラマンの江口くんにそう言われて、特美で特撮模型の製作に専念した。

▶大道具製作によるバルサ製1/36スケールP-2J対潜哨戒機。カラーリングは第3航空隊60号機とした。レタリングが反転しているのは裏焼き撮影に使用するためで、間違いではないよ。

▶撮影所大プールに気持ち良さげに浮かんだ新明和PS-1飛行艇。バランスよく浮かべるためにモーターや電池の搭載位置に気が遣われた。
◀マーキングは第71航空隊73号機とした。

さて模型は、新明和US1救難飛行艇で、海上自衛隊第71航空隊73号機である。そして、川崎P2J対潜哨戒機の海上自衛隊第3航空隊60号機の2機。いずれも1／36で製作する。それぞれ93㎝、81㎝の長さになるので、ケッコウ作り込める大きさだ。特美大道具に原寸図を渡してから1週間、バルサ製の2機が出来あがった。いつものように塗装を施し、各部のディテールアップと汚しを加えると、東宝初製作の2機が完成した。

US1は飛行艇なので水面バランスを見るため、モーターと電池やスイッチその他を装備した「整備重量」にしてから、満々と水が湛えられている小プールに浮かべた。試写で見た実機のように浮かび、なかなかカッコいい。10分もかからないはずのテストなのに、30分以上もかかってしまった。模型少年と大道具の田中さんが、特撮少年に成りきって目線を低く眺めまわし、時のたつのを忘れていたからだ。

江口くんがロケから帰ってきた。

「にに、できたかい?」

「出来てるよ、ほれ」

ロケの様子を聞けば、US1やP2Jの飛行を「すごかった」「楽しかった」と語り、その場にいなかった模型少年にはある種自慢話にしか聞こえずに悔しいだろうから、そのことには触れず模型機を黙って手渡した。

2機の撮影が9スタの曇り空バックで始まった。

中野監督はP2Jの飛び具合を目で追いながら、

「にに、P2の魚雷も作っておいてくれ、アップで撮るから大きさはそうだなぁ……まかせるわ」

P2Jの対潜ホーミング魚雷は、爆発するシーンではなく、海面に落下したところを撮るというので、カメラマンの江口くんと相談して、30㎝のを1本だけ作った。

US1の番になった。まっちゃんがピアノ線で吊るす。

「おっ、なんでえっ、こんなに重いのかよ」

「なるべく軽くしたんだけどさ……、胴体が太いし、おまけに四発機だからモーターも4つあるし、電池も多いし……」

模型少年、言い訳になっている。

「わかったわかった。ちょっと太目にすっから落ちやしねえよ」

そうなると今までのP2J用ピアノ線を、トンボから交換しなければならない。

「江口ー、今度のは太いからよー、線消し、も一回たのむわ」

「松本さん、US1は雲中飛行だから、フォッグがんがん撒くから線は見えないよ」

「そうか、じゃあ普通に太目にしても見えねえなっ」

大戦時、新明和の前身「川西航空機」で作った「二式大艇」という四発の飛行艇があった。多分世界一の飛行艇だったと思う。その技術が継承されたこのUS1も、前部に設置された波消しのおかげで、破天荒な海面にも離着水できるという優秀さを持っている。ミニチュアとはいえ、今、9スタの空を飛んでいるUS1は、まさに実機の貫禄をそなえていた。

東宝初のUS1の撮影は、模型少年を大いに感動させたのであった。

海上自衛隊潜水艦「なるしお」も模型のメニューに入っていた。新規製作は金がかかるし時間もない。そこで倉庫にあった原潜のノーチラス号を出してきて、切ったり貼ったりの改造を施し、再塗装すると1mの「なるしお」になった。実物のなるしおは82mちょっとで、ベースとなった原潜のノーチラス号は93mちょっとだから、まあちょっとスマートに見えるかもしれない。急ぎ製作だから模型少年としても、いやいや納得せざるを得ない。

しかし、ラッシュは「なるしお」に見えたから、まあ良しとしよう。監督や撮影部は全く気付くことはない。「なるしお」と言えば、それはもう「なるしお」なのだから……。

▲▼9番ステージでの撮影に臨んだUS1飛行艇。かなりの重量だったため、吊るためのピアノ線が太いのが心配されたが、がんがん撒かれたフォッグに杞憂となった

【シーン20】

『ハウス』本編
～ぐにゃぐにゃなピアノとポット～

昭和52年（1977年）1月。

東宝ラインナップの特撮映画が入らず、『大空のサムライ』以来はや1年になろうとしていた。

特美は特撮だけではなく以前から映画関連以外の仕事も受注している。なんでもやらなければ課員が食っていける売り上げは出ない。年契約者と社員たちだから、仕事があっても無くても給料は貰えるが、それでは新任の白崎課長がこっぴどい目にあう。特撮がなくても課員の稼働をつけられる仕事を入れなくてはならないのだ。

そんな時、札幌市の公共的な仕事が入ってきた。厚別副都心商業センターに「メガロウッド」を展示するというのだ。

「メガロウッド？　なにそれ？」

「でっかい樹なんだってさ。擬木だよ。FRPで作るんだよ」

「アメリカにメタセコイアって大木があるけど、あんなのかな？」

「いや、マロニエって言ってたな」

模型少年とこーちゃんはまだ具体的なことを知らなかった。

先に1／20で高さ30㎝の樹を作ることになった。プレゼンモデルだ。いわば完成予想模型だね。野村やすさんが、デザイン図を見ながら針金を束にして器用に幹を作っていく。ポリ樹脂を塗って木肌の細かいディテールも細工する。

夕方、不動産屋のコマーシャルで使うという、売出地の地形模型製作依頼があった。売出地周辺の街を含めたかなり広範囲なセットだ。体育館や三階から七階までの各種ビルやマンション、それにゴルフ場やテニスコートまで製作するが、1／65スケールだから模型としては小さい。これを空撮のように見せたいらしい。だが「ばかリアル」にしなくても良いとのこと。模型として見せるわけだ。それでも周辺の緑は欲しいというので、樹木をそれらしく作り、大中小計90本と植込み30カ所を作った。

1個ずつ塗り上げたビルなどのストラクチャーは、大道具がステージに建て込んで特美の仕事はこれで終り。撮影には立ち会わないので、簡単な補修用に何色かの水性塗料と筆をあずける。

さて、メガロウッド。

造型のパートの小母さんたちが、市販の造花をバラしてマロニエの葉にするパーツを作っている。電気コードを剥いて中の芯線を引き抜き、その細い芯線1本1本に、一片が5㎜の葉をせっせと糊付していく。その1本ずつをより合わせて枝葉とし、さらに枝葉となったパーツを野村やすさんが仕上げた幹に付けていく。大木の繁った葉にするのには相当な根気が必要だ。

パートの小母さんたちはおしゃべりもせずもくもくと作業に専念していた。

20日すぎ、出来あがった大木にツリーハウスの通路のような、階段と吊橋を取付て、それらを1m×60㎝の台枠に固定する。つや消しラッカーで幹を仕上げ、水性のビニレックスで葉を着色する。こーちゃんがハンドピースでちょいちょいと汚しを入れて完成だ。

空をバックに下から仰ぎ見ると、それはもう大木にしか見えない。

担当者たちはプレゼンモデルを札幌に発送し、自らも出張していった。

●札幌に実物大のメガロウッドが出現したのは4月になってからである。幹高7m、樹冠直径14mという大きなものだ。鉄骨でフレームを組み、金網を張り、グラスウールとポリ樹脂で表装し、フライアッシュを混ぜたポリで幹のディテールを造型している。この技法は擬岩や後年製作した等身大の恐竜にも用いられている。

特美大道具で不動産屋のCMの建物などを作っている脇で、ロボットが作られていた。これを三共胃腸薬のコマーシャルで使うという。レトロなデザインのロボットだ。腰から上だけとはいえ1m80㎝の背丈がある。ロボットなのに木軸ベニヤ作りなのだ。

これは金属感を出すのに下地パテ仕上げが大変だわ。こーちゃんとふたりでせっせと研きをかけた。

まあ下地を頑張ったおかげで、20日すぎには金属シルバーのピカピカのロボットが誕生した。

「いやー今月は忙しいね、こうちゃん、本編で使う死体が入ったから、よろしくね」

白崎課長はそう言いながら、にこにこ顔で部屋に入ってきた。

「……………」

こーちゃんは返事もしない。

本編『悪魔の手毬唄』の小道具の人形だ。高橋洋子の変死体。長嶋映子と植木 等と永野ゆきこの人体。仁科あきこの面と幼少時の面（以上、人名表記は記録ノートによる）。死体はひとつで、それ以外は役者の身代わりとなる生きている人形だ。こーちゃんの仕上げが〝ものをいう〟仕事である。

今月分として変死体1体を仕上げ、残りは来月下旬に納品と決まった。

高橋洋子を型取りした雌型に、ウレタンを流し込んで成形した人体が外注業者から届いて、こーちゃんがまずは変死体の着色に入った。


2月に入って千葉県にある谷津遊園の「オランダフェステバル」の展示物製作にとりかかった。虫や動物、花舟などのキャラクターを、本編美術の鈴木儀雄・「よしさん」がアニメチックにデザインした。よしさん自ら発泡スチロールを削ったキャラクターは大体1mの背丈がある。よしさんひとりでは到底全部つくれるわけがない。大小とりまぜ44体もあるのだ。大道具もよしさんのデザイン図を見ながら発泡スチロールに取り組んでいた。

「ににも何か作れよ」

よしさんが模型少年に声をかけた。

「まだ作ってないのってあるのかな?」

「あるよ、くまが釣りあげる魚は、まだデザインもしてないよ」

「じゃあ、それ作るよ」

アイテムは「カガミゴイ」に決めてデザイン図を作画した。120cmの発泡スチロールの塊りを、造型から借りた「弓（ニクロム線を張った電熱式のノコギリ）」で、荒くカットしていく。尻尾をピンと跳ねあげた恰好にしたいから、えぐりを入れる。弓がちょっとでも触ると、スチロールは一瞬にして融けてしまうので、ここらの造型は慎重を要する。

弓でのあら削りが終わったので薄刃の長い包丁でサクサクと彫刻し、漫画チックにデフォルメした鯉が削りあがった。

大方のキャラクターが削りあがったところでそれらを並べ、発泡スチロールの崩れ止めとして、木工ボンドを水に溶いて薄くしたような「KE150」を全体にぶっかける。乾くと弾力のある丈夫な膜になるので、表面にペイントし易い。みんな派手目のアニメのような塗り分けだ。

「もうすぐ春だね」

とカエル人形たちがおしゃべりをしている。

緑と青と黄色と白で大きなウロコを描いて、目玉をくるっと入れたら、飛び跳ねたバカでかいカガミゴイが出来上がった。

▲本編美術の鈴木儀雄「よしさん」がデザインし、大道具の面々も加わって製作したマンガチックなカエルたち。やはり発泡スチロール製。

▲谷津遊園「オランダフェスティバル」での展示用作り物「熊が釣り上げた魚」の模型少年によるデザイン稿。カガミゴイをモチーフとしている。

▶こちらは造型班製作の25倍スケールのクロヤマアリ。FRP製で、メカを内蔵して手足が動き、演技をした。

◀こちらができあがった模型。発泡スチロールの塊を「弓」と呼ばれる電熱カッターで荒削りし、薄刃の包丁でディテールを付けたもの。コニシボンドのKE150で下塗りした上に、ビニレックスやネオカラーでペイントした。

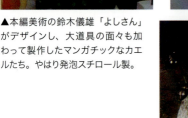

「にに、できたかー?」

　よしさんがやってきた。

「おっ、かっこいいじゃん」

　こーちゃんと模型少年、よしさんと小村さん、4人で漫画チックな動物たちを、アニメチックな色で塗り分けていくサマは小学校の図画の時間だ。

　ちょうど同じ時、造型班は体長25㎝の「クロヤマアリ」をFRPで作っていた。こいつはメカ内臓で6本の脚を動かす。14匹製作したこのアリはあまりデフォルメされていない。リアルではないが漫画チックでもない。普通に大きいアリなのだ。このオランダフェステバルで、どういう風に使うのか、全く想像がつかなかった。

　2月末、京成谷津の現場設置へと出張をしたのであります。


　3月から4月にかけて『ハウス』という映画の小道具を作った。本編の作りものはいろいろ仕上げたが、いきなり「本物そっくりの西瓜」を作ってくれときた。特美はミニチュアで果物を作ったことはあっても、ダミーな実物の西瓜は初めてだ。

　造型班が苦心して試作品を幾つか作ってみた。形は丸いから案外に楽にできる。だが全部発泡スチロールだと、どうも軽すぎて芝居のときに実感がでないという。そこで造型の小林ともは芯を繰りぬいて錘を入れた。秤に載せ、大きめの釣りの錘を入れていく。直径30㎝だから、まあ実物は西瓜の出来具合にもよるが、だいたい8㎏から10㎏ぐらいだろう。作り物西瓜の重さは8㎏と設定した。

「本編でどういう風に使うのか聞いてないけど、こいつを人にぶつける芝居かもしれないからな、ともちゃん、5㎏ぐらいにしといた方がいいんじゃないか」

　そばで見ていた青木さんが提案した。そんなわけで5㎏の錘を入れた発泡スチロールの球が出来上がった。錘を入れた穴には木工ボンドを流してあるので、西瓜を振ってもカラカラ音はしない。

　こーちゃんはラテックスに種ペン〔調色用の染料系ペイント〕を混ぜ、西瓜の地肌色(緑がかった薄い黄土色)を作ってガンで吹き付けた。乾いては吹きを数回繰り返し、今度は濃い青緑色の縞を筆描きしていくと、「色の悪い西瓜」ができた。

　さらに薄い緑色で縞というか地色というかを描いていくと、「西瓜っぽく」なってきた。その「っぽく」を取って「西瓜」にするため、もうひと手間かける。

▲映画『ハウス』の本編用に、模型少年の盟友、小林「とも」が製作、「こーちゃん」が塗装した実物大の西瓜模型。直径30㎝、材質は発泡スチロールで、なかに錘りを入れて5㎏程度の適度な重さにしてあった。ラテックスに種ペンを混ぜた塗料で全体をスプレー塗装、濃い青緑色の縞模様を筆塗りして仕上げてあった。

◀これはその時参考にした本物の西瓜。

◀こちらも映画『ハウス』用に製作された 1/1 スケールの小型グランドピアノ。本体はウレタン製で自立しないため、大道具が見えない部分に骨組みを入れて立たせている。一見、普通のピアノのように見えるが……

▼「こうちゃん」が仕上げた生腕とぐにゃりとした蓋を被せるとこんな感じに仕上がる。光沢のある本物のピアノのように見せるため、まずは新発明の「ラテビ」で下地を作り、ネオカラーで塗装、最後にウォルテックスクリアーを吹いて仕上げている。

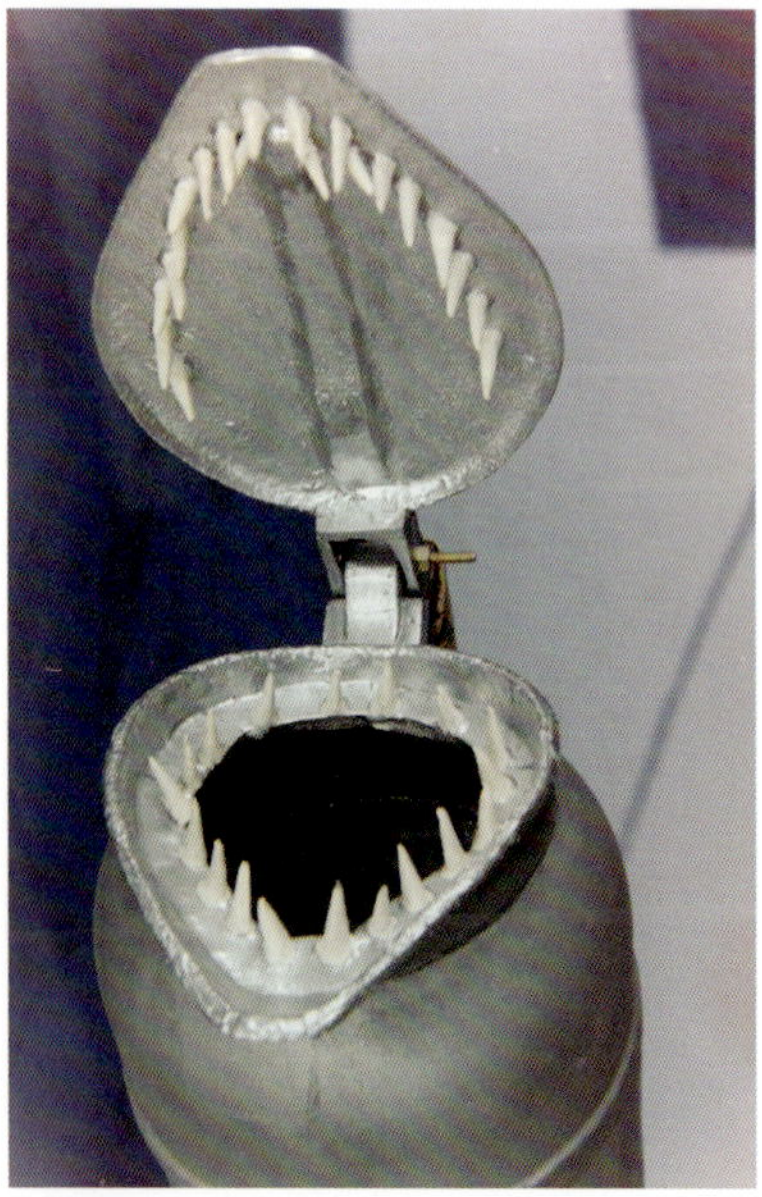

▲蓋を開けるとこの通り、牙を剥くというものだった。

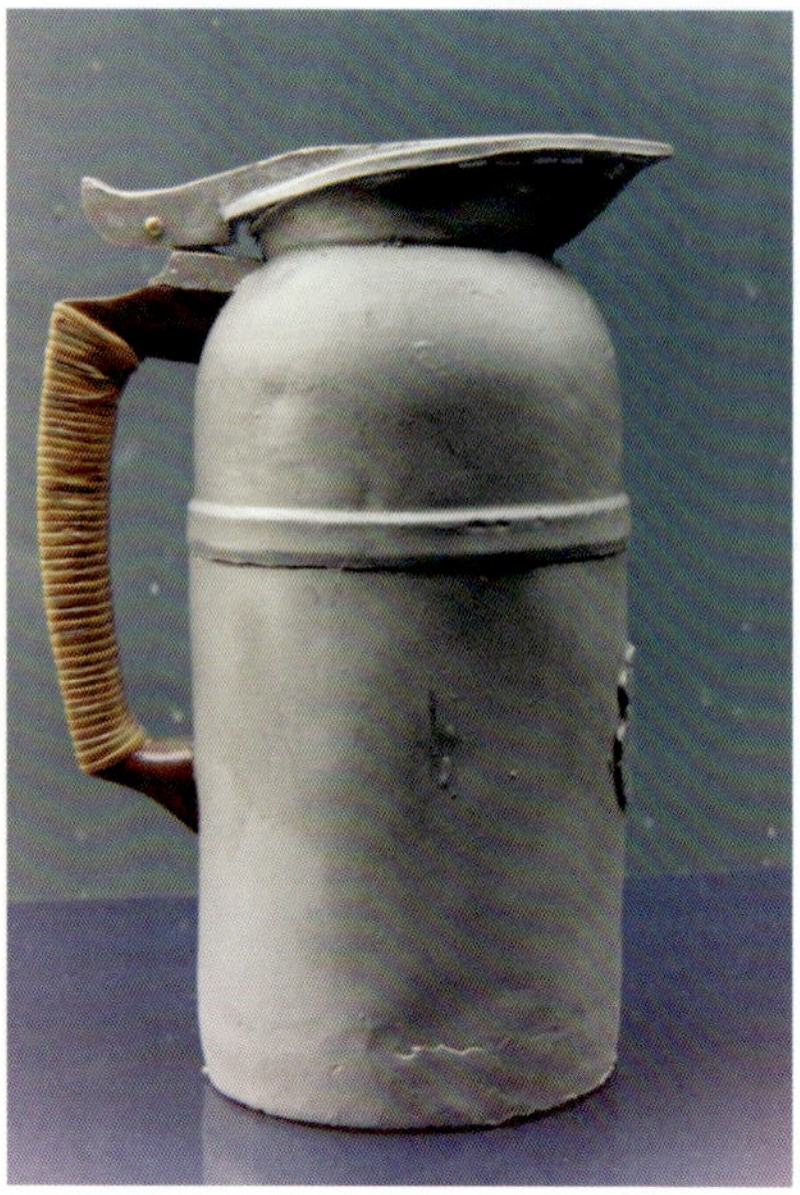

▲同じく『ハウス』本編用の 1/1 スケールポット。ラテックス、ポリ、朴などでできており、ラテックスクリアーに銀粉を混ぜた塗料やエナメルで仕上げてある。

ハンドピースに緑色を入れて、茎がついた頭から真ん中あたりまでを軽く吹き、下に向かってグラデーションをつけると「艶の悪い西瓜」となった。水性のクリアーをかけて、とうとう「西瓜」が完成だ。

直径25㎝を5玉、30㎝を1玉、計6玉の中にサンプルで貰った本物を混ぜて置き、取りにきた助監督に「さあ持ってきな」と、こーちゃん。助監督はひとつひとつ持ち上げて確かめてから6玉を持って行った。目では特定できなかったのだろう。触ればやっぱり判ってしまう。本物の肌は冷やしていなくてもひんやりとしている。発泡スチロールとラテックスで作ったダミーは温かいのである。

西瓜を出した翌日、役者の佐藤美恵子が特美造形でマスクの型取りをした。今度は彼女の生首だと。「西瓜の次は生首かよ」と、こーちゃんぼやきながら、FRPで成形された佐藤美恵子に着色を施していく。質感はやはりシリコンで作った方が数段に生々しい。それでもこーちゃんのメーキャップは抜群だから、エフ「FRP」で出来ているとは思えない。

「えー？ 今度は受話器？」

黒くしたラテックスで型抜き成形し、それらしく色仕上げをして受話器が完成。

さあ次はなんだ？ と構えていると、また西瓜だと。先に作った本物の西瓜ではなく、お化けの西瓜だという。ハロウィンのばっくり口を開けたカボチャのように中をがらんどうにして、芝居で飛び回るらしい。だから今度は軽く作らなくてはいけない。造型は30㎝の地球儀をベースにして、内側の白い肉はキメの細かいスポンジを貼った。大きく口があいてキバもつけてある。さて着色を模型少年が、こーちゃんの見よう見まねでやってみた。まあ西瓜になったかな。

次は、生腕とピアノだ。生腕はいつものように造型で作り、いつものようにこーちゃんが仕上げればまたたく間に出来あがる。問題はピアノである。小型のグランドピアノの実物大、小型とはいえかなりな大きさだ。ピアノに芝居させるんでぐにぐにゃした素材で作ってくれという。

特美にはピアノなんてないから、原型から製作すると大変な手間がかかり、予算もオーバーするとふんだ事務所は、ウレタン成型屋に出すことを決めた。造型もその方が違う仕事も出来るしね。

各パーツをウレタンで成型して組み付けたピアノが納品された。なるほど、ぐにゃとしてしまりがない。自立しないから見えない所に、大道具が木で骨をあてがって初めて自立した。

こいつを硬い木で出来た光沢のあるピアノに見せるには…、ぐにゃとした芝居でひび割れしない塗料は……、いろいろ考えなくてはならない。素材がウレタンだからいくら型でビシッと成型されていても、微小な孔があって金属のようにつるつるではないのだ。

まず初めにその表面をつるつるにして、下地をしっかり拵えてからだ。そこでまたまた新下地材を考えた。ラテックスの原液にエンビ系の黒を混ぜた「ラテビ」なるものを発明した。こいつをしっかり吹付けて、下地とし、それから黒や白で上塗りをする。仕上げに水性クリアーを吹き付けて一応ピアノに見えるようにはなった。だが所詮ウレタンの各部位にはハリがない。やっぱりなんだかモサッとしている。直接の展示品だったら不合格だろう。

大林監督のオッケーは果たして貰えるのだろうか？

まあ照明と撮影の仕方を工夫すれば充分OKとの事で、こーちゃんと模型少年は胸をなでおろしたのでした。

ピアノを納めてホットしたのもたった4日。またまた「ぐにゃ」なポットの依頼である。今度は造型班小林ともが、本物のタイガーポットを型取し、ラテックスで成型した。取っ手は木で作り、指で押し下げるとフタがあくが、そのフタの裏と本体側にキバをずらーと植えた。ちょうどワニが口をあけたときの感じだ。

さて仕上げ、こいつはかなり難しいぞ。本物が全身クロームメッキだものな、こんなぐにゃな素材をどうやってメッキ風に見せようか……。ラッカー系のクロームシルバーはあるが、ひと芝居後にはヒビヒビになっちまうしな……。こうなればまた「発明」だ。ラテックスと水性クリアーを混ぜ、そこへ超微粒な銀粉をどっさり入れる、「ラテ銀」である。こいつを吹き付けて、仕上げにエナメルのクロームシルバーを薄塗りして作業完了。どうやらメッキのポットになったようだ。

しかし「ぐにゃ」なこいつらの芝居は、いったいどんな芝居なんだろう？ なんとなく想像はつくが……。

「完成試写が楽しみだね」

こーちゃんへ声をかけると、

「いや、あんまり興味ねえな」

そういえば、こーちゃんはよっぽどじゃないと試写を観ない人でした。
●この「ハウス」は完成試写を観たはずなんだが、ピアノやポットや西瓜の出たシーン、いや本編全体も、何年も経った今となってはすっかり忘れてしまっている……。

【シーン21】

「大西郷博」
～鹿児島の太陽に負けた瓦～

昭和52年（1977年）7月。

撮影所のオープン原っぱの片すみに、どこから運ばれてきたのか「ビジョザクラ」が根を付け、小さな密集態となった薄紫の花を咲かせていた。小プールの脇には「ヒルガオ」が、特美の前には「セリ」が、撮影所には春夏秋と様々な野草が咲き誇る。

その頃特美では、鹿児島市の与治郎ヶ浜という所で開催される「西郷百年記念・大西郷博」の展示物製作に課員一丸となって取り組んでいた。

かなりな大物「鶴丸城」を1／10の大きさで再現するのだ。

城といってももともと天守閣のない屋形なので、再現模型の目玉は、現・国道10号線に面した堀と石垣、大手橋、大手門櫓であろう。他に付随する屋形が数棟と多聞櫓が設置される。これらのベース台枠は14・5m×7・5mとなるので、幾つかに分けて製作する。

建物は木軸製作なので、露天展示ゆえ防水処理が重要となる。その防水も兼ね、屋根はFRPで型抜成型した瓦を貼る。1枚1枚本物のように貼っていく特撮壊れ用と異なり、展示用だから貼る手間を少なくするため、大きな屋根の片流れ分を1枚で成型した。しかしこれがあとで仇になろうとは……。作っているときは誰もそんなことになるとは全く気付かなかったのである。無知だったとしか言えない。

そしてもうひとつの目玉は、夕暮れまじかの城山を描いたばかりでかい背景だ。横15m×縦6mの背景には、島倉ふーちゃんの手によって夕陽に染まる赤い雲と城山が見事に描かれている。

作り物はあとジオラマが3景。「薩摩邸会談の間」「郷中教育」「水田検地」。それぞれ手前の人形が1／2・7の大きさで、奥に向かって縮尺が小さくなり広さを感じさせる例の情景模型である。

3景ともに主役「西郷さん」が登場する。水田検地はまだ「吉之助」、あと2点は「隆盛」になってからのものだ。薩摩邸は隆盛と勝海舟の会談風景。郷中は隆盛と少年達の学塾風景。検地は水田で吉之助と百姓の検地帖確認風景。これらは屋内展示となる。

それぞれの西郷さんや海舟は、造型の安さんと小林ともが、文献の絵や写真を見てかなり似せて作っている。それらの人形を腰をかがめてじっと見入ると、どんな人でも必ず笑みがこぼれてしまう。それほど似ているのである。

郷中で西郷さんと6人の少年たちが手に持つ「薩摩歴代歌」なる読本は、見開き8㎝という小さなもの。こーちゃんは面相筆で両ページいっぱいに歴代歌を写筆した。もちろん閉じているページは白紙のままであるが。それにしても7冊を書き上げた彼は「すじもん」に見えるそのキャラからは想像もつかない器用さをそなえている。こーちゃん恐るべしである。

こーちゃんへの「よいしょ」はさておいて、作り物諸々が出来上がって本編の大道具班と特美の野村やすさんたちが、鹿児島へ現場設置に出向いた。さて……。

鹿児島は東京と違って夏の陽射しは鋭い。さすがに南国だ。まして展示は野天、屋根はない。直射日光をまともに受けたFRPの瓦がどうなったか、もう想像できるでしょう。

設置して4日も経たぬうちに、瓦はあれよあれよ、くにゃりくにゃりと変形しだした。大き目に1枚物として抜いたから熱で膨張しても逃げ場がない。おまけに黒いから熱も吸収しやすい。なんせ九州、鹿児島は南国だもの。で、結局、屋根はほとんどが変形し全滅。現場の野村やすさんから至急な電話が特美に入ったのである。製作中、特に熱対策を考えなかったが、行ってみてここまでとは思わなかったろう。

現場から特美に戻った野村やすさんは、研究を重ねて作った新しい瓦を持って、再度現場へと飛んだ。設置・補修はオープンまでに間に合い、「ほっ」と安堵のため息をついた野村やすさんであった。

展示物には井上さんのアルファ企画で作った「桜島噴火」のジオラマもあり、こいつは噴火のメカニズムがわかるように、仕掛けが施してある。

8月になって、模型少年はかみさんとオートバイふたり乗りで、鹿児島へツーリングした。かみさんの妹が鹿児島市に嫁いでいるのだ。で、妹夫婦と模型少年たちはこの大西郷博へ行った。すると会場に視察に来ていた東宝美術の副社長、堤さんとばったりと会ってしまったのだ。堤さんは模型少年が鹿児島に来た事を大いに喜んでくれた。

まだ小さい妹の子供を抱き上げ、桜島噴火のジオラマへと連れていった。

「これはな、すごいんだぞ、よーく見てるんだよ」

堤さんがスイッチを押した。

ジオラマは大音響と共に火柱を噴き上げた。

「ウワーン」

▲（上２枚）「大西郷博」の目玉として特美が製作した 1/10 スケール鶴丸城。人物と比較してその大きさのほどがうかがえよう。建物は木製だったが、当初製作した屋根瓦は FRP の一体成型だったため、鹿児島の炎天下で展示した際に直射日光で目も当てられない状況となった。島倉「ふーちゃん」の手がけた背景が圧巻。

▶（右２枚）「郷中教育」のジオラマと西郷さんのフィギュア。造型の安丸さんや小林「とも」の力作たちだ。

甥っ子がびっくりして大声で泣き出した。

堤さん大あわて、バツが悪そうだ。妹に甥っ子を返して、

「おう、音がすごかったからな。お前たちゆっくり見て回んなよ」

堤さんは豪快な大股で客たちに紛れていった。

大西郷博の作り物を送り出してすぐに受注した、CMのとてつもなく大きい作り物が特美の前の空地に姿を見せていた。6mのトウモロコシだ。こんなばかでかいのを使ってどんなCMを撮るのだろう。「味の素」のコマーシャルだという。工法はあのメガロウッドと同じで、鉄骨と金網で形を作ってその表面をグラスウールとポリ樹脂で覆ったものだ。実の粒もひとつひとつ造型されている。それにしても近頃のコマーシャルは作り物に金をかけるようになったもんだ。

最終的にラッカーの山吹色で仕上げると、艶のあるおいしそうなトウモロコシが立っていた。

この頃、社内に噂が広がっていた。湾岸に大きなパークを建設するという。ただ、誰もどんなものかはよくわかっていない。そんな時、特美に漫画チックな人形を沢山作る仕事が入ってきた。

京成谷津遊園で「メルファンランド」という、水路を船で回る「ウォーターライドアトラクション」である。デザイナーは「オランダフェスティバル」の鈴木よしさんなので、なんとなくよしさんに似たキャラクターの、世界の子供たちがわいわいとやっている……いわば子供のカーニバルの中をライドに乗って巡るというものである。

これは例の湾岸パークの試験的なプレゼンアトラクションらしい。１個

▲大西郷博の作り物を送り出したすぐの頃に突然特美の建物の前に出現した全高 6m ほどのトウモロコシ。味の素の CM 製作のためのもので、先述のメガロウッドと同じ工法で作られていた。艶のあるおいしそうな実の色はラッカー仕上げ。

作ってみようというものなのか……。

子供人形はメカを入れていろんな動作をさせるので、ガランドウに作れるＦＲＰ製となった。鈴木よしさんは毎日粘土の原型彫塑にいそしんでいた。しかし数が半端ではない。原型の等身大クレイモデルだけでも百を数える。とても全部は造れない。彫塑のできる人間たちを集めて人形工房の粘土小屋をオープンに建ち上げたのだ。そしてそのクレイモデルたちは、そのまま外注のＦＲＰ屋へと運ばれた。

その間、特美では添景の飾り物や、小道具の楽器などの製作が進んでいた。そのメニューも半端ではない。発泡スチロールのチェス人形、木の平板を切り抜いた文房具人形、ダンボやラクダといった大き目の動物人形、マリオネット人形、ハープやトランペット、コントラバスなどの楽器、まだまだある、壺や魔法のランプ、花から草から樹木、そして大道具セットのヨーロッパのお城、アラビアのお城、とても記しきれない。

作るのはいいとしても、出来あがってきた製品を全部特美で仕上げるのかと思うと、こーちゃんも模型少年もうんざりとしてくるのである。仕上げパートの手は他にバイトのナベだけだ。またまた美校の女の子たちを呼ばなくてはならない。事務所も当然そう考えて、6人ばかりを雇った。これで9人の体制となった。それにデザイナーの小村さん、好村なお、造型製作が終わった小林とも、事務の青木さん、大道具製作の終わった野村やすさん、と手の空く人たちにも声をかければ、塗りはなんとかなるか……な?

ＦＲＰ屋にも色仕上げまでを発注し、こーちゃんはそのサンプルとして、数体のパターンを仕上げた。

人形以外は色デザインを特に決めず、バイト美校生たちに彼女たちのセンスで、好きなように塗り分けてもらった。こーちゃんも模型少年も始めに指示しただけで、後は彼女たちにまかせちゃった方が遥かに早い。彼女たちは嬉々として作業にのぞんだ。

大勢のスタッフで仕上げた人形たちは、子供人形１８９体、動物他人形17体、と２００を超える数となった。

10月末までに現場設置を終え、ライド他の最終調整を終えて、11月３日文化の日にオープンとなった。

●この京成谷津遊園は、例の湾岸パークが開園して閉園となったが、現場出張中の楽しみはコークスクリューというくるくると回るジェットコースターであった。

◀▲谷津遊園の新しいアトラクション「メルファンランド」用に製作した作り物たち。メカを内蔵して演技ができるよう、本体は木型をまず製作して、これを原型に FRP 屋で抜いてもらった。水路を船に模したライドでめぐる様子など、現在浦安にある某夢の国を思わせるのはご愛嬌。〔撮影／渡部正昭〕

【シーン22】

『惑星大戦争』特撮
～二代目轟天～

昭和38年（1963年）に封切られた『海底軍艦』という映画がある。その主役は小松崎 茂がデザインした「轟天（ごうてん）」という架空兵器で、円谷さんが特撮をてがけ、井上さんが特美・渡辺 明さんの助手に就いていた。

その頃の模型少年は高校生で鉄道模型少年だったので、映画にはあまり興味もなくこの作品も観ていない。鉄道模型を作っても、実車をHOゲージでどこまで精巧に再現できるかという、いわば「おかたい」模型作りをしていた。

だから……絶対こんなのはあり得ない、というある種、夢のあるデザインものは邪道だと決めつけ、模型少年の対象から外していた。

ところで……。

昭和52年（1977年）9月、久し振りの特撮映画『惑星大戦争』が入って、井上さんも戻ってきた。たくさんの人形の仕上げに専念していた模型少年も、本来の特撮模型に戻れるのだ。早く関わりたいと気ばかりがあせっている。

人形たちを送りだした10月、最初の注文が入った。

「えと……、アメリカの空母のジェット戦闘機が倉庫に残ってるかな?」

井上さんが模型少年に尋ねた。

「空母だとファントムですね。メカゴジラのやつがありますよ」

「そうか、それを使おう。小さいのも1機いるから出しといてくれないか」

F4EファントムⅡは1／25が1機、1／48プラモが1機、これらを空母「ミッドウェイ」のVF-161の101号機と105号機にリペイントした。引き続き、それが発射する空対空ミサイルを10㎝で6本作り、40㎝の地対空ミサイル「ナイキ・アジャックス」を2本作った。そして、大道具で1／6という割と大き目のファントムの「インジェクションシート」が4個作られた。パイロット人形をセットして、機体離脱のシーンを撮る。

井上さんが作業場に入ってきて、

「にには、飛行機いじってると活き活きしとるな」

誰ともなくつぶやいた。

——はあ、まあね、好きなもんですから……。

模型少年は笑みをかえしてだまって頷いた。

だが……、模型少年の好みではない、架空な模型たちがぞろぞろと控えていた。これらは、こーちゃんも不得手ではないが好きでもない、というアイテムたちである。

宇宙防衛艦「轟天」は、大きいやつが2・4m、1／80でHOゲージの湘南電車とほぼ同じスケールだ。こいつを2艦。小さい方は1・2m、1／160でまだメジャーではないNゲージと同じスケールである。こいつは1艦。これらの3艦は井上さんのアルファ企画で製作する。塗装吹きっぱなしまで仕上げてくるから、大きさを出す「リアリング〔リアルとingをくっ付けた筆者の造語。本物らしくする為のディテールアップを含めたウェザリングなどのフィニッシュワークの総称〕」は模型少年たちが施す。

轟天の敵役は、惑星侵略攻撃艦「大魔艦」である。轟天と同じ大きさ同じスケールで、大1艦、小1艦を特美大道具で製作する。轟天はFRP製だが、こちらはおなじみのベニヤとバルサの木軸組、竜頭だけがポリ製というもの。それに轟天と違ってよくもまあゴテゴテと装飾品が付けられているので、パテ仕上げには往生する。塗装もシルバーな轟天に対し、赤や緑と原色の派手な組み合わせ、こいつは大きさを出すのが大変だわい。

まぁぼやいてもいられないので、こーちゃんと模型少年とバイトのナベの3人で、しこしこ研き始めたのでありました。

大魔艦の下地処理が終わった頃、アルファ企画から轟天3艦が納品された。シルバーな模型はスッキリと仕上がっていたので、リアリングもスムースに進んだ。こーちゃんがシルバーな艦体にケント紙を左手に持ち、右手にハンドピース、そのカップの中にはラッカーのブルーダークなシルバーが入っている。轟天に向かったその時、作業場に入ってきた井上さんが、慌てたように、

「えと……、こーちゃん、汚さんでいいよ」

「井上さん、汚しではないですよ。リアリングです」

模型少年、こーちゃんに代わって井上御大に説明した。

「なに？　リアリング……？」

井上さんは目を見開いたまま止まってしまった。

「ええ、この艦は金属で出来てるんでしょう。それなら1枚で出来てるわけないから、鉄板だかチタンだか知らないけど、その合わせ目を表現するのと、それにジュラルミンのジェット機もパネルによって反射光が微妙な色合いになるじゃないですか。その辺を何色かのシルバーで調子を付けるんですよ。そうすると単色なシルバーより、なんかこう大きさを感じると思うんです」

「……えと……？　でも……汚しはな……」

能書きを垂れた模型少年の言葉に、真意で納得したのかどうかわからないが、井上さんは「汚しは控えめに」と言いたかったはずなのに、語尾をのん

でデザイン室へ戻っていった。

「にに、どこら辺からやる?」

「それブルーダークだよね。だったら舷側のあたりを艦首から艦尾へだね」

　こーちゃんはケント紙を艦体に押し付けてさっとひと吹きした。ケント紙はマスキング代わりである。そのケント紙を外すと、微妙にダークなシルバー面が、ケント紙で隠されていた地色シルバーと、隣り合って絶妙なコンビネーションとなる。

　こーちゃんはそんな調子で全体を廻った。しかし2m以上もある艦体は舷側だけではなく、艦底もシルバーなものだから、全面を仕上げるのは実にメンドーだなという顔をしている。

　模型少年は大魔艦に取り掛かっているので、ときどき手を休めこーちゃんの問いに答えていた。

　この轟天は空を飛ぶらしい。艦尾にロケットブースターが3基付いている。そのノズル部のパネルをダークなシルバーにし、艦橋あたりのごちゃっとした凹みや、艦首のばかでかいドリルの凹部にシャドウをかける。

　手を加えて精悍さの増した轟天を眺めて、こーちゃんは、

「にに、こんなもんだろうな」

と言うや、模型少年のあいづちを待たず、ハンドピースを洗い出した。


　11月になって、轟天搭載の「ランドローバー」の50㎝と10㎝の外注品にリアリングし、轟天内部の内引用各室「ランドローバー収納庫」「リボルバー室」「司令室」を特美で製作した。

　大魔艦も同じように、内引用「大広間」「ブリッジ」「艦首室」と製作。これらが轟天と違うのは、いずれも被弾破壊される「壊れ用」だという事だ。だから石膏やバルサを多用している。艦首の室内の壊れる壁には、石膏にシッカロールを大量に混入し、より壊れやすくしている。

　作り物と仕上げにあまりに忙しかったので、珍しくも模型少年はカメラ小僧として、撮影ステージに1回も行けなかった。

　轟天も大魔艦も模型少年の好みではなかったけれど、サラリーマンの仕上げ屋としては、それなりに仕事を楽しんだ。これらは現実っぽくない、まあ言ってしまえば「インチキ」なものだけに、模型少年としては受け入れがたいのだろう。だから、インチキな夢を実現化する「映画屋」ではなく、単に「模型屋」なんだろうね。そう、模型少年は「スケールモデラー」なのだ。

　しかし、その模型屋が後年「インチキ」なものを楽しみながら、数多くでっちあげてしまうのである。

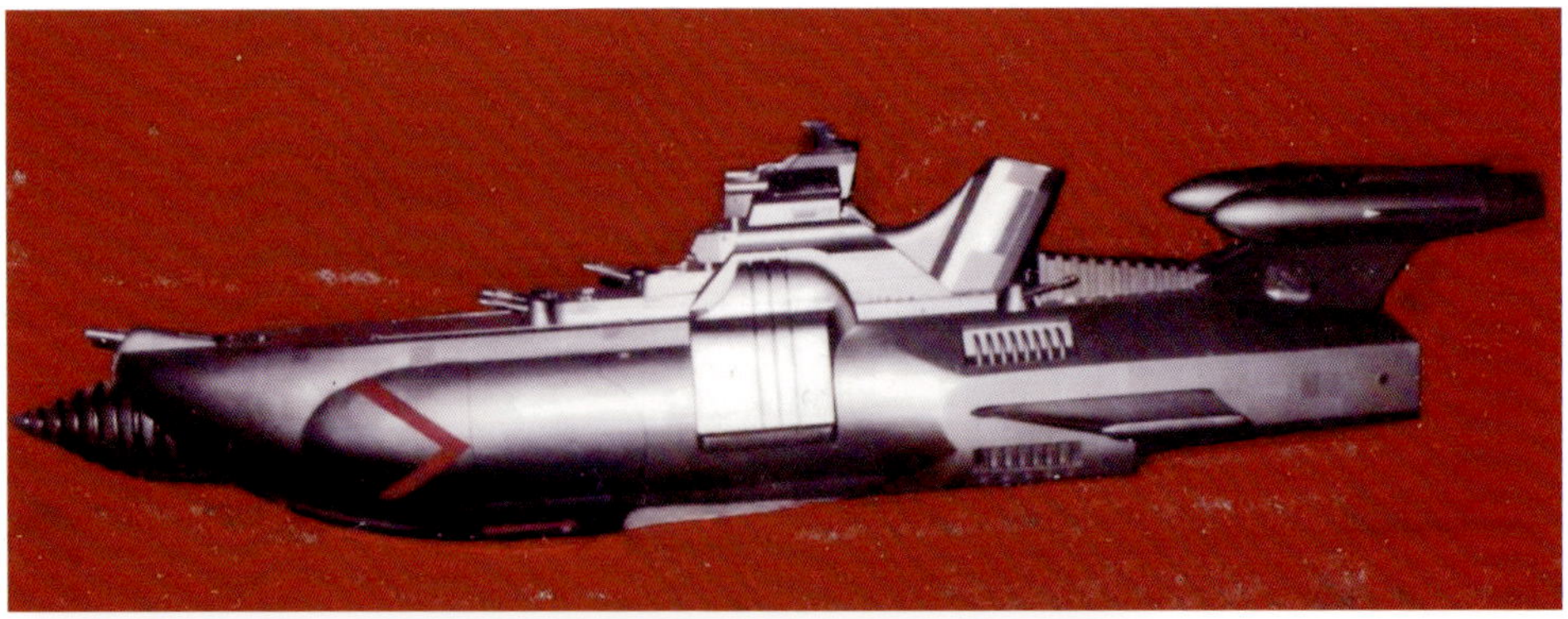

▲◀井上「たいこうさん」率いるアルファ企画で製作された宇宙防衛艦「轟天」。1/80スケールが2艦、1/160スケールが1艦、計3艦が納品されてきた。写真は1/80スケールの大きなほうのうちのひとつ。印画紙に焼き付けたあとで、背景をアクリル画材で塗りつぶしている。〔撮影／渡部正昭〕

●後年、特撮博物館が開かれてオープニングに行った。筆者が作ったものや、仕上げたものたちが数多く展示されていたが、轟天にかなりの「汚し」が加えられていたのには驚いた。作品当時、井上さんは汚しをしないと言っていたからだ。これは撮影現場での汚しなのか、はたまたその後に手が加えられたのかはわからない。筆者が撮影現場で汚しをした記憶もないから、その後何らかの作品に使用した時に、汚しを施したのかもしれない……。

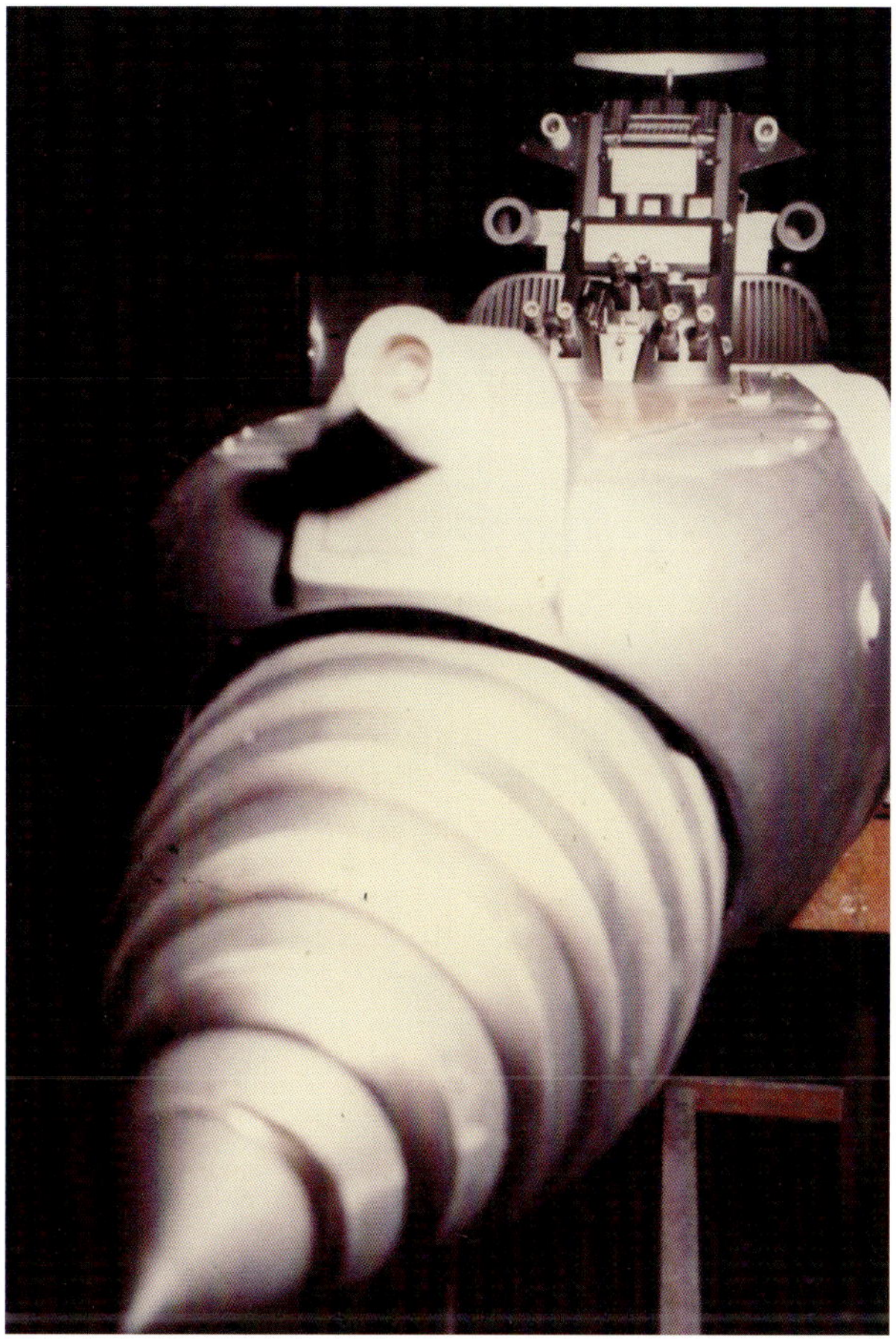

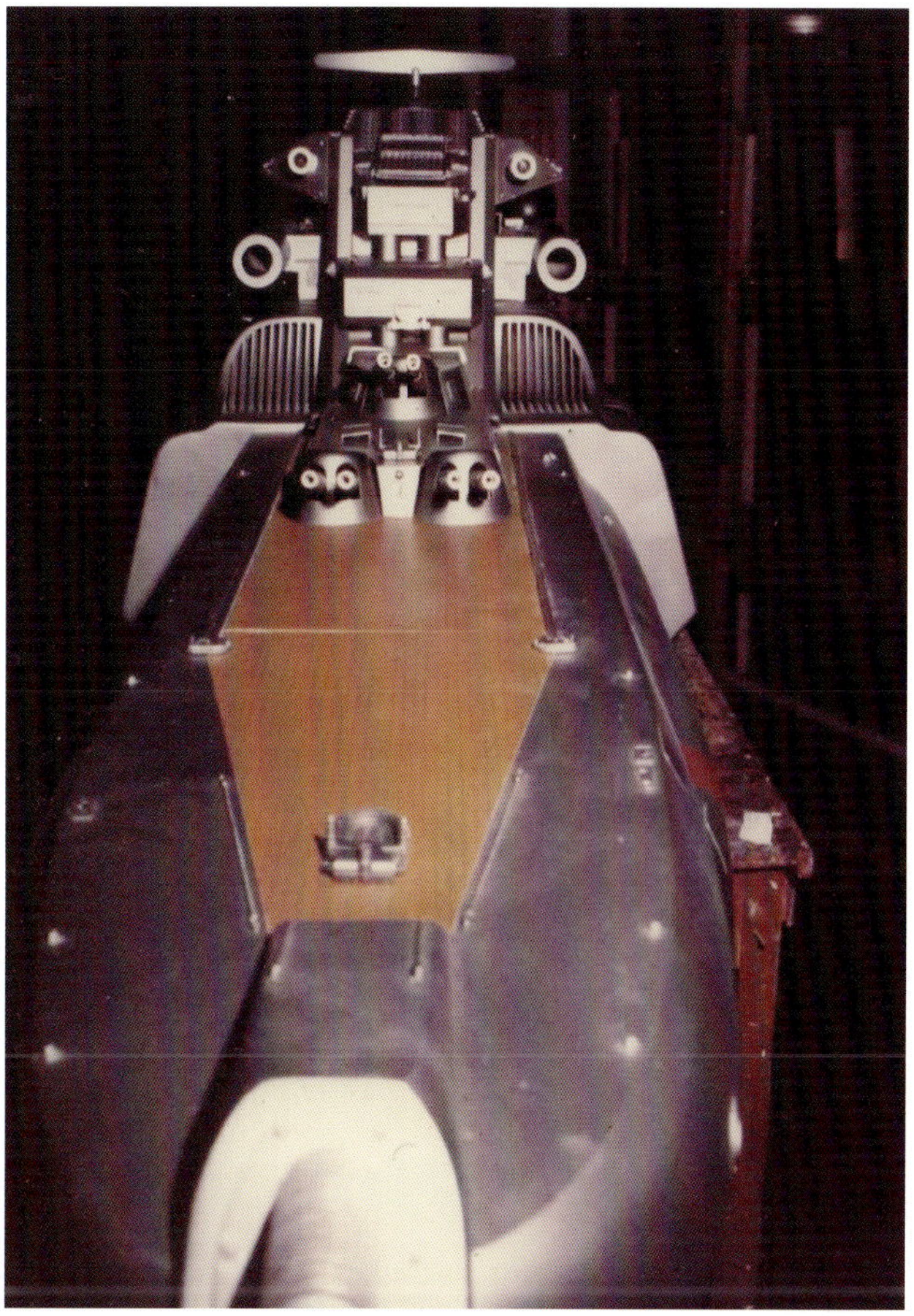

▲▶（本ページ３枚）同じくアルファ企画で製作された宇宙防衛艦「轟天」。納品されてきた時にすでに基本塗装はされていたが、これに特美（こーちゃんと模型少年）でドリル部や艦橋部の凹みにシャドウをかける「リアリング」を施し、本物っぽく仕上げているところ。〔撮影／渡部正昭〕

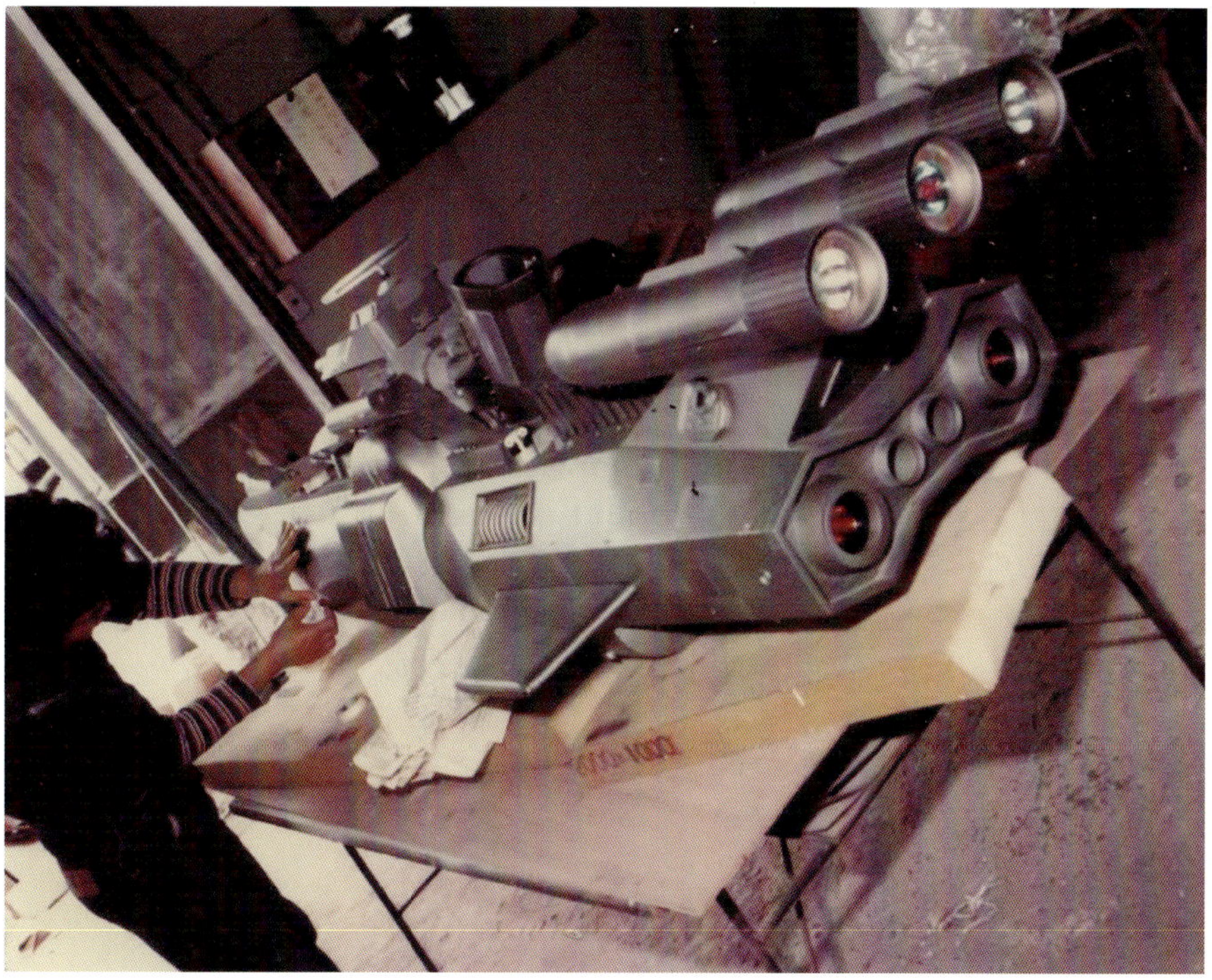

【シーン23】

「顕彰館」
〜観光のような出張〜

昭和53年（1978年）3月。

鹿児島で大西郷博をやった繋がりで、鹿児島市の西郷南洲記念館の作り物をすることになった。その記念館は、鹿児島駅のすぐ裏手の小高い丘というか山の、南洲公園の一角に新築されるもので、名を「顕彰館（けんしょうかん）」という。

鹿児島といえば西郷さん、彼の足跡をジオラマで再現する。大西郷博のとき出品したジオラマ3景に加え、新たに6景を製作して、計9景を展示する。

■「錦江湾入水」

安政の大獄のとき、西郷さんと僧・月照が京を脱出して薩摩藩に庇護を求めるが、拒否されて船で藩外へと送られる途中、ふたりは錦江湾（鹿児島湾）に飛び込み自殺を図る。船からふたりが身を抱き合って海に飛び込んだその瞬間の情景をジオラマ化。ちなみに西郷さんは助けられるが、月照は亡くなっている。

■「御庭番」

西郷さんは当時の藩主島津斉彬に認められて、この役に任ぜられたが、その時のご下命情景をジオラマ化。ちなみに吉宗の組織した御庭番は忍者集団であり、この御庭番とは異なっている。主君警護役という点では似たようなものだが。

■「沖永良部遠島」

西郷さんは斉彬死去ののち、薩摩藩保守派によって島流しにされるが、その沖永良部島の牢生活をジオラマ化。

■「東征軍参謀」

西郷さんを大将とする、江戸遠征へ出発する薩摩軍をジオラマ化。

■「吉野開墾社」

明治維新後、新政府軍から薩摩に戻ってきた者たちの為に、西郷さんは吉野地区をその連中と開墾にあたった。土地を耕す西郷さんたちをジオラマ化。

■「城山攻防戦」

明治維新後、薩摩が決起して反乱をおこし新政府軍に追われ、西郷軍は鶴丸城の裏の城山へたてこもる。そのときの撤退情景を他ジオラマの3倍のワイドでジオラマ化。

以上、新規製作の6景に加え、先に製作した、

■「水田検地」

西郷さんが百姓に田圃の畦道で検地の確認を行なっている情景をジオラマ化。

■「郷中教育」

学舎に薩摩藩子弟を集め、西郷さんが歴代歌を教育している情景をジオラマ化。

■「江戸開城」

江戸城の無血開城はあまりにも有名であるが、勝 海舟と西郷さんの談合の様子をジオラマ化。

4月、特美で製作した以上9景を別便で送り、先行していたリーダーの本田さんと好村なおに合流すべく模型少年たちは勇躍鹿児島へと乗り込んだ。製作部スタッフ2人と野村やすさん、小林とも、模型少年の5人の宿は鹿児島駅の山側の柳町にあった。現場の南洲公園までは1km弱、毎日を歩いて通う。市内といえどここらあたりは賑やかな町筋からは離れており、朝の閑散とした街中を歩くのは気持ちいいものだ。平坦な道を500mばかり歩むと、南洲公園の小高い山へと続く長ぁーい階段が現れる。徒歩での通勤は往復2kmもないけれど、この階段はまるで野球部の合宿のように模型少年たちを鍛える。

翌日の帰途、別な通りを歩んだ。すると小さな田舎の商店街らしきものにつきあたった。

薩摩弁で威勢よく客を呼びとめる小母ちゃんの前で、一行はつい立ち止まった。そこは魚屋であった。旬のかつお、真鯛、アオリイカが並んでいる。

「おっ、鰹だぜ、旨そうだな」

「とンびーも早かうんめごっつ、しょつんしょけによかー」

「ん……？」

小母ちゃんは陽にやけた顔をにこっとして、

「あんさあたちどっからきやったと?」

模型少年たちを見回しながら訪ねてきた。

東北出身の野村やすさんもこの問いはわかった。

「ああ、東京からだど」

とびうおの旬は5月だけれど、早いのが入ってこいつは美味しいから、焼

〔顕彰館〕用のジオラマたち

▲錦江湾入水

▲御庭番

▲沖永良遠島

▲東征軍参謀

▲吉野開墾

▲城山攻防戦

▼江戸開城

▼水田検地

▼郷中教育

※この３点は「大西郷博」のもの。

酎のおつまみにいいぞ、と小母ちゃんはそう呼びかけたのだが、誰も理解できないでいた。けれど小母ちゃんの指した先にはトビウオがあった。

一行はトビウオと鰹の刺身を買って帰った。夕食までには間がある。部屋に集まり宿に焼いてもらったトビウオと、鰹の刺身で一杯としゃれこんだのである。

この魚屋での買い物は2日おきに続いた。

ジオラマの建込みに問題が生じた。4日目になって半数ほど設置が終わったとき、先行して作ってあった壁窓フレームに入らないジオラマが発見された。単純な寸法違いのミスである。納めるにはふたつの方法がある。ひとつ、ジオラマベースのFRPをカットする。

文字にすると簡単なものだ。ベースをカットすれば狭いスペースに入る。ひとつ、窓フレームを作り直す。

窓フレームを再製作すれば壁も足すことになり、余分に金がかかる。リーダーの本田さんの判断は当然ベースのカット。追加予算は生じない。野村やすさんは採寸後、サンダーでベースの端っこから削り取りを始めた。

仕上がっていたので養生シートを敷いた廊下は、たちまちにしてポリの粉が舞い上がり、うどん粉をばらまいたようになった。窓フレームを再製作してもうどん粉にはならない。だが追加予算のかからないカッティングは、掃除、あと始末に大往生し、本来の建込みの予定が大幅に狂ってしまった。野村やすさんもベースを押さえていた小林ともも、ポリの粉で真っ白になってしまい、館の外ではらうが細かくなったガラス繊維は簡単にははらえず、チクチクとふたりの肌をさすのである。

多少の予算を惜しんだ本田さんの信頼度はこれで大分失われてしまった。

出張してきて初めての日曜日となった。出張期間中といえど、よっぽどの事がないかぎり、休日は休まなくてはならない。模型少年は前日の夕方仕事が終わってから、市内に住む義妹の家に行き、そのまま泊まった。本日は義妹一家と小林ともを誘って、鹿児島観光で一日をゆったりと過ごす。

一行は模型少年の義弟の運転する車で、鹿児島湾の奥よりに位置する「磯庭園」に向かった。ここは藩主島津公の別邸で、幕末の頃に島津斉彬が立ち上げた近代工業の様子を、「尚古集成館（しょうこしゅうせいかん）」の展示で知ることができる。昨年大西郷博のとき、堤副社長が泣かせた義妹の子供も、大分に大きくなり、集成館内やら庭園を駆けずり回って落ち着きがない。

フェリーで桜島に渡り、島裏の火山灰で埋まった鳥居、溶岩台地と巡って、鹿児島市の南方にある知覧武家屋敷（ちらんぶけやしき）を見学して一日観光は終り、出張の合間のサイコーな息抜きを楽しむことができたのである。

顕彰館の仕事も残りあとわずか、スタッフは最後の仕上げにかかった。

最終日、午前中にすべての仕事とかたづけを終え、午後から城山へ上がり、煙をたなびかせる桜島を見に行った。夕方からは打上げをするというので、天文館の喫茶店に集合。

堤副社長の肝いりで「馬酔木（あせび）」というクラブに連れて行かれた。模型少年は酒をほとんど飲まない人種だから、こういったたぐいの店には行ったことはない。普段の撮影所への通勤は二輪車なので、帰りに呑みに誘われても行けないから、社の仲間と呑む時は季節の集い、春なら所内の花見、夏なら所内の暑気払い、冬なら社の忘年会といった程度だ。要するに付き合いづらい人種なのだ。かと言って集って呑む事が嫌いかというと、そうでもない。自分が主宰するオートバイクラブのツーリングでは、目的地の宿で仲間とともに結構ドンチャカやっているのだ。

さて、鹿児島の話し。

普段飲んだことのない「馬酔木」で、打上げだからと堤さんたちに飲まされたスタッフは、ほろ酔いになったところで、「馬酔木」を辞した。まだ宵の口、宿に戻るのはまだ早い。本田さんが一行を引張って行ったのは、なにやら路地裏にあるピンクの看板のスナックだった。

本田さんは慣れた様子で店に入っていった。もう何度も通っているらしい。模型少年たちも続く、店内の照明は普通に灯り、薄暗い怪しげな店ではないようだ。しかし女の子がいけない。2人の女の子はとても「子」には見えない。ケッコウなパテ顔、昼間なら顔のそのヒビも見えただろう。多分オーバー40ではないか。野村やすさんと模型少年はつい怪訝気を表してしまった。

一行の中では結構酔っている小林ともは、ニコニコとさも楽しげであるといった態。パテ女がともの隣に座って、いきなりともの股間をわしづかみにした。

「ワアー、立派ねえ」

ともはみじろぎもしない。ニコニコと笑んでいる。

野村やすさんと模型少年は、本田さんたちを置いて早々に店を出て、宿に戻ったのである。

【シーン24】
『地震列島』特撮
〜学術的壊れ方〜

昭和55年（1980年）5月。

鹿児島の出張から早や2年。例の噂が真実になり、一昨年、昨年と東宝美術は全社あげてのプロジェクト、湾岸の巨大テーマパーク建設に勢力を注いでいた。特撮や模型とは異なるジャンルのこの仕事は、機会があれば述べることにして、再び模型少年がわくわくする特美の話に戻ろう。

先月から井上泰幸さんが特美にデスクをかまえ、『地震列島』特撮の準備に入っていた。新しい若手美術助手として「林 和久」と「藤田泰男」の2人が増えたので、小村さんも好村なおも、少しは楽ができるかも知れない。

しょっぱなに渋谷の三軒茶屋あたりのセットを9スタに建て込むというので、模型少年たちは特美でその作り物に専念していた。高速道路と街のセットだ。半端ではない数の建物やら自動車やら小物ストラクチャーが必要となる。好村なおもそのあたりの細かい製作図を毎日作図している。図面があがった先から大道具がどんどん作っていった。木工が出来れば次は仕上げとなる。こーちゃんと模型少年以下仕上げ班は、毎日毎日仕上げにいそしんだ。

模型少年もただそれらを仕上げるだけでなく、どうせならと密かな楽しみをもつことにした。

セットは国道246号と高速3号渋谷線、三軒茶屋と渋谷の中間あたりの風景を1／25スケールで建て込む。246際の街並みには、ビルもあり商店もある。そこで、その商店のひとつを模型少年の関わりのある店にしようと思いたった。模型少年の懇意にしているモータース「山岸輪業」を、本番カメラアングルの丁度いいあたりへ作ってしまえと。実物の山岸輪業の2階建てを図面化し、看板も大書してプラモのオートバイも何台か配して、街のモータースらしさが出た模型ができた。

このセットの目玉は、洒落た14階建てのマンション。この建物は実在のもので本編にも登場し、一応繋がりとなる。このマンションが地震によって崩れるというのが、このセットの最大の目玉となるのだ。

大道具と美術は特効といっしょになって、壊れるように製作していく。井上さんもセットにやってきて若いもんと一緒になって、壁の石膏に煉瓦の模様を筋彫りしたりしている。井上さんはデスクで絵や図面を作成するより、

▶9スタに建て込まれた三軒茶屋あたりをモチーフにした1/25スケールの高速道路脇の情景。左の14階建てマンションは本編にも登場する、実在のものだ。

▲国道246沿いのバイク店は、やはり模型少年がいつもお世話になっていた「山岸輪業」と言う実在の店舗をモデルにしたもの。

若者たちとこうやって現場で、作り物にとっかかっている方が遥かに好きなのだ。残業で夜も更けてくると、さすがに助手の好村なおも井上さんに向かい、

「井上さん、あとは僕らでやりますから……」

と声をかける。

それでもなかなか腰を上げようとはしない。

特効の久米ちゃん「久米 攻」に声をかけられ、やっと腰を上げて、「それじゃぁ頼むよ」と言ってそこを離れた。9スタから出て行く後ろ姿に、なにやら寂しげな感がある事に気づいた、久米ちゃんと模型少年であった。

「ありがたいけどな、でも御大がいるとなんかやりにくいんだよな」

久米ちゃんが言う事もわからないではない。けれど好村なおは相づちをうちながらも苦笑いだ。

このマンションはその後、1／10という大きなスケールで中間部分の3階分をアップ用として作り、壊れていく様を撮影している。このアップ用の煉瓦壁1個1個を調子をかえて塗り分けしているので、実に本物である。映画にどれだけの効果があるかはわからないが、作り物自体はかなりな大きさが出ていたと思う。このマンションの壊れ方も、大地震の際はこう倒壊するであろうという先生たちの監修により、学術的な迫力あるシーンになっている。

首都高から飛び出てマンションに飛び込む乗用車「コスモ」を、念を入れて仕上げた。この車はモデルカーマニアな人種にはもったいない使い方をする。撮影は一瞬だから、別にコスモでなくてもいいのだけれど、模型少年はこれを選んだ。作ってみたかったのだ。

ラッシュでは、赤い車が煙を吐いて高速からはみ出して弧を描いて落下した、とただそれだけであった。こだわりのコスモはそこには無かったのである。

この頃になると、「大勢で何日もかけて作った模型が、撮影の一瞬の間に見事な崩壊を見せる」その時の、なんと言ったらいいのか……サド感とでも言うのか、はっきりと特撮少年になっている自分を発見する。作っている時は模型少年、撮影中は特撮少年、そしてカメラ小僧と、意識しないまま自然に気持ちがいれ替わっている。

6月に入り、セットは羽田空港の滑走路へと模様替えされた。そのシーンは全日空機の着陸と同時に地割れが起こるというもので、滑走路面は石膏板を並べて作ってある。そのシーンに使用する全日空機はなぜか「B747」通称ジャンボなのだ。導入計画はあるもののまだ就航していない機体を映画で使う。そして同じ羽田のエプロンに駐機している機体は日航の「B737」。こいつは双発でジャンボよりはかなり小さい。日航はすでにジャンボを使っ

▲中吊り広告も再現された銀座線の車両内部。浅田助監督「凝りすぎだよ」とニヤついた。▼その大きさはこんな感じ。

▲▼羽田空港へ着陸したボーイング747（この当時はまだ全日空に導入されていなかったが、みごとにモヒカンカラーが的中している）も、滑走路が地割れを起こしてあえなく炎上。

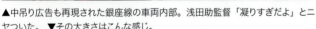

ていたし、全日空はまだ使っていない。どう考えても機種が反対なのだ。

模型少年は不審に思いながらも、制作サイドの指示により、2mのジャンボをモヒカンブルーの全日空機にアップし、『エスパイ』で生き残った737を鶴丸マークの日航機にアップした。

撮影は、全日空機が着陸態勢に入ったところで、滑走路がグシャグシャとヒビ割れを始め、ボコボコと盛り上がってくる。ランディングギアももぎ取られ、勢いがついたまま胴体着陸で滑走していく。機体は止まらない。翼から出火、機体は惰走を続ける。止まらない。送迎デッキに突っ込んで大爆発を起こし、エプロンに駐機した日航機もろとも一瞬にしてこっぱみじんとなってしまった。

ところが、その爆発がねらい以上にものすごいものだったから、9スタが火の海と化した。

「すわ大予言か！」

スタッフは慌てふためきながらも消火にあたり、事なきを得たが、一同肝を冷やした瞬間であった。どうもガソリンを詰めたナパームが多かったようだ。しかし絵はいいのが撮れたらしい。派手好みの中野監督は満足気だもの。でもこのシーンが現実になったら、もしかしたらこのくらいの火になるかもしれないよね。まだ誰も見ていないのだからして。

地下鉄銀座線が水没し、あの黄色い2100系の先頭車が大量の水に流されてくるというシーン。『ノストラダムスの大予言』の車両が残っていたので、リニューアルして使うことになった。撮影アングルはあおり目だというので、室内の特に天井あたりにコリを入れる。網棚はもちろん、その上部の曲面になった広告、網棚に載っている荷物、そして中吊広告まで再現した。こうなると写るか写らないかは問題にならず、単に小村さんや好村なお、模型少年のノリである。

「なんじゃこれー、懲りすぎだよ、にに」

出来上がった銀座線を正面から覗きこんで、浅田助監督はニヤニヤとしたもんだ。

正面に「2117」と車両番号を入れて完成。

撮影は、地下鉄セットに大量の水を一気に落とし込み、車両が翻弄されながら押し流されてくるというカット。それを無事撮り終えた。

ラッシュを見ると、僅かにそれもほんの一瞬、中吊広告が見えたような見えないような……。しかし、リアリティーは細部までのこだわりによって生じるものだから、僕ら模型少年たちは時間の許すかぎり、こだわり凝りこりしてしまうのであります。

ところが……、本編もこの車両の前で芝居をしており、はっきりと車両番号が映っている。「2185」と……。特撮・本編どっちが先に撮ったのかはわからないが、異なる番号では別な車両となってしまう。と、多分これに気づいたのは模型少年ひとりかもしれない。特撮は一瞬だから番号までは見えないもの。あとでビデオテープを買ったマニアが、スロー再生して発見するぐらいだろう。

撮影は終盤にさしかかり、大地震によって壊滅した東京のシーンである。模型班は手前を1／150、一番奥を1／1000で、瓦礫化したジオラマを作った。監修の地震学の先生たちの意見を聞いた井上さんの指示のもと、ビルや建物をまともに作っては、ひとつひとつ学術的に壊しを入れていく。しかし新宿副都心の高層ビル群は、ひとつも倒壊せず瓦礫の海でその高さを誇っている。

模型少年もこのミニミニチュア製作にはさすがに手こずった。完成させる為には、1個1個、壊しを入れなくてはならないから……。

この作品『地震列島』の模型の出来は、さてさてはたして「自信（じしん）」が付いたのか、それとも「劣等（れっとう）」感にとらわれたのか……。

▲井上さんの指示を受けて学術的に「壊し」をいれた建物を配置した東京壊滅のジオラマ。さすがの模型少年も初めての経験に手こずった。手前は 1/150、奥は 1/1000 スケール。

◀おまけ。高速道路からマンションに突っ込ませたマツダコスモ。右ページ左下の写真をよく見ると、地下鉄の下にこれが写っている。

【シーン25】

『連合艦隊』特撮 ～やっぱ大和は大きい～

特撮『地震列島』の準備に入る前から特美で取り掛かっている作りものがあった。T社の学術的な仕事で「イヌワシの営巣」という実物大のジオラマを製作する。特美の表の空地に12mくらいの直径で、高さ7mの足場を設置し、そこに発泡スチロールのブロックを積んで、そいつを崖のように彫刻していく。イヌワシが棲息している地形の原型作りだ。

ジオラマだから当然パースをつけて製作しなければならない。谷底から見上げて崖というか山頂に向かって縮尺を小さくしていくわけだ。しかし地形だけでは大きさのわかる対象物がないから、パースをつけるのはかなり難しい。そのへんは、削っては降り、下から見上げて確認、の繰り返しである。『地震列島』はゴジラや怪獣など造型ものがないので、安さんと小林とも他の造型班はずっとこの地形作りに専念していた。

地形の原型が出来たらFRPで成型していく。搬入を考えて分割パーツとする為、1ピースはかなり大きなものになる。これに補強リブをつけたり、ジョイント部のフランジを立ち上げたりという作業もかなりな量だ。

全周の崖がFRPで形になってくるまで、4カ月もの期間が必要だった。崖の表面積は180㎡もあるので、この表面に山肌のディテールを施すのにまた1カ月近くもかかり、造花の植物を植えこむ頃は6月も半ばとなっていた。山頂から麓へとだんだん大きな木や草を植えていくと、下から見上げた時に高い頂きのように見え、7mの山が高山となる。

特美始まって以来の大仕掛けな地形製作だ。

この地形は解体され、岩手の博物館へ縄文人やら生活具のレプリカと一緒に送られ、同時に造型班と大道具も、設置のため出張していった。

昭和55年（1980年）8月。

2スタ（№2ステージ）いっぱいにヒマラヤの山脈と雪原が作られていた。グッドイヤーのスノータイヤのCMだ。

ヒマラヤの雪男「イエティ」の歩みとスノータイヤ、どちらが雪をよりグリップするのか、こんな狙いのCMである。雪原セットに行くと川北さんがいた。この監督を務めるそうな。

監督は「サード〔下巻の用語集参照〕」の演出助手にイエティの着ぐるみの足だけを長靴のように履かせ、大量の塩で作った雪原を歩かせている。それが終わると着ぐるみのイエティにフリをつけた。イエティは何度もリハーサルを繰り返す。川北監督のOKはなかなか出ない。僕ら特美のセット付は何もする事がなく暇である。せいぜいが足跡に塩を補充する程度だ。

イエティの演出がまとまると、次はタイヤの動きのリハーサル。演出助手はタイヤをゆっくりとイエティに向かって転がしていく。それを見たイエティが咆哮する。といった按配を確認して、いよいよ本番となった。

8月末、大プールがやけに騒々しい。トラックが次々にやってきては、小さな軍艦を降ろしていた。戦艦大和（やまと）や空母瑞鶴（ずいかく）他、巡洋艦や駆逐艦と、鹿児島の軍艦模型愛好家が製作したこれらの模型は1／100と小さいが、まさに連合艦隊である。操演班は次々に模型をプールに浮かべ、先にプール底に仕込んでいたワイヤーにむすぶ。

ホリゾントには1m角の「連・合・艦・隊」の切だし文字。特効班はプールの底に弾着の水柱を仕込む。プール際には大勢のギャラリー、ほとんどが報道陣だ。

本番直前、プールの縁に片足を載せ、模型艦隊を凝視するGジャンにサングラスという、いつものスタイルをした中野監督が振り返って言った。

「大和のそばで整備中ってな感じにしたいから、にに何かしてこいよ」

ペンギン〔胸までの胴長靴〕を穿いていた模型少年は、カラースプレーとウェスを持ってプールに入り、大和へと近づいて行った。ホリゾンを背に大

▲岩手県立博物館展示用の「イヌワシ」の営巣ジオラマ。原型製作から納品まで半年近くもかかった大作だった。

▼グッドイヤーのスノータイヤCFの撮影風景。川北監督とイエティ。

▲（上２枚）映画『連合艦隊』のマスコミ向け製作発表会のため、大プールに準備される1/100スケールの艦艇たち。上写真はペンギンを履いてスタンバる久米ちゃん（左）と芳賀くん。
▶「用意、スタート!」の号令で艦隊が行進をはじめるとスモークと爆煙の演出も加わって、ギャラリーから歓声が上がった。
▼（下３枚）特美の作業場で製作が進む1/40スケール戦艦「大和」。木合板のボディにサーフェイサー、グラスウールを貼り付け、表面にポリエステルを塗っている。

和の艦首側に立って、ダミーカメラ〔実際には撮影をしないが、空フィルムでカメラを回して特撮本番のムードを高める〕を見ると、報道陣のカメラが一斉にこちらを向いた。

——おっ、俺を写してんのかな？

ドキドキしながらニヤリとして、色直しをしているようにカラースプレーをカッコ良く艦首の菊の御紋章にシュッ・シュッとやった。実はこのスプレーはクリアーなので、そこらにかかっても大勢に影響はない。

模型少年は中野監督に向かって手を挙げた。「終わったよ」という合図である。それを受けて中野監督が「よーい」と大声を発する。

大扇風機が回り出した。水面に細かい波が立ってくる。模型少年大急ぎでしかしゆっくりと……ここで転んだらカッコ悪いどころではない。折角中野監督が演出してくれたのだ。慎重に、しかし迅速にプールの縁へと歩んだ。

「スタート！」

"10億円大作"出動

東宝「連合艦隊」製作発表

全長17メートルの"大和"もお目見え

東宝が来年夏に公開する超大作「連合艦隊」の製作発表が三十日午後、東京・成城の東宝撮影所で松岡功社長、田中友幸プロデューサー、松林宗恵監督、中野昭慶特技監督が参加して行われた。

戦後すでに三十五年を経ているが「現代の視点から"連合艦隊"を描き、接点を発見していきたい」（田中プロデューサー）で、戦艦大和を継糸に真珠湾奇襲、ミッドウェー、南太平洋、レイテ湾での海戦を忠実に描いていく。製作費十億円で十二月撮入予定。

「迫力のある画面作りを考えて」が当時の設計図通りに造ったら

左 実物の100分の1のミニチュア模型の整備に余念がないスタッフ　上 "連合艦隊"は威風堂々といざ出陣！

▲映画『連合艦隊』製作発表翌日の新聞記事。ペンギンを履いた模型少年の勇姿が誌面を飾ってしまった（左下写真）。キャプションに「100分の1ミニチュア模型の整備に余念がないスタッフ」とあるのはご愛嬌！？

小さな連合艦隊がワイヤーに引かれて一斉にすべり出した。スモークがもうもうと漂う。弾着が破裂する。水柱がスケールに合わせて控えめに上がる。ホリゾンの連合艦隊切文字の裏から爆発。火炎がゴゥーと挙がった。

ギャラリーが一斉に「ウォワー」とどよめいた。

東宝『連合艦隊』製作発表のデモンストレーションである。

翌日からスタッフは11月の撮影に向けて準備を開始した。翌日の新聞に「10億円大作出動」の記事とともに、大和にカラースプレーする模型少年の写真が小さく載っていた。

模型少年は中学の頃から、『航空ファン』や『画報戦記』『丸』を愛読しており、軍艦や航空機の世界にのめり込んでいた。小遣いを貯めてはそれらの資料を買いあさっていた。それは今でも給料の1／3くらいが、航空機や艦船や車・バイク・模型の本へと消えていく。

だから史実に基づいた今度の作品は、『大空のサムライ』以来の模型少年大興奮作品なのだ。それに大和だ。これはもう仕事が趣味になるのは必定といっていい。このワクワク感はやばいかも知れない。

そしてもっと嬉しいことは、今まで裏方の裏方、作り物班の塗装仕上げというパートでいろいろな模型の製作仕上げを担当していたが、この作品から裏方の裏方から「裏方」がひとつとれた「特殊美術」に白崎課長の申請によりスタッフリングされたのだ。特殊美術：井上泰幸、同チーフ：小村完、好村直行、模型少年、及川一、林和久のメンバーで美術をこなしていくのだ。模型少年のパートはやはり「模型担当」。仕事の中身は変わらないけれど、模型屋から映画屋に一歩近づいたのであった。

さて、特撮の連合艦隊模型は1／40で製作、6・5mの戦艦大和は特美で製作、空母瑞鶴は外注品で多分デモンストレーションの鹿児島の人が製作と決まり、それぞれの造艦が始まった。

特記すべきは、フラッグシップ〔旗艦〕、作品『連合艦隊』のシンボルの意を含め、1／20の13mというばかでかい大和を、石川島で小型船舶として作るということ。そう、エンジンを積んだ本物の船だ。艦橋など艤装品は井上さんのアルファ企画でFRP製作する。

11月に入って外注していた空母「瑞鶴」が納品された。いきなり大プールでの漏水テストとなった。中野監督以下スタッフが勢ぞろい。クレーンで持ち上げられた瑞鶴がプールへと運ばれる。

「うーん、これか……」

▲11月7日、外注していた1/40スケールの空母「瑞鶴」が陸送で撮影所に納品されてきた。まずは模型が傷つかないよう、パレットにワイヤーをかけて降ろす。

▲瑞鶴を検分中。かなりのディテールアップが必要と判断する。

▲そのまま漏水テストとなり、大プールへ運ばれる瑞鶴。飛行甲板は取り外してある。皆で手を貸して慎重に、慎重に進水させる。

▲実際にスタッフが乗り込んで漏れがないかチェック。

中野監督しぶい顔。

「井上さん、これなんとかなりますかね？」

井上さんはしばらく模型を見ながら黙っていたけれど、おもむろに口を開いた。

「えと……、ならんこともないけど……、ちょっとな……作り替えるかね……」

瑞鶴はやはり模型マニアの作、特撮用には出来ていない。展示モデルとしてはガサがあり迫力もあるのだが、木製のゆえか細部にわたってシャープさが欠けていた。単純な塗装仕上げのせいもあり、プールに浮いた瑞鶴は素人の作ったラジコン模型の域を出ず、3万2000トンの排水量も、257mの大きさも感じられなかった。単にディテールアップと汚しを入れれば使えると思っていたので、予定が大幅に狂ってしまった。

特美作業場へと移った瑞鶴は、艦体の整形から改修工事が始まった。

大道具としても予定が狂った。6・5mの大和を木軸組で製作し、FRPをコーティングしていくのだが、ここで手を二分しなければならない。チーフの田中けいちゃんは大和の艦橋など上物を製作、野村やすさんと入沢さんはその艦体にとりかかっているので、瑞鶴は加藤さんと鈴木さんが担当した。

瑞鶴の改修、大和の木工と、大道具がシャカ力になっている頃、特撮班の台本打合せが行なわれた。中野監督、井上さん、演出、撮影、照明、美術が集合して、特撮シーンのチェックを行なう。

『＃2、日本海海戦』ライブ〈以前撮影したストックフィルム〉使用。
『＃16、洋上。真珠湾攻撃の機動部隊空母赤城』ライブ。
『＃24、空母赤城。攻撃機の発艦』ライブ。
『＃25、暁闇の空。真珠湾攻撃の大編隊』ライブ。
『＃26、ハワイ上空。艦爆隊と零戦隊』ライブ。
『＃27、オアフ島の山峡。雷撃隊降下』ライブ。
『＃29、フォード島。戦艦群へ雷撃』ライブ。
『＃30、フォード島上空。艦爆隊急降下』ライブ。
『＃31、ホイラー飛行場。零戦隊銃撃』ライブ。
『＃34、燃える真珠湾』ライブ。
『＃35、柱島泊地。大和の全容』。やっと特撮だ。島を作って大和を浮かべる。

「島っていっても全部はいらんぞ、岬の一部でいいんじゃないか？」

井上さんは中野監督へ提案した。

『＃36、戦艦大和・後檣。長官旗掲揚』大き目の旗とマスト製作。

「本編は作らんのかね？　模型の旗より大きい方が自然なんだけどな」

　井上さんが尋ねたが特に誰からも答えはなかった。

『＃39、空。Ｂ25ドーリットル爆撃隊』ライブ。

『＃41、太平洋。大和以下機動部隊』ライブ。

『＃45、ミッドウェイ島・基地とその上空。米軍機と空戦する第1次攻撃隊』ライブ。

『＃49、赤城・艦橋。ドーントレス艦爆の攻撃で被弾する赤城甲板』ライブ。

『＃54、洋上。空母瑞鶴の航走』劇はやっと昭和17年10月になった。大プールで瑞鶴の走り。

『＃56、空。南太平洋海戦の日本隊とアメリカ隊の遭遇』艦攻5機、艦爆7機、零戦8機とドーントレス9機、アベンジャー9機、ワイルドキャット9機の各編隊。

『＃59、瑞鶴の近くの空。零戦の奮戦』零戦と敵機が必要。

『＃61、瑞鶴・上空。ドーントレス瑞鶴に向かって急降下、襲いかかる零戦』ドーントレスと零戦が必要だけど瑞鶴入れ込みなのか？

「空戦だけでいいんじゃないか。瑞鶴は大きいから手前に持ってこなっきゃならんし、そうすると空戦がロングになって何やってるかわからんしな」

　中野監督の呟きに全員賛同。

『＃63、夕闇の空。帰途につく第3次攻撃隊』艦爆3機、艦攻1機必要。

『＃64、瑞鶴・飛行甲板。本郷機の着艦』艦爆と瑞鶴飛行甲板が必要。

「着艦は1／40の瑞鶴じゃ話にならんでしょう。ねえ井上さん？」

「全然だめだよ。飛行機が1／10だから、後尾から艦橋あたりまででっかいの作らにゃいかん」

　1／10の飛行甲板部分製作が決まり。

『＃65、トラック島泊地。無傷の瑞鶴と被爆した翔鶴』翔鶴も作るのか？

「瑞鶴を被弾した翔鶴に飾り替えすればいいんじゃないかな」

「そうすると2隻入れ込みは出来ないよね」

「翔鶴撮って瑞鶴撮ったのと編集すればいいんじゃないか」

　瑞鶴シーンのあらかたを撮ったあと、飾り替えに決まった。

『＃67、空。零戦1機南へ飛ぶ』零戦茂木機必要。

『＃76、トラック島泊地。昭和18年3月、戦艦大和の近くに瑞鶴、翔鶴その他の空母が停泊している』こいつは困ったぞ、その他の空母だって……。倉庫に仕出しの模型がなかったかな？　これは撮影の成り行きでカット割りが変更になるかもしれない。小村さんは悩んだ。

『＃78、ラバウル・飛行場。艦上機の離陸』飛行場セット作り込み。

『＃80、本郷機。被弾してボロボロになった九九艦爆』

「本編と繋がりあると思うけど、小村ちゃん頼むよ」

「わかりました」

『＃81、ブイン基地・指揮所。一斉離陸した零戦数機』ライブ。

『＃83、空。２機の一式陸攻と護衛の零戦６機』山本五十六機と護衛機だ。ライブ。

『＃85、空。ライトニングと零戦の空戦』山本五十六機撃墜シーン。ライブ。

『＃90、洋上。水平線上に大和以下戦艦部隊の艦影』部隊編成できる艦数を揃えるのか？　寒天の海って手もあるかな。それとも大プールでロングの切だし沢山かな？　保留。

『＃92、柱島泊地。大和の巨影』これはもう大きい大和のナメだろうな。

『＃95、瀬戸内。瑞鶴へ内火艇接近』内火艇製作。

『＃97、ブルネー泊地。大和以下大艦隊』寒天の海、１／７００ウォーターラインモデル製作。

『＃98、重巡愛宕。旗艦愛宕』ライブ。

『＃１０１、豊後水道。昭和19年10月20日、4隻の空母、戦艦2、軽巡3、駆逐艦8』寒天の海、これは瑞鶴・瑞鳳・千歳・千代田・伊勢・日向・多摩・大淀のウォーターラインモデル製作。

『＃１０３、瑞鶴・飛行甲板。瑞鶴へ着艦』1／10甲板と九九艦爆。フラップとフックと車輪。

「何回も撮影するから、車輪取れないように作ってや。台本は『見事に着艦』だからね、車輪取れちゃったら台本書き直しになっちゃうよ」

　中野監督がそう言ったとたんに豪快に笑った。

「監督、休憩入ります」

　やっと台本の半分が終わった。スタッフルームにもインスタントコーヒーはあるが、それぞれ自販機へ向かった。

『＃１０８、瑞鶴。夜、航行』

『＃１１０、洋上。栗田艦隊、様子をうかがう潜望鏡』寒天の海か？　大プールの潜望鏡製作か？

『＃１１８、水平線。機影３つ移動』ロング用、グラマンか？　ドーントレスか？

『＃１２２、飛行甲板。本郷機離艦』アップ用甲板、九九艦爆。

『＃１２４、空』九九艦爆2機、零戦3機。

『＃１２７、空。九九艦爆、高角砲弾幕』

『＃１３２、洋上。アベンジャー雷撃機2機、魚雷発射』アベンジャーと魚

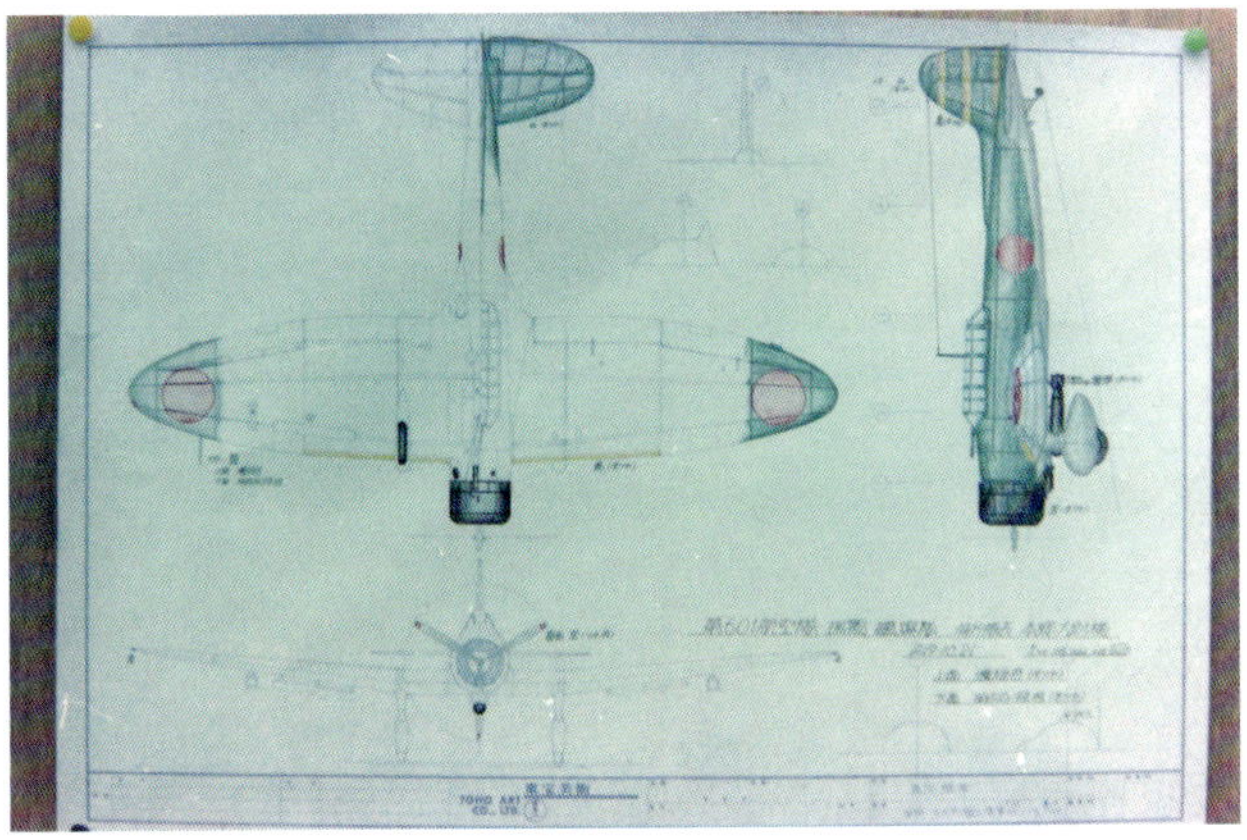

▲模型少年の考証により製作された劇中登場の九九式艦上爆撃機の塗装図。所属部隊、機番号の再現にもこだわっている。

▲左のような塗装図を元に製作された「役者」たちが続々と特美の天井から吊り下げられていった。「なべさん」（左）と「なお」（右）。

◀艦橋などの上部構造物が載っかり、最終艤装中の1/40スケール戦艦「大和」。火器コントロールハーネスを仕込んでいるところ。

▲昭和55年12月8日、クランクインに際して、大プール脇に神主さんを呼んでのお祓いと式典が催された。撮影の無事を祈って皆神妙な面持ち。前列向かって右端に井上美術監督が見える。

◀大プールに浮かべた「瑞鶴」の脇に脚立を建てて16㎜カメラをのぞく鶴見氏とスタッフたち。
▲「瑞鶴」の飛行甲板後部を修正する、映画『地震列島』から美術助手として特美に加わった林和久くん。
▶白い航跡を引いて航行する瑞鶴を後ろ上空から見る。日本海軍の飛行機たちが母艦に着艦する際にもちょうどこのような光景が見られたことだろう。

雷製作。魚雷航走あり。

『＃136、洋上。瑞鶴断末魔』瑞鶴攻撃のアベンジャーとグラマン数機。

『＃137、瑞鶴上空。ドーントレス2機緩降下』ドーントレス大小。急降下の間違いだろう。

『＃138、瑞鶴・舷側ポケット。敵機の急降下』ドーントレス2機。

『＃140、サマール島沖の洋上。大和以下の栗田艦隊』寒天か？　プールか？

『＃144、洋上。波を蹴立てて進む大和』大プール。

『＃145、大和・後檣。一斉回頭旗旒信号上がる』アップ用後部マストと信号旗数種。

『＃148、栗田艦隊。右へ回頭する大和』大プール。

『＃149、瑞鶴。傾きかけている瀕死の瑞鶴』被弾した瑞鶴。

『＃155、洋上。転覆した瑞鶴の艦尾が突っ立つ』瑞鶴沈没。

『＃175、瀬戸内。停泊する大和』大きい大和。

『＃179、豊後水道。戦艦大和と軽巡矢矧、駆逐艦8隻の艦隊』寒天か？仕出艦スクラッチか？

『＃181、洋上。朝焼けの海を大和以下の艦隊が進む』大プール。1／40仕出し駆逐艦。

『＃183、空列。零戦12機のバンク』大小零戦。

『＃184、大和・上甲板。零戦3機。舷側すれすれに降下』大和と1／48零戦。

『＃185、空。小田切編隊の3機、ゆるやかに旋回』中小零戦。

『＃187、艦隊上空。零戦の編隊次々と反転』小と特小零戦。

『＃189、上空。列機反転』大中小零戦。

『＃191、大和の主砲。三連装の巨砲、仰角をとりながら旋回』大きい大和。

『＃192、水平線。けし粒のような黒点多数』大プール、極小敵機群。

『＃193、三連装6門の巨砲。轟然と発砲』大プール。

『＃194、空。米軍機大編隊、三式弾炸裂、燃え落ちる米軍機』セット。残り物機爆破。

『＃197、大和・防空指揮所。去来する敵機』アベンジャーとグラマン多数。

『＃199、防空指揮所。グラマンヘルキャット襲いくる』ヘルキャット他敵機多数。

『＃206、空。二十五番爆弾を抱いた零戦3機』胴体下に250kg爆弾装着の零戦。

『＃207、大和。死体を載せて漂う鉄塊』あちこち被弾した大和。

『＃208、空と海。大和黒煙吹いて爆発、零戦3機南下』大和沈没寸前。メタルで極小零戦製作。

『＃209、洋上。大和沈没、天に柱する爆煙』


全シーン213のぴったり3分の1の71シーンが、ライブも含めて特撮である。さすがに戦記物は今や特撮でしか撮れないからなぁ……。

「以上で終わりです。何か質問はありますか？　なければ解散しまーす」

助監督の声がした。

特美に戻ってきた小村さんは模型少年と作り物の数出しをする。特に飛行機は彼我とも相当な量になる。それに模型の縮尺別のリストも作らなくてはいけない。撮影は台本の順番通りにするとは限らないので、カット割り絵コンテを受け取ってから、各機のマーキングも仕上げなければならない。

「ウワーこりゃ大変だ」

と、いっちょ前に吠えてはみるが、戦記もの大好き模型少年にとっては、この作業は実に楽しいのです。「大変だ」という事はまったくありません。助監督と相談しながら、調べものをして、リストとカラーコンテを作成するのは、模型少年にとり至福の時間なのです。

艦艇関連とセット関連は井上さんと小村さんと好村なおが担当するので、模型少年は飛行機に徹することが出来る。と言っても艦艇の仕上げになれば、こーちゃんと模型少年の出番であるが……。

特美で大改修していた空母瑞鶴は1／40と言っているが、6mの船体は実際は1／42・9となる。まあ堅いことは言いっこなし。その瑞鶴の改修工事が終わり、こーちゃんがいよいよ仕上げにとりかかる。今回は大空の下で白っぽく映ることを嫌って、軍艦のグレーを落し目に調合した。どうせウェザリングやエィジングなどの「汚し」を加えれば、どうしても黒っぽくなってしまうけれど、だからと言って実物と同じ灰色を塗ると、実物より遥かに小さい模型は玩具になってしまう。

実は形だけでなく、色も縮尺ダウンしてこそ、本物らしく見せることができるのである。

おかげで玩具な瑞鶴は、各所に筋彫りやディテールアップ、そしてリアリングペイントを施されて、精悍な「日本帝国海軍第3艦隊第1航空戦隊2番艦瑞鶴」へと変身した。

昭和55年（1980年）12月8日。

真珠湾攻撃の開戦の日、大プール脇に特撮模型第1号瑞鶴を置いて、特撮クランクイン式典が神主の詔（みことのり）とともに始まった。そして紅白

▲「瑞鶴」に続き、「大和」の進水式も行なわれた。左上はクレーンを使って大プールへ吊り下げているところ。上はホリゾン棟をバックに、昭和 17 年のトラック泊地というシチュエーション。遠方に投錨する駆逐艦が雰囲気を高めますなぁ。

◀井上御大（左端）も大プール脇でスタンバる。「たいこうさん」はれっきとした日本海軍の元水兵さんだが、実際に「大和」と遭遇したことがあるのかについてはついぞ聞けずじまいとなってしまった。

の幕に囲まれた特美作業場の1／40戦艦大和……やっとグレーと喫水線下の赤が塗り終わっただけで完成はしていないが……でもお祓いが行なわれ、特撮スタッフの3ヵ月に渡る戦いが始まったのである。

冬の大プールはなかなかハード。水は冷たいし胴長の下にGパン1枚の若い助手たちでさえ、長く入っていると震えがくる。

特撮の最初は「航走する瑞鶴」だ。プールに浮かべて錘を調整すると、平べったく長い精悍な瑞鶴となった。外注品を受け取った時のスタッフのがっかりした顔は、今やどこにもない。

監督はもちろん、特に撮影部は常にレンズを覗いて、被写体である模型を見ている。だからその模型がちゃちいものだと、やる気が今いち出ず、士気はさがる。だが、レンズごしの情景が実景のように見えれば見えるほど、カメラマンたちの興奮度は上がり、模型を撮影しているのに、あたかも実際にその実景に遭遇しているようなトリップ状態にはまるのである。

その撮影部他スタッフのやる気は、美術のリアルな模型にかかっているのだ。だから、大プールは寒い、冷たいなどと言っていられないのである。

本作品の主人公は本郷大尉、「六〇一航空隊の瑞鶴艦爆隊飛行隊長」だ。乗機は愛知九九式艦上爆撃機なので、まずこれを仕上げなければならない。最初は、航走中の瑞鶴に向かって着艦するシーン。1／20の九九を、カメラ前から緩降下させながら、前方を航走する瑞鶴へと移動する。操演の瑞鶴班と九九班の息がぴったりと合わなければいいシーンは撮れない。瑞鶴は1／40、九九は1／20でスケールが合わないから、芝居は瑞鶴手前の着艦進入コースに乗ったところで終わり、着艦シーンは後日ステージで別撮りとなる。

一方特美では、こーちゃんと好村なおが、1／40、6・5mの大和の最後の仕上げに取り掛かっていた。特美製作の大和も瑞鶴同様、仕上げ色を黒目にしている。筋彫りなどのコリも入れ、汚しもスケールダウンしながら徹底的にかける。

瑞鶴の航走シーンの翌日、大和を進水させた。水に浮かんだ姿は、錘をまだ入れていないので、喫水線が上がってなんとも間が抜けている。しかし適正な錘を積んだ大和は、「おお大和だ！」となった。しかしスタッフは誰も実物を見ていない。唯ひとりの戦争体験者井上さんは、戦時中、大和に遭遇しているのかしらん……。

大和は初期の艤装で作ってある。これは煙突左右に副砲が装備されている状態であって、撮り進むうちに、対空改装を施した後半期の姿へと飾り替え

◀1/10スケールの九九式艦上爆撃機一一型「瑞鶴」艦爆隊本郷中尉機。胴体に5航戦以来の「瑞鶴」の標識である白帯2本を巻き（この当時は第1航空戦隊所属）、尾翼の機番号の上下には黄帯2本の中隊長標識をあしらった。

▼劇中の南太平洋海戦のシーンで、「瑞鶴」艦爆隊本郷中尉機を先頭に、暗雲漂う空を飛ぶ1航戦第3次攻撃隊の九九艦爆。後方に零戦6機の直掩隊が続く。スチル写真っぽいが、模型少年撮影。

る。つまり左右の副砲を撤去し、高角砲座、そして三連装機銃をポコポコと追加していくのだ。だから撮るシーン順によっては、その都度飾り替えがおきるかもしれない。美術はそのごちゃごちゃとあるパーツを、常に「岡持ち」に入れてプール際に用意しておかなくてはならない。

　大和の昭和20年4月のシーン197の撮影が始まる。大和がアメリカ空母「ハンコック」艦載機に叩かれるシーンだ。攻撃機入れ込みで撮るというが、大和とブイチ（同スケール）の1／40アメリカ機はないから、作っておいた1／20の、ハンコック第6雷撃中隊のTBF－1アベンジャー雷撃機と、同じくハンコック第50爆撃中隊のSBD－5ドーントレス急降下爆撃機を用意した。もしかして、戦闘機も欲しいなんて監督が言いだすかもしれないので、同じく空母ハンコックの第7戦闘中隊のF6F－5ヘルキャット戦闘機も用意しておいた。

　このシーンは、大和を沈没に至らしめた徹底的な航空機攻撃による至近弾の弾着や水柱、大和後部被弾の弾着や爆炎などがメインなので、大プールに飛行機を飛ばす為の「親線」もそう数多く張れないこともあって、飛行機を入れ込みで使ってもせいぜい1機か2機。

　結局この日は飛行機入れ込みはしないで、大和の火器……高角砲・機銃の連続斉射と、アメリカ機による大和への攻撃……魚雷・1000ポンド爆弾・機銃などの弾着と水柱を、ドカスカとめいっぱい爆発させて、監督もスタッフも気分爽快で撮影を終えた。

　その後、年内中、大プールの大和と、9スタでの艦爆・艦攻の飛びの撮影が行なわれた。

　ところで、特撮で一番難しいと言われているのは「水」だ。模型艦艇の縮尺が1／40となっても大プールの水は1／1そのままで、水は水なのだ。縮尺ダウンはできない。仮定するとしたら、水は〈H2O（エイチ・ツー・オー）〉だから大和に合わせると、〈（H2O）／40〉となるがこれってどんな液体なんだろう。模型少年は探究心旺盛だが、化学には疎い。だからまるっきり見当はつかない。だいたいこんな物があるのだろうか？　もしあったとしても大プールいっぱいに貯めておけるのだろうか……なんてしょーもない事を考えてみたが、普通の水を使ってそれらしく見せるしかないわけだ。

　それにはまず「波」。模型に合わせた大きさ・密度で再現すれば理論上は合致する。もっとも天候に左右される「波」「波浪」「うねり」のある大洋だから、ただ単に模型に合わせて小さくしても、「絵」にはならない。

大プールには先人が設置した「波起こし機」があって、うねりなどの大波用とさざ波などの小波用の2種を使っている。そして「大扇風機」で起こす風を加えて、海面の様々な状態を作り出す。それらを使って水面が動き出し、ねらい目の状態になったところで撮影本番となる。その「スタート」の見極めが大事なのであって、監督はじっと水面を眺め判断をくだすわけだ。それはもう経験と感性しかない。

次に「火」だ。炎も水と同じで、大きな火も小さな火も「火」としての密度は1／1のまま。その1／1がいっぱいあれば大きな火となる。大和にあわせた「1／40の火」があれば最高だが、そんなものは多分ないだろう。だから特撮ではその火の大きさを、火薬やガソリンなどで調整するしかないのである。これは特効のなべさんや久米ちゃん、そして関山の、技術・感性によるところが大きく関わってくる。

より実写らしくしたいなら、これらの「水」と「火」と同じスケールの「被写体」を作ってそれを爆破したりすればいい。すなわち1／1の模型（？）だ。アメリカの映画にはきわめて多い手法だね。

しかし……。ここが一番大事なところ。我が東宝の特撮は「ミニチュアワーク」を主体としている。だからスタッフはよりリアルな模型製作、よりリアルな仕上げセッティング、よりリアルな照明、よりリアルな特効、よりリアルな操演、そしてよりリアルなカメラアングルとフレーミングに日夜努力して頑張っているのであります。

さて年が明け、昭和56年（1981年）を迎えた。

年末の撮影ラスト日の27日、1／40大和はついに最後を迎えた。

沈没シーンは、それ以前に撮影を終えていたアメリカ空母艦隊「ハンコック」「カボット」「ヨークタウン」「エンタープライズ」の艦載機による攻撃と、大和の反撃の激しいドンパチシーンの続き、洋上に漂う鉄塊となった大和が、誘爆を起こしながら徐々に傾き、ついには海底へと沈んでいく。そして洋上には空高く立ち上がる黒煙だけが……。

そんなわけで年頭は、劇中・昭和17年の本郷中尉機被弾シーンから撮影する。被弾状況を本編と相談すると……。ところで九九艦爆は2人乗りの爆撃機で前に操縦員、後ろに偵察員が乗る。その偵察員の工藤一飛曹が敵弾で傷を負うというもの。敵機銃弾は艦爆の右側面を後部席から翼付け根辺りへ斜めに奔り、後部席のキャノピーが割れる。当然、工藤一飛曹は被弾して怪我を負った。本編の実物大キャノピーと機体部分セットの被弾と繋がるので、先に撮影した本編とそっくりに作ることになる。

▲劇中クライマックスとなる沖縄水上特攻作戦において、アメリカ空母機動部隊機の攻撃を受け、ついに被弾した 1/40 スケール「大和」。特撮で難しいと言われる水と火の表現を見事にスタッフたちが演じた例。これもスチル写真っぽいが、模型少年撮影。

◀（左２枚）劇中の南太平洋海戦のシーンで、偵察員、佐藤允演じる工藤一飛曹が敵弾を受けた状態を表現した1/10スケールの九九艦爆「瑞鶴」艦爆隊本郷中尉機の右側アップ。弾痕の位置や風防の内側に飛び散った血痕などにこだわっている。

▼同じく南太平洋海戦のシーンで、「瑞鶴」艦爆隊を直掩する茂木中尉機の零戦二一型〔EⅡ-121〕を手にした林美術助手。機番号や細部のマーキングは模型少年の考証によるものだ。

模型少年は、１／10の九九艦爆昭和17年仕様に、「壊し（こわし）」をディテールアップしていった。工藤一飛曹が被弾したときの飛び散った血もキャノピーの内側から再現し、それなりの瞬間アップにも耐えられるように細かく仕上げたのであります。

この壊しはラッシュで見たかぎり充分それなりだったけれど、果たして編集でどこまで使ってくれるのか……。

小プールの脇に長いブルーシートテントが建てられて、２、３日するとトラックに積まれた大きい大和が石川島からやってきた。１／20、13ｍの大和は実にばかでかい。模型少年もこれだけの大きさの模型は見たことがなかった。東宝にやってくる前に京浜運河で試走したという。まさしく小型船舶なのである。

特美はこいつの艤装を、この大テントの下で行なう。しかしパーツの大きさが半端なくでかい。主砲身も芝居で発砲するので肉径の厚い金属製なので、三連装の砲塔はひとりでは持てない。

それにしてもこれだけの大きさになると、細部も実によく作ってあり模型少年たちの「コリ」を入れる部位もなく、せいぜいが塗装ぐらいだ。ただ全部の細かいパーツを艤装し終えるにはかなりな日数を必要とするだろう。細かいパーツはそれだけ沢山あったのである。

ある日、模型少年が大和の甲板に乗って艤装をしていると、にこやかに近づいてきた小柄な爺さんが、

「ほうーすごいなー……これ売ってくれんかな」

いきなりそう言って主砲塔をなでまわした。

「……ん？　いやいや駄目ですよう。これ売り物じゃないよ」

模型少年は作業の手を止めて笑った。

「いやー、気に入った。ぜひ儂に売って貰いたい」

「これ、まだ撮影してないからね。撮影が終わったら売ってくれるかもしれないね」

模型少年は冗談に答えるようにその小柄な年寄りに笑いかけた。

「そやったな、で、撮影はいつ終わるんかいな？」

「３月には終わるけど、そのあと全国キャンペーンでこれ持ってくって言ってたよ」

爺さんは小１時間ほども船体を撫でまわしたり、作業台に上がって艦橋や三連装機銃に眼を近づけ、たえず笑んでいたが、

「会長、そろそろお時間です」

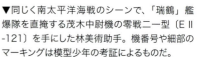

▲石川島で製作された1/20スケール戦艦『大和』は全長13mもあり、小型船舶として登録されたもので、日本海軍の内火艇と同じくらいの大きさがあった。

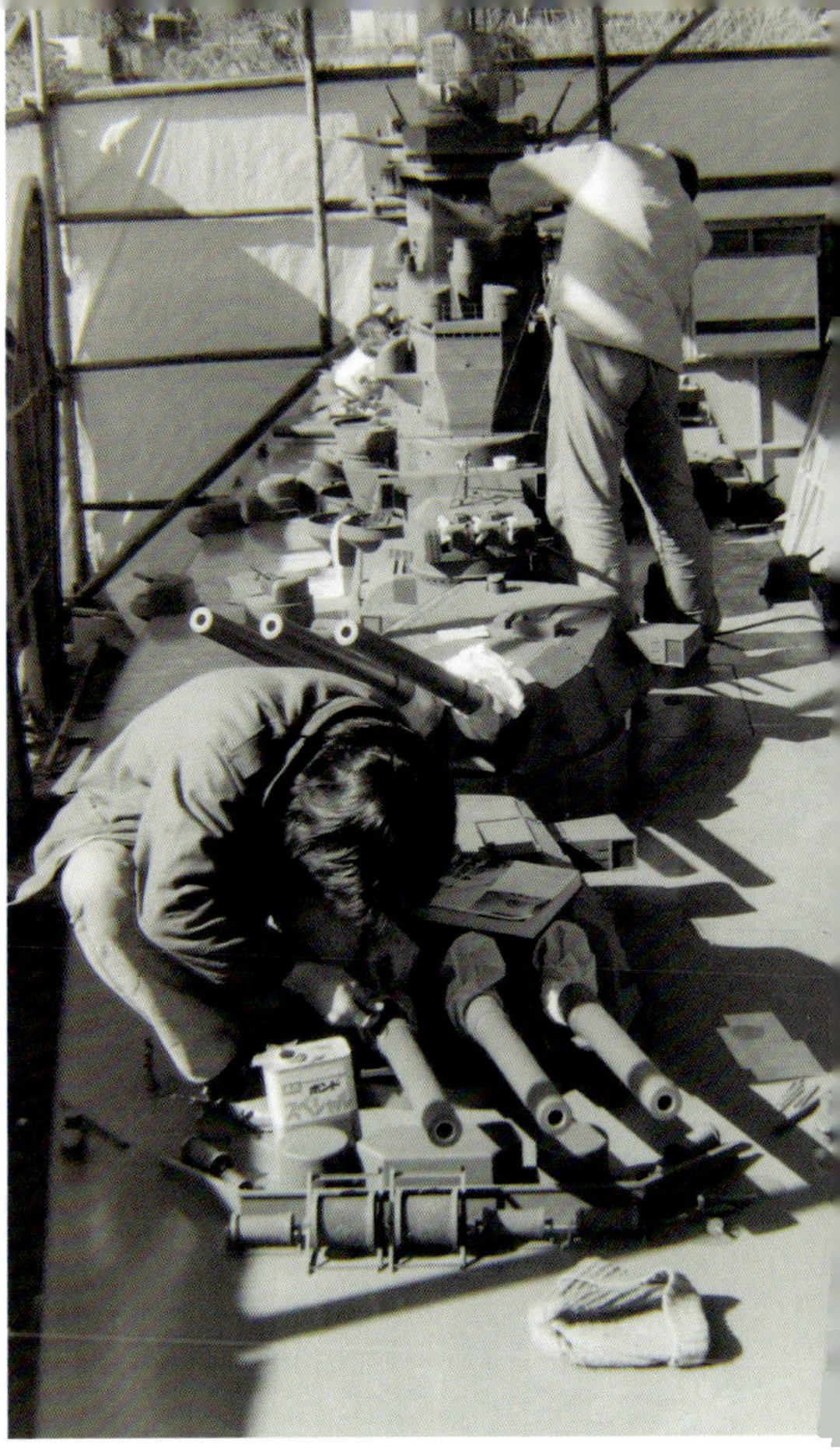

▶納品された1/20スケール戦艦『大和』を特美スタッフが大プール脇の特設テント内で呉海軍工廠ばりに艤装していく。火薬を詰めて演技をするため主砲身は金属でできており、砲塔ごと持ち運びするのは至難の技だった。探照灯や機銃射撃指揮装置、壁面の作り込みなどに注意。すぐ右の写真奥に写る人物は2番砲塔を工作中の及川くん。

との連れの呼びかけで作業台を降りて、艦首を軽くパンパンとたたくと、模型少年に向いてニコっとすると、ゆったりゆったりと帰って行った。

「誰だ、あれ?」

模型少年は助手の林に訊いたが、林もわからない。「売ってくれ」だなんて、これはもう冗談なのだと思い、このことはすぐに忘れてしまった。

1月末、ブルーシートのテントがバラされて、青空の下に堂々たる大和が出現した。その艦橋は甲板に上がったスタッフよりも頭ひとつも高い。台車に載った大和は大勢のスタッフに押されて9スタへと運ばれていった。いよいよ出陣である。ファーストカットは、劇中・大和の全容が現れるシーン、ライティングを演出して幻想的に撮られた。

2月6日、大和は大プールに進水し、その撮影用模型としての全貌を表した。広いプールであるはずが、狭い！　大和は今さらながら大きく、ファインダーを覗く撮影部も困惑をかくしきれないでいた。トラック島泊地に停泊するシーンなのだが、大和を手前に置きすぎると、バックのホリゾントに納まらず、本当の青空が入ってしまう。プールの奥目にセッティングしてやっとフレームインなのである。それに胴長を穿いたスタッフが10人たかって同時に作業できるほど長い！

カメラ小僧はニコンに28㎜レンズをつけて停泊する大和に近づいていった。ファインダーに眼をつけたままソロリソロリと移動していくと、タイムスリップしたように昭和17年の世界に引き込まれて行く。大和のまじかで連絡艇に乗った目線で見上げると、そうまさに模型なのに見上げるほど大きい。広角レンズをつけたニコンをぎり水面に近づけて、L型ファインダーを上から覗くと、もう何と言っていいのか……仕事とはいえ関係者で良かった良かったと思うのであります。

中野監督がこれを走らせると言った。モノが大きいから有効距離はさして取れない。けれど船なのだからその堂々たる航走シーンは絶対に欲しい。2月7日、霧に煙る海原を全力航走する大和。やはり大きいと水との絡みも、そう違和感を感じずダイナミックさが充分に出ている。芝居はさせ難いが大きいことはやっぱり良いのである。

撮影はその後、劇中・本郷隊の攻撃にあうアメリカ空母「ホーネット」の被弾・爆発・炎上のシーン撮りとなった。が、ちょっと待って、ホーネットなんて作り物リストになかったぞ!?

そんなわけで、急遽大プール際に引き上げておいた瑞鶴をホーネットにすべく改修工事、スクラッチビルドをおこなった。こうなると模型少年ノリにノル。それらしく見せる一番の特徴は、煙突と一体になった艦橋、それと舷側の四角い大きな開口部、これらをメインに特美から持ってきた木端やケント紙・ボール紙で形をスクラッチしていく。仕上げに日本海軍のグレーより明るめのライトグレーを塗って「汚し」をかければ、

「ほら、井上さん、ホーネットになりましたよ」

「ほう、ネットになったのう」

このスクラッチ空母は九九艦爆の体当たりを受けて、見事に爆発炎上しゴミと化した。

9スタでの細かいカットを撮れば、撮影全終了だ。

よし、最後の「凝り」だ。模型少年は追加のアメリカ機飛びカットのアップシーン用に、1／10のTBFアベンジャーのコクピットを徹底的に再現した。カメラ角度が、旋回する機のやや上からなので、パイロットたちが映るかもしれないと考えたのだ。アベンジャーはパイロット・通信士・機銃手の3人が乗っている。コクピット内の各種機器や無線機などを作り込んだ。

「ににー！　そんな所、映んないんだから、凝ってもしょうがねえんだよ！」

青木さんが怒ったように呆れて言った。

「へへ、気持ちですよ。アングル的に映る角度なんですよ」

「スピード出てるんだから映るわけねえ・の」

「機体が画面よぎった時に、なんかさー、ゴチャゴチャとしたメカが入ってた方がそれらしいじゃん。人形だけあるよりさー」

もうほとんど出来ていたせいもあったので、青木さんは「これ以上言ったってどーしようもねえや」と事務所に戻っていった。機体は空母「レキシントン」の第20雷撃中隊機に仕上げた。

用意したアメリカ機、日本機に爆薬を仕掛け、被弾墜落のシーンを撮る。

大和の主砲弾の中に対空用の「三式弾」というのがあって、これはショットガンの散弾と同じように空中で弾けると、中に詰まっていたバラ弾が四方に散って敵機を落すというもの。

アメリカ機の編隊上空で爆発させる為、特効はそれらしいのを作った。だが、なにせ誰も本物を見たことがない。どんな破裂がより近いのかわからない。文献などで知るしかないのだ。研究…と言っても僅か1日の成果は、本番になれば判明する。

本番。ドーントレスの編隊が曇天を飛行している。その上空で突如三式弾が爆発した。彼らからは姿も見えない、遥か離れた大和が撃ったものとは理

▲1/40『瑞鶴』を米空母『ホーネット』に改装中の模型少年。突然のことだったが、煙突と一体化した艦橋を再現してそれらしく見せることができた。〔撮影／酒井敏夫（竹内博）〕

▲▶改装なった1/40スケール「瑞鶴」改め「ホーネット」は、劇中、九九艦爆の体当たりを受けてあえなく撃沈された。この角度から見ると、艦橋に瑞鶴の面影がありますな。模型少年撮影。

◀青木係長（青木やん）が思わず「そんな所、映んないんだから凝ってもしょうがないの！」と模型少年にツッコんだのが写真の 1/10 スケール TBF アベンジャーのコクピット。各種機器や無線機、スイッチ類のゴチャメカを再現。

▲▶「三式弾」は、日本海軍の戦艦や巡洋艦の主砲から打ち出される対空用砲弾。時限信管で爆裂し、黄燐の弾子をまき散らして敵機を撃墜するためのものだが、特効スタッフが工夫をこらしてそれらしく再現することに成功した。右は炸裂の瞬間を捉えたもの。

解できるわけがない。ドーントレスは被弾し次々と墜落していった。

「いやあ良かった。もろ三式弾だよ」

　模型少年、本物見て来たように褒めちぎり……。

　2月21日、こうして特撮は終了した。

特撮アップからひと月後の3月14日、本編もアップしてグランドアップを迎え、またまた大プールで報道陣を集め、デモンストレーションが開かれた。大プールに13mの大和を浮かべ、撮影中1発も撃たなかった主砲の斉射が行なわれた。音もすごいが砲からの発射煙がリアルだ。やっぱり大きいことはいいことだ。模型の迫力もさることながら、火薬の音も大きく轟き、そのスケール感に誰もが圧倒されてしまったのである。

　デモンストレーションの式典は引き続きサロンで行なわれた。この日の為に模型少年がカメラ小僧になって撮影した特撮シーンを、宣伝部から頼まれて30点の六切りにプリントして「特撮スチール展」と称して展示した。報道陣やら著名人やらキャストやら大勢のゲストがサロンに集まり、写真は好評を博した。宣伝部からの依頼で、2人の参議院議員に各30点の写真を追加プリントするおまけまでついた。

　エピソードは述べきれないが、本作品は軍艦あり飛行機ありの模型少年にとり至福な仕事でありました。

●13mの大和はCMにも登場し、その後キャンペーンで全国を巡回した。そして東武動物公園にその巨艦を預け、園内の大池を静かに航走し、主砲の斉射をするアトラクションの主役として活躍していた。しかしアクターとしての活動もそう長くは続かなかった。ショーの最中に主砲の基栓がはじけ、艦内で爆発するという事故が発生。アトラクションの中止を余儀なくされた大和は、東京お台場の「船の科学館」に引き取られたのである。
筆者がその大和と再会したのはもう何年も経ってからであった。撮影所で「売ってくれ」と言った爺さんは、ボートレースの「笹川杯」の、あの笹川良一会長だったのである。大和は氏が建造したこの船の科学館の表に、最初にゲストを迎えるように展示された。結局は氏の願い通りになった、というわけだ。しかし、平成24年の台風によって破壊され、補修ままならず解体されてしまった。老朽化した科学館の本館建物はリニューアルのため現在閉館中である。

▲雨にもかかわらず、多くの報道陣が詰めかけた。

▲昭和 56 年 3 月 14 日、特撮、本編ともにクランクアップを迎えたため、報道関係者を招いてのデモンストレーションが行なわれた。目玉は大プールに 1/20 スケール大和を浮かべての主砲発射だった。

◀これがデモにおける 1/20「大和」の主砲 9 門斉射の瞬間。そういえば近年発表された姉妹艦「武蔵」の主砲発砲を捉えた写真は、偶然にも本写真とほぼ同一の角度で、同じような発砲煙でしたな。最後のお努めを終えた「大和」はしばらく東武動物公園にその身を浮かべたあと、お台場の船の科学館に引き取られていった。

【シーン26】

映画『大日本帝国』（1982年／©東映）特撮
〜初のジュラルミンな零戦〜

昭和56年（1981年）4月。

映画『連合艦隊』撮影の余韻が残っている中、特美の作業場いっぱいに木軸で台枠が組まれていた。その大きさは間口9・6m×奥行6・2mの半円という大きなものである。このベースの上に江戸時代の長崎の街を1／300の縮尺で再現した「パノラマ」を作るのだ。

今まで作ってきた「ジオラマ」とどう違うのか？　以前述べたように、本来の語意には大した違いはない。広い視野……ワイドビューはパノラマというし……ほら東京タワーから眺めた東京の街のように。ジオラマはフランス語の「ディオラマ」の事で、工夫して立体的に見せた情景のことだ。ただ僕らは便宜上これらを区分している。

簡単に述べると、ジオラマはパースをつけたもの。手前から奥へとスケールダウンして、狭い空間を広く見せる。パノラマはパースなしのもの。背景以外は手前も奥も同スケールとしている。例えば背景のない情景でどこから見てもOKなものだ。それに比べジオラマは視点が設定されているから、その視点以外から眺めると不自然さを感じる。まあそれだけの違いってこと。

さて、このパノラマだが、「長崎国際文化会館」に収めるものだから、学術的な模型である。

江戸時代後期、幕府は長崎に出島を作って異国人と交易を開始した。製作する情景はその頃の長崎市街を、立体地図のように小さな建物と植栽で表現するもの。

台枠は木軸、地面と山はFRP、民家や旅籠などは木、寺社など込み入った細工ものはアクリル、樹木や草など植栽はパートの小母さんたちが作ったウレタンの微粒を真鍮線に糊付けしたもの、そして広い長崎湾はFRPのクリアーポリ仕上げである。

野村やすさんをリーダーに小林とも、模型少年、バイトのかよこが、せっせと小さなストラクチャー作りにはげんだ。寺社はこういった小さなスケールモデルを得意としている外注へ発注した。その数35棟。民家は数えきれないほどあるが1000個くらいだろう。植栽にいたっては4人の小母さんたちが1週間かかってようやく数が揃ったほどだ。

ベースの地形模型が出来上がり、こーちゃんが色を吹いていく。作業場はつんとくるポリの匂いとラッカー系の匂いで充満し、絶対体にはよくない。窓も入口のシャッターも全部開け放ってあるが、風があまり通らないので籠ったままだ。数台の卓上扇風機で空気を掻き廻して少しでも臭いを飛ばす算段をする。でもスタッフは慣れきったもので、大して気にもせず仕事にとりくんでいた。

塗装を終えたベースに寺社や民家や諸々の建物を貼りつけ、樹木や草を植え付けると、かなりダイナミックな長崎の街が出来上がった。

子供の頃、せっせと砂山を作ってそこに道を通し、ここが僕んちと小さな石を置き、その地図もどきがどんどん広がって砂場をオーバーして、さらに道が伸びて……。そんな遊びをしたことを思いださせるようなパノラマ作りである。

7月に入ったが特美にはこれといった仕事が入ってこなかった。課員それぞれが普段出来なかった道具の手入れや、営繕にと気ままに過ごしていた。こーちゃんは特美の裏に作った畑の手入れに勤しんでいる。模型少年は有給休暇を貰いオートバイでツーリングを楽しんでいた。4日間の休みを終え、出社した模型少年に白崎課長がニコニコして近づいてきた。

「また戦争映画が入ったよ。けっこう作り物多そうだからね、助かったよ。」

▲映画『連合艦隊』の撮影からしばらくした頃、特美の作業場いっぱいに据え付けられた木枠の上で、長崎国際文化会館展示用の1/300スケールの江戸時代の長崎パノラマ模型が製作された。右の人物は野村「安さん」。

▼朱壁も鮮やかかな崇福寺も作り込んだ。

今度は小村ちゃんが美術やるから、頼むよ」

聞けば東映の『大日本帝国』の特撮を東宝が請けたという。監督は中野さん、以下いつものメンバーだ。他社作品なので井上御大は呼べず「特殊美術」は小村さんになったという。好村なおも別の仕事に就いているから、スタッフ組みできないので模型少年は美術チーフとなった。

さっそく打合せがあるというので、小村さんとふたりでスタッフルームに行くと、中野監督が今から大泉の東映撮影所に行くから同行せよとの事。中野監督、浅田助監督、小村さんと模型少年の4人は浅田くんの車で大泉へと向かった。


特撮のメニューは、開戦前の艦隊訓練シーン、それも航空母艦「加賀」の夜間着艦訓練。加賀航走。加賀戦闘機隊の編隊と空戦。加賀飛行甲板着艦及び発艦。時代は昭和16年11月、昭和19年2月、同じく10月の3期間だけ。それ以外の特撮シーンは東映のライブを使う。

ここで模型少年ひとつの疑問が生じた。

「開戦前の訓練時を撮影するなら、零戦は明灰白色っていうライトグレー一色なんですが……」

「ええ本当はそうなんでしょうが、ライブが濃緑色なんですよ。模型をグレーにしちゃうとライブと繋がらなくなっちゃうんでね、全編濃緑色でいってください」

東映の助監督にそう言われれば、模型少年の「辻褄が合わないぞ」というこだわりは捨てざるを得ない。納得するしかないのだ。模型少年は模型の考証を得意とするだけに、この史実への「ウソ」は残念でならない。

「わかりました。で、時代が変わると零戦の部隊表記も変わってくるんですが、これは?」

「えっそうなんですか? 色だけじゃなかったんですね。その辺は東宝さんお得意でしょうからよろしくお願いしますよ」

「うちではいつも彼がその辺りを調べて、ちゃんとやってくれるんでね」

やりとりを聞いていた中野さんがこの話しを締めくくった。


さて、模型リスト。空母加賀は改装後の単甲板タイプで、やっぱり1／40の6・2ｍ。そして大きな零戦が着艦するので、1／5の加賀甲板部分。1／10の零戦の発艦シーンもあるから、『連合艦隊』の瑞鶴と同じ1／10の部分セットも作る。甲板はサイズを変えて2セット作るということだ。これはなかなか金がかかる。

零戦は「より［アップ］」にも使えるように1／5という大きなもの。編隊用に1／10と1／20。そしてアメリカ機はグラマンヘルキャット1／10と1／20（このヘルキャットはのちにドーントレスに変更になった）。

これだけである。意外と少ない。台本を見ると確かに特撮シーンは多いから、白崎さんは「けっこう多そう」と言ったのだろう。

小村さんと応援の好村なおが加賀の作図に入った。模型少年はストックしてある零戦二一型の図面を1／5スケールに拡大コピーする。次に零戦とグラマンのシーン別の簡単な仕様図を作成し、東映スタッフへと送った。

さぁ準備がととのった。特美は一斉に加賀と零戦の製作に入っていった。


航空母艦の加賀は、当初戦艦として建造されていたが、ワシントン軍縮条約により戦艦はまかりならぬとなり、急遽空母へと変身した。だが当時は空母に明るい人が居なかったのだろうか、甲板を3段にして、用途の異なる航空機を専用の甲板から発艦させるという便利グッズ、又は手品みたいな事をやらせた。横から見ると艦首に向かって甲板が階段のようになって、その為最上甲板は２４０ｍ弱の艦体長に比べ１７１ｍと随分短い。これでは発着艦に相当な技術が必要となってしまう。要するに運用面は極めて悪かったのである。

そこで甲板を1枚にする大改修工事が行なわれた。飛行甲板は77ｍも伸び、艦首の段々も消え、二段目の飛行甲板に有った20㎝連装砲2基も撤去されている。ただ最上部の飛行甲板を伸ばしただけなので、横からのフォルムは艦体長に対して異様に背が高い。つまり厚みがあるのだ。だからこの空母は頭でっかちな感が否めない。

前回の『連合艦隊』で登場した「瑞鶴」を見慣れていた撮影スタッフは、この厚ぼったい「加賀」が大プールに進水した時、美術が寸法を間違えたと思った。それだけ変なスタイルをしているのだ。

模型少年は艦首まわりのディテールアップを凝りに凝り、実艦の持つ複雑さを予算以上に再現した。下請けの意地もあったかもしれない。が、単に模型少年の性である。

それはさておき、大きな零戦も大道具、田中けいちゃんの手で着々と木軸組が進んでいた。着艦シーンも飛びシーンもあるので、模型少年は引き込み式の着艦フックと尾輪を作った。そして主輪はネジこみタイプの着脱式とし、風防を入沢さんが作っている間、栄エンジンをポリで製作し、そして着脱式のコクピットも作り、プロペラスピンナーを旋盤で削り出し、アルミ材を削

▲映画『大日本帝国』では零戦と空母「加賀」が代表的な作り物だった。本書の冒頭で零戦の製作を紹介したのでここでは 1/40 スケール『加賀』を見ていこう。写真は小林「とも」が最終艤装中のところ。

▲ひと通り工作が終わり、サーフェイサーを塗布した空母「加賀」。先の『連合艦隊』で使用した「瑞鶴」に比べて、戦艦改造の本艦は背高な印象をスタッフたちに与えた。

▲全体の塗装も終わり、建物の外へ引き出した「加賀」の飛行甲板へ好村「なお」が細工中。

▶大プールに浮かべた空母「加賀」の艦首部。先端の菊の御紋章、飛行甲板支柱、また戦艦時代の上甲板から浮いたように設けられた格納庫部分もご覧の通り。

▲大プールに運び込んで昭和 16 年 11 月の佐伯湾での夜間着艦訓練シーンの撮影に臨む「加賀」。

▲飛行甲板の探照灯や信号灯はちゃんと点灯して演技するように仕込んであった。

り出して実機と同じプロペラを作った。これは停止している時に実機のように見せる為である。特撮用の飛行機ペラは小さなモーターを電池で回すので、ピッチがない、つまり板状なのである。それにピッチをつけると空気を掻くから吊った飛行機が揺れて操演がしずらくなってしまう。その為ピッチはつけられない。けれど駐機シーンなどではそのソリのないペラが、ものすごーく実感を損ねている。がっかりなのだ。本編の実物大零戦がまさにこれなんだ。だからアップ用の大零戦のペラは、本物と同じピッチを入れてある。つまり「ひねり」だ。ただし、飛びを撮影するときはこのままでは前進するので……吊ってあるから振り子運動しちゃって、操演が芝居をさせ難いからちょいと捻じってノーピッチペラにする。そうしてやると空気を掻けないからじっとしてるって訳。

『大空のサムライ』の大零戦は1／4というビッグな模型だったけれど、その時には実施していない模型少年の新しい試みを今回の1／5模型ですることにした。それは、コンマ2のジュラルミンのシートを実機と同じ分割で貼っていくという事。そして実機と同じように枕頭鋲（ちんとうびょう）を表現する事。そして尾翼近くの胴体や翼などに「うねり」などを加える。実は本物はピタッとした表面ではなく、かなり凸凹している。巴戦で発生したシワやウネリなどもあるしね。まあそれを表現するのである。

模型はかなり大きいから、実機の貼り合せ線に沿ってカットしたジュラシートを貼るのはかなりな作業量になる。そこで模型少年、小村デザイナー、美術助手の及川、林、そして応援の好村なおと総出でシート貼りとポンチでの鋲のディテールアップに臨んだ。

青木係長は「なーにをやってんだ」ともう呆れて渋顔。こーちゃんは「吾れ関せず」と加賀の塗装。

白崎課長は苦笑い。貰った予算以上に手間をかけ、良いものを作るという東映に対しての東宝プライド、それとこの出来ならもっと予算がとれたのにという両者の思いが、プラスマイナスに白崎さんを襲っている。

「ににちゃんや、ほどほどにね」

そう言うのがやっとな感じで、この作業に対し特に否定はしなかった。

だいたい本来ここまでは作りこまない。特撮で最終的には水面に突っ込んで炎上してしまう模型なのであるから……。

「そこに山があるから登るんだ」

と山岳人は言ったが、模型少年たちは

「凝れるモノが目の前にあるから凝らなきゃ損」

とばかりに、のめり込んでしまうのである。

ジュラ仕上げした塗装前の零戦は、当時の工場からオフラインしたばかりの機体のようだ。塗装するのがもったいない位である。そうは言っても塗らないわけにはいかないので、ラッカーで調色した明灰白色を全体に塗布、乾いてから上面を濃緑色に吹き付ける。エンジンカウルを鼻黒のように黒で塗り分けると基本色すべて完了だ。

さてマーキングなんだが、初めに昭和16年を撮るから、劇中・西谷二飛曹機に仕上げる。胴体に「2本の赤帯」を巻く。あとの撮影で赤帯のない機体を撮るから、カッティングシートでこれを表現する。丁度プラモのデカールのように。

この赤帯は、空母加賀の所属と関係があって、まず加賀は「第1航空艦隊第1航空戦隊2番艦」なので、赤帯は2本。ちなみに1番艦は「赤城」である。で、赤城戦闘機隊は赤帯1本となる。

次に垂直尾翼に「AⅡ‐141」と赤でレタリングする。「A」は第1航空戦隊、「Ⅱ」は2番艦、「141」は機体番号の意である。劇中・西谷二飛曹は141号機を乗機としていた事になる。これで初めのシーン用は出来上がったけれど、さあここで味付けを加える。劇中、まだ新しい機体だから塗装の剥がれや傷は少ないし、時代も経っていないからそんなには汚れていない。ここが「汚し」の難しいところ。せいぜいがエンジンカウルの後部からの排気でその辺りがほんの少し焼けた感じと、可動部の僅かな油じみ。あとは艶の調整ぐらいか。

しかしカメラ前に吊ってからライティングするとまた変わってくるので、本番前にカメラを覗いてさっさっと、汚しの微調整をするってわけ。ただし、いつまでもいじっていると、美術以外の全パートから「まだか！」と文句が出る。だから「さっさっ」としなければならないのであります。

しかしマーキングはこれだけではない。シーンが変わると、この作品に限らず「時代」が変わって部隊表示も変わるから、その都度書き直すか、あらかじめ薄いテープに書いておいたものを貼るかして、別な機体にするのです。登場機を全部そろえておけばこの手間はいらないのだが、予算や製作時間との兼ね合いもあるので、特にこの大きな零戦を数揃えるのは無理な話しですわ。それにもったいないしね。だから使い回しにするってえ訳なんだ。

で、大零戦は劇中・西谷機の他に大門曹長（記録ノートにはこうあるが、海軍の階級だったら「飛曹長」だろうね）機としても使う。時代は昭和19年の2月となり、空母加賀の戦闘機隊は、加賀が撃沈されてしまったので陸上基地勤務となる。トラック島の第五〇一航空隊所属となり、垂直尾翼に隊長を表す「幅広黄帯」と白数字「501‐121」と化粧替えする。そしてこ

▲（上2枚）空母「加賀」への着艦シーン撮影のため零戦を仕込む林君。1/5 スケールの「加賀」飛行甲板も建て込まれた。

▶撮影直前、1/5 スケール零戦二一型の整備に余念がない模型少年。プロペラにピッチを付けると機体が前進しようとしてしまうので、駐機中の撮影のときだけピッチを付けて「らしく」見せられるようにしてある。ここらへんもこだわりなのだ。

の頃になると機体もくたびれてきているので、それなりの「汚し（エィジング）」をする。一番目立つのはエンジンカウルの黒色が剥げていること。そして機体のあちこちの濃緑色も剥げている。これらはペイントをカリカリとやって地肌のジュラシートを出してやれば、本物同様となるので作業は割と楽。肝心なのは、実機の各可動翼が金属ではなく「羽布貼り」なので、つまりテント地のような布なので濃緑色が褪せてくる。そこをつや消しやボサッとした汚れ色で吹いてやるわけだ。すると最初の新品に近い劇中・西谷機から3年経った劇中・大門機へと変身するのである。

撮影は9スタに組んだ加賀の甲板に零戦が着艦するシーン撮りに入った。

着艦の場合、零戦の動きは上空から徐々に高度を下げて甲板にタッチダウンする。そして甲板幅いっぱいに張られた索（さく。ワイヤー）に着艦フックが引っかかって制動され停止する。つまり甲板上を飛行場のようには滑走しないのである。

で、特撮の場合、吊った飛行機を下げるのには2組の仕掛けが必要となる。飛行機の水平移動の為の、ステージの端から端まで張った親線（ワイヤーケーブル）と滑車、つまりロープウェイだ。それと飛行機の上下動の為のピアノ線と滑車。つまりエレベーターだ。この動きをスムースにする為、飛行機を吊った線の反対端に飛行機より重い錘をつける（カウンターウェイト）。その錘を別のロープでコントロールしてやる。これは単純な横と縦の動きの場合で、翼を左右にバンクさせながら進入する芝居などでは、この基本的な仕掛けにさらに操作用ピアノ線が増えてかなり複雑になってくる。おのずと操演手も仕掛けの数だけ人数が増える。

甲板に大零戦を置き、美術や助監督たち、撮影部の桜井や山鹿、特効の鳴海、模型少年と久米ちゃんと、多数のスタッフがとっかえひっかえ甲板に上がって、それぞれの仕込みや調整をしていた。

美術助手の及川が大零戦から2m離れた位置で甲板の補修をしている。

突然、

グヮワッシャ！

と、大きな音が響いた。合板の甲板に穴が開いている。

一瞬の静寂……。

何がおきたか誰もわからない。

及川が髪に手をやり、泣きそうな顔をしていた。

前述のカウンターウェイトのワイヤーが切れて、及川のふさふさした前髪をかすって甲板に激突したのである。甲板下に潜っていった助監督がその5

kgの錘を拾ってきて、初めてその事実に気が付いたのであった。一同に戦慄が走った。直撃していたら及川は死んでいたかもしれない。及川の髪が充分長かったのも幸いだった。禿げ上がっていたなら引っかかって、やばい事になっていただろう。

制作担当が慌ただしくヘルメットを配り始めた。

撮影は何事もなかったかのように再開されたのである。


特撮ラストカット、劇中・着艦に失敗した西谷機のシーンは、大零戦をプールに突っ込ませて炎上させた。模型少年たちが凝りに凝った大零戦は、全面ジュラ板のおかげで翼面に塗った火薬の燃えだけで済み、機体の損傷はなかった。しかし内部モーターと電池はショートしてお釈迦となった。

◀映画の撮影が台本に書かれた順番通りではないのは一般的にもご存知のことだろう。我らが傑作、1機しかない1/5スケール零戦も、マーキングを変えての全ての撮影を終えたのち、劇中では最初のほうになる空母「加賀」への着艦失敗炎上シーンに臨むこととなった。左の中、下写真をご覧いただけるとわかるように、海上に落下した機体は火だるまとなったが、機体全面に張ったこだわりのジュラ板のおかげで、機体の表面を焦がしたほかは大きな損傷はなかった。

【シーン27】小規模な特撮いろいろ

昭和56年（1981年）12月。

テレビに流れるCMは、劇場公開の作品と異なり、あっと言う間に世の中に浸透していく。

1979年に放映されたアニメーション『機動戦士ガンダム』の人気が出はじめた頃、玩具メーカー「バンダイ」からこれらのプラモが発売された。そしてその特撮的CF〔コマーシャルフィルム〕の監督が川北さんで、このCMが映画を観ない連中にまで「特撮監督・川北紘一」を一躍有名にしていくのである。

模型少年はそのCF特撮の被写体である「ガンダム」や「ザク」の仕上げを任されることになった。

特美に大量のプラモが持ち込まれた。監督の川北さんからは「好きなように仕上げてくれ」と言われただけで、何の説明ない。助手の林と模型少年は来る日も来る日もプラモを組み立てた。なにやら秘密工場でこれらを大量に製作しているシーンなのだという。

さて模型のガンダムは1／60のリアルタイプというものと、1／72のメカニカルタイプ、1／100、1／144の数サイズを、そして敵らしいザクは赤いのと緑色の2種類、およそ50個以上。

アニメ作品は見ていないけれど、そこは模型少年、これらの金属感を表現する事に重点をおいて仕上げを始めた。簡単に言えば「メタリック」な質感と「シャドー」を施した。朧に輝きがある重厚な色を出してやれと……。

こうなると生来の模型少年の性がむくむくと湧いてきて、結構コリコリに仕上げてしまうのである。

このCMをテレビで観た少年たちは、我も我もとプラモ屋へ押しかけ購入に及んだという。

●川北さんはこの後、家を新築したのだが、撮影所雀たちは川北邸を「ガンダム御殿」と呼んでいる。なぜかは不明だが……

『連合艦隊』、『大日本帝国』と戦記物が続いたあおりかどうか、またまたそういった作品が入ってきた。東宝創立50周年を記念して、オーストラリアと

▲テレビアニメ『機動戦士ガンダム』といえば現代でも一級のコンテンツだが、昭和56年12月に模型少年たちが製作した模型で川北監督により撮影されたコマーシャルフィルムは当時絶大な評価を受けるにいたった。画面左にシャア専用ザク、右へ量産型ザクが並び、奥へドムが並ぶさまは「ジオン脅威のメカニズム」の体現といったところ。画面奥、廃ランナーで作り込まれた作業用の足場に注目。

▶（写真右上）アニメ作品を見ていなかったためにその実態がよくわからないものの、兵器としての金属感を表現することに重点を置いて仕上げた量産型ザク。（写真右下）ハッチが開いて「さぁいくぞ」と出撃するドム。

合作の『南十字星』という作品で、特撮監督を川北さんがやることになった。特撮は、太平洋戦争中、日本軍が占領していたシンガポールの、港にいる日本軍補給部隊の艦船を抗日ゲリラが襲うシーンがメインとなる。

特美は大プールにシンガポール港埠頭セット、停泊する輸送艦「神国丸」、貨客船「大正丸」、特設港務艦（主に兵員輸送）「白山丸」を製作する。これらは軍艦の形をしていない、つまり商船だが、皆1万トンクラスで、神国丸を1／20スケール8m。白山丸を1／25スケール6・3m。大正丸は1／25スケールで6m。3隻とも大きいので結構な仕事量である。

神国丸と大正丸は、海軍が徴用したばかりの設定なので、民間時代のままを再現する。つまり塗装が白と黒の一般的船舶色だ。白山丸は兵員輸送艦としてのグレー1色に塗装する。

それにしても同時に3隻の大型模型船の製作は、果たして来月中旬の撮影に間に合うのか？ そこで、木軸組製作後にFRPを塗布するいつもの「木工作り」を辞めて、発泡スチロールで船体型を切り出して石膏雌型をとり、そこへポリ樹脂とグラスウールで積層していった。一番大きい「神国丸」の原型は「白山丸」の原型へと加工され、さらに「大正丸」の原型へと加工された。こうすると発泡スチロールの無駄もないし、3隻を木軸組で作るより速くて安い。

船体を野村やすさんがFRPで抜いているうちに、大道具と模型少年は上物やマストなど艤装パーツの製作をする。ひとつ目の船体とパーツが揃うと、小村さんと美術助手の及川と林が、船体にパーツを組み込んでいく。組み込みが終わるとこーちゃんがドパーと下地塗料を吹き付けて塗装に入る。その間に大道具はふたつ目の船体をFRPにする。塗装の終わった船にたかって、塗り分けやら細かな艤装やらを終えるとひとつ目の完成である。

こうした流れ作業で3艦を撮影までに余裕を持って間に合わせたのだった。

大プールでの撮影はまたまた冬、水は冷たい、風も冷たい、監督の指令も冷たい……そんな事はないが、とにかく、たいがいは冬の撮影となる。なぜなら夏の撮影は、大群のロング用戦闘機と複葉機が多数出現してかってに絵に入ってしまうからだ。つまり、ウンカやトンボなどの虫やそれを捕食するジェット機のような鳥だ。冬はほとんどそれらは居ない。まぁ、実際は夏の公開スケジュールに合わせると必然的に冬の撮影になるってわけだ。

急ぎ作りの3隻は撮影最終日にそろって爆発炎上し、『南十字星』の特撮は1月20日から30日までの僅か10日ばかりで終了した。

●この作品は過激な描写シーンがあるとかで、未公開となったらしい。つまり「お蔵入り」である。

◀日豪合作映画『南十字星』のため製作中の 1/20 スケールの日本海軍油槽艦「神国丸」。1 万トンクラスの同艦は全長 8m もあったが、船体は発泡スチロールを芯に石膏で雌型を作る方法で FRP により製作している。船橋はシナベニヤ製。

昭和57年（1982年）2月。

『姫ゆりの塔』で、特撮的なシーンはライブを使ったりするのだが、足りないシーンの特撮をすることになり、特美ではその被写体の、つまり模型をいくつか製作することになった。ただ特撮はたった2日間なので、特に特撮班は組まず、特効も操演を組したスタッフで、つまり両方のパートを渡辺、鳴海、河合、香取の4人で。そして美術も小村、模型少年の2人だけ。演出も撮影も本編の連中が執り行なうという、極めてマイナーな特撮である。

劇中・舞台は昭和20年の沖縄攻防戦、攻防といってもアメリカ軍の圧倒的攻撃だけなので、沖縄攻略戦と言い換えた方がいいかもしれない。

で、特撮はそれを象徴するように、アメリカ軍のシーンばかり。特美作り物として、グラマン・ヘルキャット戦闘機、ライサンダー偵察機、そしてアメリカ海軍大艦隊と、この3つだけである。

まずヘルキャット。1／10と1／20を数機、1／72を10機ばかり。これらのヘルキャットは台本を調べて、護衛空母「ラングレィ」の第23戦闘機隊と、護衛空母「モンテレィ」の第45戦闘機隊と設定した。

そして、ライサンダー。東宝作品初登場の機体である。1／32を1機。マッチボックス社のプラモを使う。これはアメリカ陸軍のフィリピン・クラーク基地所属の偵察連絡隊と設定。

面倒なのは大艦隊。聞けば本編ステージの片すみに、浅い小さなプールを作り、1／700のウォーターラインプラモを並べて撮るという。水深は2㎝なので船の底に下駄をはかせて喫水を調整しなければならない。

「えー、水なの？　まいったね。この広さだとロングで撮れないから、カメラ水面ギリで狙うことになるじゃない。プラモは結構精密にできてるけど、例えばさ、スクリーンいっぱいにこの4艦が並んでごらんよ、ちゃちいよ、

▲こちらは完成して大プールに浮かべた「神国丸」。冬の大プールでの撮影は寒さとの戦いでもあった。

▲同じく『ひめゆりの塔』特撮用、マッチボックス製の 1/32 スケールプラモデルを組んだライサンダー偵察機。

やめた方がいいと思うけどなあ」

唖然としている特効班と小村さんから言葉が出ないので、模型少年が本編の助監督へそう言った。

結局、本編では考えなおすことなく、このプラモ艦隊は特撮メニューに加えられたのである。

撮影はライサンダーの飛び、ヘルキャットの編隊、機銃発射シーン、と撮り終え、問題の艦隊撮影となった。特撮映画の場合……たとえば『連合艦隊』でもこの小さなウォーターライン模型を使って艦隊を表現したが、煮だした寒天に青竹を混ぜ海色にしてベースに敷き詰め、模型を並べて「高空からの情景」つまり偵察機からの目線……俯瞰を撮るためであり、間違っても水平方向の撮影はしない。

▲映画『ひめゆりの塔』特撮用に製作された、沖縄本島を取り巻くアメリカ海軍艦艇。手前の『ソルトレイクシティ』は全長4m。

まして今回は「水」だ。1/700の模型とただの水では密度が違う。ちゃぷちゃぷとして軽いのだ。まるで模型マニアが自宅で小さなセットを作って撮影しているようだ。

一応それらしいのが撮れたらしく、撮影終了の声がかかった。ところが1カ月後、艦隊シーンのリティク〔撮り直し〕となり、今度は大プールを使うという。

「やっぱりね。あの水セットじゃ、ちゃちいもんな」

あの時立ち会った小村さんと模型少年は当然のごとく納得した。さて模型。まぁ時間も予算も少ないというので有りものを使ってスクラッチすることにした。まず4mの重巡を2艦。こいつは艦名も不明な仕出し仕様。3mの重巡「ソルトレイクシティ」、2mの軽巡「オマハ」の4艦を極々短時間で作り上げた。

大プールに浮かべた模型艦はさすがに大きいので、見ごたえがある。スクラッチにしてはそれらしく仕上がっており、模型少年、ひとりニヤ付いたのでありました。

「にに、今から船の科学館へ行くよ」

寒風吹きすさぶ2月、模型少年は小村さんに呼ばれた。

『幻の湖』という作品で主人公の着る宇宙服の衣装合せだという。「なんで宇宙服が船の科学館なんだ」と模型少年の疑問。

中野監督と役者の隆 大介と僕らの4人で、船の科学館へ向かう車中、中野監督の説明によると、笹川会長がNASAから譲り受けた本物の宇宙服があるので、それを見せてもらいに行くのだという。それにしてもすごいね。日本に本物があったんだ。

わくわくな気分で到着すると、なんとなんと！ 駐車場に川西の「二式大艇」の実機があるではないか!! 笹川会長は以前、大和を売ってくれって言ったわけだ。こんな大型機まで手に入れてしまうんだからね。すごい！

「おおーい、にに行くぞー」

機体の前で圧倒されていた模型少年は、監督の声でようやく本日の業務を思い出した。

作品はタイムスリップもので、特撮では宇宙シーンを撮る。作り物はスペースシャトル「コロンビア号」1/40と1/100。隆 大介演じる長尾隊員の1/8人形。そして大物は3万分の1の、空から見た琵琶湖レリーフ地形。作り物の被写体以外に、宇宙服姿の隆 大介本人を吊り上げて、宇宙空間で

▲NASAの宇宙服の取材のため船の科学館へ行った模型少年。突然、二式大艇が鎮座していてびっくり。その迫力に圧倒されてしばし呆然としていると「おーい、に に行くぞー」。ただしこの写真は取材が終わって帰りの撮影。

▼そばに近寄りもう1枚。まだアメリカから返還されたばかり、オリジナル塗装が残った貴重な姿だね。

の遊泳を撮る。

東宝初めてのスペースシャトルは、今までの軍艦や零戦と違って、泥臭さのないスマートなアイテムなので、リアリングや汚しは慎重にならざるを得ない。本物の写真集を買ってきて入念にそのあたりを研究した。バルサ製を本物らしく見せるには、やはり全面に覆われたタイルの質感を出すのが一番だろう。塗料でその硬質感を出すのにはどうしたら良いか、白と黒の機体だしな、ただ塗り分けてもシャトルの質感は出ないだろうな。

もっとも模型少年がそこまで悩むこともないのだ。撮影は宇宙バック、つまり闇だ。と言っても黒バックではない濃紺群青だ。するとシャトルの白はライティングを抑えても、飛び気味になる。実際の太陽系宇宙は太陽からの一方向の光だろうから、コントラストがくっきりとなって、早い話しがタイルの質感なんてわかるかどうか。まあ普通に塗り分けておけば特撮には全く問題はない。

しかし模型少年は「普通」を嫌う。そこに模型少年だけの「コリ」をなんとか入れたいのである。

ベース色の白を磁器のような冷たい白……ラッカーの白に極微量紺を混ぜた白を吹き付けて、タイルのつなぎ目を「スジ彫」し、微細な墨入れと汚しを加えて仕上げた。

なかなかそれらしいのが出来たが、いざ本番ライトになるとなんて事はない。羽のはえた形の良い大根にしか見えない。誰も宇宙で見たことがないから、こんなもんなのだろうと思うだけである。文句は誰からも出てこなかった。

1スタいっぱいに作った琵琶湖を中心にしたレリーフ地図は、特美スタッフ総動員で仕上げられた。大気圏又は宇宙のどのくらいの高度から見た情景なのか、全くわからないが、まあ多分それなりに出来ているのであろう。3月に入って数カット撮影されてこの作り物の役目は終わった。時間をかけ人員をかけたこの類の作り物は、全く背景と一緒で、特に模型その物の芝居があるわけではないから、撮影に立ち会ってもさして面白いものではない。

●この『幻の湖』は公開されて2週間ちょっとで打ち切られたという、「記録持ち」の、有名作となった。

昭和57年（1982年）4月。

社内の大プロジェクトが始まるので、そのスタッフ編成が進んでいた。湾岸のパーク建設である。

ここで特美の課長白崎さんがそちらのプロジェクトチームへ異動となった。

▲映画『幻の湖』特撮用の1/40スケールのスペースシャトルオービター「コロンビア」号。ベースの白に紺を少し混ぜて陶磁器のような冷たさを出し、タイルひとつひとつをスジボリして墨入れしたが、結局羽の生えた大根のようにしか見えなかった。

◀1スタいっぱいに使って製作された1/3万スケール近畿地方&琵琶湖畔のレリーフ地形にエアブラシで彩色中の模型少年。映画『幻の湖』はおよそ2週間で上映が打ち切られてしまった。

その後任は係長だった青木さんである。模型少年が特美に来てから、豊島さん、村上さん、白崎さんと続き、4人目の課長として青木さんが特美を仕切っていくわけだ。

「青木やんおめでとう」

こーちゃんが賛辞を伝える。青木さんにこにこである。

6月、ポピーという玩具メーカーの「ダイラガーXV（フィフティーン）」なる商品のCFの仕事が入った。

監督は川北、助監に浅田、撮影江口、美術小村、特効渡辺、操演小川と松本、と、いつもの特撮スタッフがコマーシャルを撮る。

基地セットに並んだカイラガー、リックラガー、クウラガーの商品を見た模型少年、

──あっなるほど、海ラガー・陸ラガー・空ラガーね、3つ合体して大ラガーか、なるほどねー。

と、気が付いたのであります。

「にに、小村を手伝ってやってくれ」

青木さんが模型少年へ指令を出した。

コカコーラのマルチビジョン映像で特撮をするのだという。映画作品と違って物語的なストーリィがなく、宇宙シーンをエンドレスで流すもので、全編特撮の映像が使われる。

さて特美の作りもの。嬉しいねぇ、「ボイジャー探査船1号」が作れるのだ。おまけに「2号」も登場する。宇宙探査船と言っても丸いアンテナと長い棒を組み合わせた形だから、今までの模型とは全然違う。実際のところ何分の1になるのかわからないけれど、全長は2mもあった。外注品を受取り、NASAの資料を見ながらそれらしく仕上げた。

監督は川北さんで、早速呼ばれ、

「おい、スペースシャトルあったよな」

「『幻の湖』で使ったやつだよね」

「うん、あれ使うからもっと凝ってくれよ」

「いいの？　使っても？」

「いいんだよ。頼んだぜ」

スペースシャトルは地球への帰還時大気圏に突入するが、その時大気との摩擦で異常に熱くなる。それをふせぐ目的で全身に耐熱タイルを貼ってある。前回やりたりなかったその耐熱タイルをディテールアップしようと思いつつい

た。耐熱タイルをひとつひとつ全面にけがいて、耐熱タイルに書かれている極小なレタリングも再現した。まあいつもの事だが、これは模型少年の趣味仕事。こつこつと凝りにこり、塗装も以前より工夫して、よりリアルなシャトルが出来上がった。

6月14日、カメラテストを開始した特撮は、島倉さんが作画した地球の曲面パネルと、シャトルを使って行なわれた。作画が素晴らしいのでリアルなことこの上ない。おかげでシャトルも実機のようである。

「特撮スタッフ、見て来たように、絵をつくり」

またまた川柳パクリました。

川北さんの「コリ」でみっしりと撮影を重ねて、1週間後、無事アップを迎えた。

●後年、この作品の写真ノートを見ると、島倉さんが作画した地球の……ちょうど日本列島を中心にしてアジアまで入った、特大背景パネルや曲面パネルのリアルさは、現在、衛星画像などで見る地球そのものであって、今さらながらすごいなあと思うのであります。

ちょうどこの頃、川北さんの電話でサロンに呼び出された模型少年、行ってみると美人の前で川北さんがなにやらはにかんでいた。

▲コカコーラマルチビジョン撮影用の地球を手直しするこーちゃん。手前に『幻の湖』で使ったスペースシャトルが見える。

「おお、にに、後を頼むぜ」

そう言ったかとおもうと川北さんは、さっとその場を離れた。

——ん？　なんだ……。

「あ、どうも古山といいます。今、ガンダムの川北さんにお話しを伺っていたのですが、打合せがあるとかで……。詳しいのを呼ぶからって電話をしてくれたんですよ」

川北さんはシャイなところがあり、このころ若い女性との話しは苦手な分野であった。それで逃げたのかもしれない。古山記者はそのあたりを承知したか否か？

彼女は「アニメ・プラモ・マニュアル」という模型雑誌の記者であった。川北さんのいない場での川北さんへの取材、なんともおかしな話だが、聞かれるままに模型の事や撮影について話を進めた。古山恵乃さんは早稲田式速記でさらさらとメモを取っている。30分ばかり経ったので特美に戻らなくてはいけないと伝えると、同行して見学させてくれと言う。

特美に連れていき、青木課長と小村さんを紹介する。その後、作業場や模型倉庫を案内すると、彼女は眼を輝かして幾つもの質問を模型少年に投げた。模型少年この時はまるで「特美広報」になったようだ。川北さんの狙いはそこにあったのかもしれない。

後日雑誌が届いた。「プロのテクニック」と見出しがついた1ページに、川北さんインタビューとして模型少年が川北さんに成り代わって話した記事が載っている。囲みで模型少年と小村さんの談話も写真付きで載っていた。ふたりでニヒヒと笑んだのである。

今年も残すところあとふた月。

11月1日、テレビの『海にかける虹』の本編撮影に、中野監督とともに霞ヶ浦海軍航空隊跡地へ同行した。山本五十六（やまもと・いそろく）の物語で正月特番の長編作品である。本編シーンはその航空隊から古谷一行扮する五十六が車で出ていくところを撮影する。そして裏に広がる原っぱで実物大の練習機絡みの芝居を撮影。その練習機と原っぱが特撮の繋がりの航空隊飛行場となるので、模型少年たちはそのロケハンがメインである。

昼弁を古谷さんと一緒に食し、特撮の話しなどを中野さんとともに話す機会を得た。彼のポツリポツリな質問に答え、昼休みは楽しいものとなった。

特撮は、ラバウル基地を離陸する一式陸攻と、霞ヶ浦航空隊の一三式艦攻練習機の離陸・飛行の2シーンだけ。飛行場セットは霞ヶ浦基地と、飾り替えしてラバウル基地にする。模型は1／20の一式陸攻2機、ラバウル航空隊

◀▲TV『海に掛ける虹』劇中で山本五十六大将が戦死時に搭乗していた一式陸上攻撃機〔323〕。史実通りの機番号を再現している。

▶問題の一三式艦攻練習機。話に夢中になり、結局どういった使われ方をしたか頭に残らなかった。

◀一三式艦攻練習機を手にした浅田演出助手。左側が変色しているのはネガフィルムの端っこだから（昔はよく感光した）。

の323号機と352号機とする。これは大映『ああ海軍』ライブ繋がりである。そして山吹色の1／15一三式艦攻練習機を、図面を引いてバルサで製作。とここまで助監督と打合せを終わったところで、

「うん？ ちょっと待って、練習機ってさっきあそこにあったやつ？」

「そうです。あれうちの方で作ってもらったんですよ。だから模型はあれを作ってください」

「えー、どうもおかしいと思った。艦攻練習機って言ってるからね。そんな型式聞いたことないしねえ」

「えっ、なんか変ですか？」

「うん、一三式練習機ってのはあるけど、上下の翼を支えてる支柱が、片翼ふた組しかないんだよ。ほらあれは三組あるじゃない。翼が長いから三組で支えているんだよね。一三式艦上攻撃機は三組だから……ああ、だから艦攻練習機なんだな」

　模型少年と中野監督が思わず笑った。しかし助監督は「……？」な顔だ。

　まあ本編で使っているものと繋げなくてはならないから、模型はそのまま作ればいい。何か事情があってこの機体にしたのだろう。模型少年たちにはわからないが、あまり関係はないことだ。

　模型少年、帰りの車で邪推にふけった。

――当時の練習機っていえば空冷エンジンの「赤とんぼ」だよな、一三式練習機なんて古すぎて使ってないだろうし……、本編で設定を調べきれず型式を間違えたのか……、わからん。

　車は首都高を東京タワーを右に見ながら、渋滞もなく順調に走っている。

――まさかなあ。

　模型少年ひとつの考えが浮かんだ。

――戦局が極めて悪くなった頃、霞ヶ浦だってろくに飛行機なんて無かったろうし、まして練習機なんかまともに用意されてないから、劇中で飛行場の片すみに転がってたポンコツの艦攻を整備して山吹色に塗って飛ばしたって設定かもしれない。ありうるな、これは。

　ひとりでニヤ付いた模型少年でありました。

　特撮は模型とセットが出来上がった11月24日からスタートし、僅か3日間でアップを迎えた。

●放映された年の正月に実家でドラマを見たが、話しに引き込まれ、一三式がなんたらという事はすっかり忘れていた。後年思い出そうとしても、もうドラマ自体が思いだせないでいる。

【シーン28】

映画『日本海大海戦 海ゆかば』（1983年／©東映）特撮
～彼我艦隊はひとつだけ～

昭和57年（1982年）12月。

大プールでカメラテストが始まっていた。ホリゾン側にロシアの戦艦「スワロフ」が煙を吐きながらこちらへ向かっている。

しかし、いつまで経ってもこっちへ来ない。スワロフはこーちゃんがベニヤに描いた絵であった。

模型少年が撮影所にやってきた昭和47年、広いオープンには昭和44年に撮影された『日本海大海戦』の模型艦隊の残骸があちらこちらに転がっていた。模型とは言ってもかなり大きなもので、すべてが鉄骨組の船体であり、本物の艦艇のように金属で作られていた。ちなみに戦艦三笠と思われし残骸は優に13mぐらいあった。

この作品は、円谷英二さんの特技監督最後の戦記物作品となったもので、井上さんは特殊美術として、そしてメカの高木明法さんもこの作品に関わっていた。

残骸をじっくり見ると、かなり大がかりな特撮だったことがわかる。それだけ軍艦たちがリアルに出来ていただろうと、感じとれるのである。

あれから13年、かって東宝特撮クルーが下請けした東映戦記物『二百三高地』『大日本帝国』に次ぐ、第3弾『日本海大海戦 海ゆかば』作品の特撮をまたまた東宝クルーで撮ることになった。日露戦争海軍音楽隊の物語である。特撮的にはタイトル通り、ロシアのバルチック艦隊と帝国海軍連合艦隊の『日本海大海戦』がすべてとなる。

特撮クルーはいつものメンバー、監督は中野さん、美術は小村さん、模型少年、林、そして新人の助手高橋 勲の4人。好村なおは種子島博物館の仕事で出張していた。

ところでこの高橋は変わっている。彼はゴジラが大好きでそんな仕事をしたいと、ある日、撮影所を訪ねてきた。裏門の守衛所で特美事務所を尋ねあてひとりでやってきたのだ。ただゴジラ作品はもう随分長い間作っていない。だから諦めて帰るのかと思いきや、

「しょーがない、じゃー戦争映画でもいいですよ」

と偉そうな事を言うではないか。小村さんは呆れたけれど、模型少年が高橋

▶映画『海ゆかば』の撮影のため大プールに組まれた1/8スケールの艦艇たち。手前左から脇屋、佐藤、太田、山本、大川の撮影スタッフ各氏と模型少年。よく見ると単縦陣の一番手前に位置する「三笠」は舷側部分だけの再現で、反対側は骨組みが見えているような状況。〔撮影／桜井景一〕

▼本当はゴジラ作品に関わりたかったのだが「しょーがない、じゃー戦争映画でもいいですよ」と今回から美術助手となった高橋 勲くん。小村さん（後ろ姿）とロシア戦艦「スワロフ」を艤装中。

に聞いた。

「おまえ、模型作れるのか？」

「作れますよ、そーいうの好きですから」

——好きだから作れるってもんじゃねえだろう。

模型少年、自分のことは棚にあげている。が、

「まあいいか、スタッフも少ないんで入れますか？」

小村さんと青木課長の了解をとり、高橋はスタッフの一員となった。

『大日本帝国』の時と同じ大泉の東映撮影所で、台本の特撮シーン打合せが開始された。

『#6、モンタージュ。ナイトシーン。スワロフ洋上航走正面』スワロフ。

『#24、洋上に旭光を浴びて浮かぶ三笠。呉を出港する三笠』三笠、切だし半島。

『#25、洋上の三笠後甲板——及び艦内各所（航行中）』三笠。

『#32A、洋上を行く三笠』三笠。

『#34、信号艦橋。夜。三笠航走』三笠。

『#37、荒天下、全速航行の三笠』三笠。

『#46、最上部カッターデッキ。三笠航走』三笠。

『#47、佐世保・烏帽子岳の山容。三笠佐世保港停泊』三笠、寒天海の場合あり。

『#60、三笠——巻き上げられる錨。マストにはためく各種信号旗』出港する三笠、信号旗。

『#64、佐世保湾——黒煙をたなびかせて出港してゆく三笠』三笠1／320、寒天海。

『#69、進む三笠』三笠、切だし半島。

『#71、逞しく黒煙を吹き上げる三笠の二本煙突』三笠。

『#76、岬の沖を通過しかかる三笠艦影』三笠、切だし半島。

『#77、岬の海辺。三笠航走』三笠。

『#80、黒煙を残してゆっくりと洋上の濛気の中に消え去ってゆく三笠艦影』三笠、寒天海の場合あり。

『#83、朦朧とした画面の奥から現出する黒い艦影（正面）。幻想的に』スワロフ。

『#87A、三笠各所。岩礁の小島が望見される』三笠、小島。

『#87B、舷側——突き出た上下7門の副砲が一斉に紅蓮の光を放って発射』三笠1／8舷側。

『#87C、洋上の岩礁周辺に巻き上がる水柱』小島。弾着水柱。

『#87D、煙突からの黒煙とで濛濛たる洋上を、間弾ない砲声を響かせて突き進む三笠の全景』三笠、三笠1／8舷側。

『#87E、爆炎と砂煙に包まれている岩礁』小島、弾着。

『#93、迫る黒い艦影。ロシア皇帝エンブレムのアップ』スワロフ。

『#98、三笠各所。旋回する主砲、轟然火を吐く主砲』舷側副砲へ変更。裏焼き。

『#１０４、暴風雨の中、激浪を蹴って突き進んでくる黒い艦影』スワロフ、仕出し艦、切だし艦。

『#１０７、後甲板。夜。左舷フルショット』三笠。

『#１１１A、洋上。早暁。貨物船の輪郭が浮かび上がる』切だし信濃丸、寒天海の場合あり。

『#１１１B、黄と黒の巨大な煙突を聳え立たせた城のような艦影』スワロフ、仕出し艦、切だし艦。

『#１１５、艦内各所。洋上。単縦陣で続く連合艦隊の全容』三笠、敷島、仕出し艦、切だし艦。

『#１１６、ガブリながら全速で突き進む三笠』三笠、ロングの諸艦。

『#１１８A、コンパスブリッジ及び艦内各所。洋上遥か無数の黒煙』寒天の海、黒煙切だし。大プールでも撮影、切だし艦。

『#１１８B、洋上、バルチック艦隊の艦影』寒天の海、切だし。

『#１１８C、一斉回頭。大きく揺れて左へ急転回する三笠』三笠。

『#１１８D、スワロフの艦影から、パッと赤い閃光』スワロフ。

『#１１８E、三笠舷側海面に巨大な水柱』三笠、弾着水柱。

『#１１８F、三笠右舷6吋（インチ）1番砲が火を吹く』三笠1／8舷側。

『#１１８G、三笠の信号マスト吹っ飛ぶ』三笠1／8マスト。

『#１１８H、敷島被弾・水柱』敷島。

『#１１９、戦闘。彼我の砲撃戦』連合艦隊分とバルチック艦隊分を別撮り。

◀オープンに建て込み中の1/8スケールの戦艦「三笠」の後部マスト。トップに翻るのは連合艦隊司令長官東郷平八郎座乗を表す大将旗。

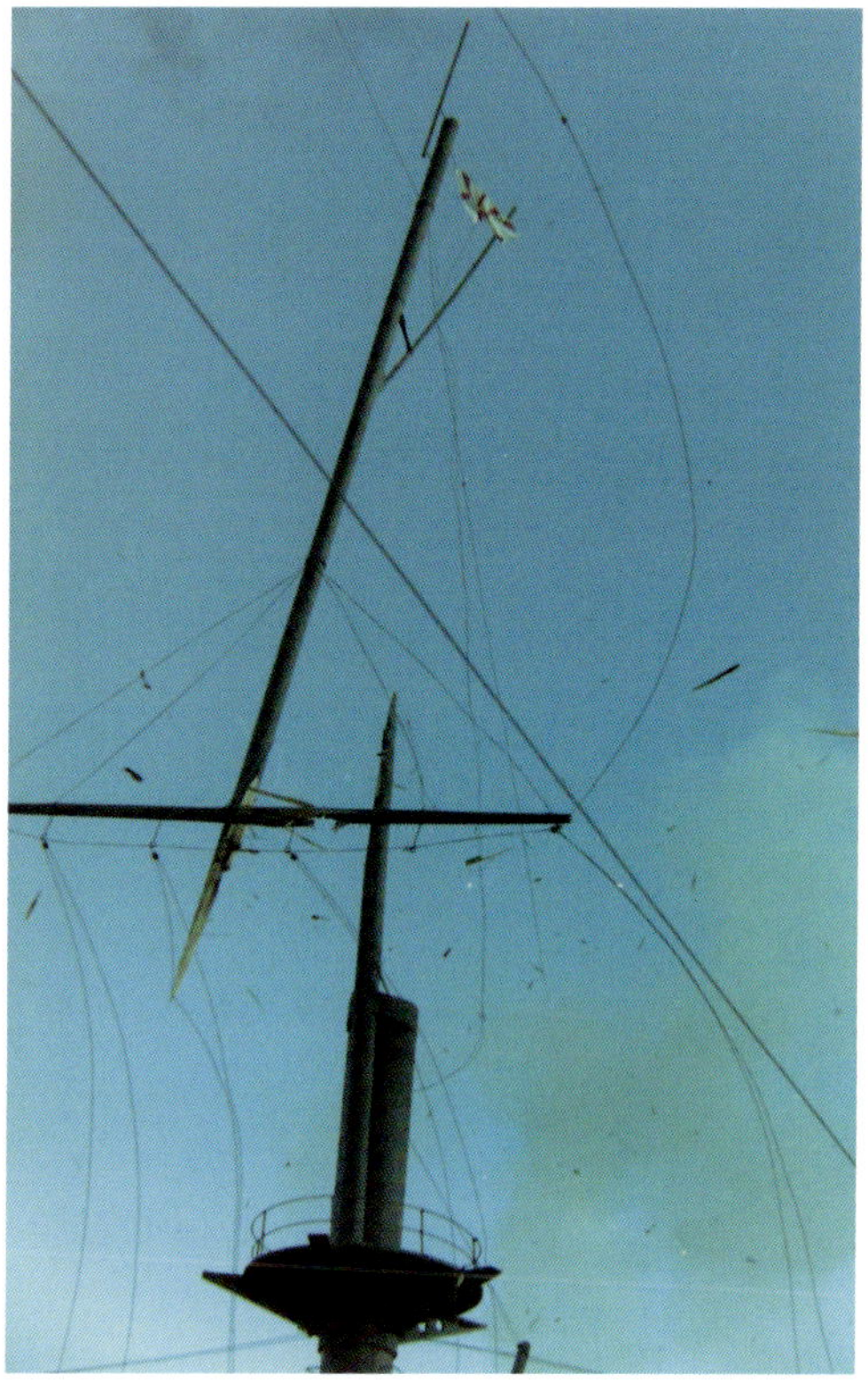

▶このセットは海戦中に敵弾が命中して、マスト上部が吹っ飛ぶシーンの撮影に使われた。写真はまさにその瞬間。

三笠舷側被弾破孔及び折れ曲がった6吋砲の加工。スワロフ火炎・傾斜、ロシア艦隊被弾、ｅｔｃ。

『＃１３１、手負い獅子のように驀進を続ける三笠。燃えさかるバルチック艦隊の各艦』三笠、ロシア艦隊。

「すいません、休憩なしで一気にやってしまって。特撮シーンは以上です」

東映助監督が打合せ終了の合図を出した。

「この前の零戦よく出来てたよ。今度も頼むよ」

模型少年は舛田監督から声をかけられた。『大日本帝国』のジュラ板零戦のことである。

模型少年は照れながら返礼した。

さて作り物。日本海海戦の連合艦隊は戦艦・巡洋艦・駆逐艦・水雷艇と第1艦隊だけでも、28隻も連なっている。バルチック艦隊にすれば、第1戦艦隊、第2戦艦隊、第3戦艦隊で12隻の戦艦、第1巡洋艦隊で4隻の巡洋艦、他に駆逐艦がざっと11隻、計27隻もいる。とてもそんなに多くの艦艇は、予算・時間の関係で作れない。そこでひと工夫となる。

主要艦だけ作って全部を連合艦隊にしたり、バルチック艦隊にすれば、作った模型の数だけ艦隊編成ができるじゃないかと。それに艦隊後尾の艦は小さくなって当然なので、ベニヤの切だしでも充分いけるだろう。そんな事で模型製作メニューが決まった。

戦艦「三笠」１／22スケール6ｍ、１／３２０スケール41㎝、これは寒天海用、「三笠右舷側副砲部分」１／８スケール8ｍ、「三笠後部マスト」１／8スケール6ｍ位、「三笠煙突」１／８スケール１・８ｍ、「信濃丸」切だし１・８ｍ、戦艦「敷島」１／22スケール6ｍ、戦艦「スワロフ」１／22スケール５・５ｍ、これで3隻の艦隊が編成できる。他に正面艦影の切だしは縮尺を変えて10枚くらい。横艦影の切だしも10枚位か。たったこれだけで、連合艦隊もバルチック艦隊も再現しようというのだから、模型少年たちは「えー、いけるのかな？」と疑問に思った。

まあ問題は撮影の番手「シーンの順番」だな。助監督たちの「頭の見せ所」である。電車のダイヤグラムを組むように完璧なのを作り上げてくれと、願わずにいられない。

基本的には被弾して壊れる前に艦隊シーンを撮れば良い。単艦の航走も被弾する前に撮れば良い。理屈は簡単だ。しかしここに落とし穴がある。この日本海軍2艦とロシア海軍1艦は色が異なる。そう、番手によって塗替えと艤装替えが発生するのである。プールに浮かべたままその作業をしなければ

◀最初に大プールで撮影が始まったのが戦艦「三笠」。煙突から真っ黒な煙を垂直に吐いて勇壮に航走する様子を再現する準備中。

◀「こーちゃん」が描いた「信濃丸」切り出しを大プール端（もやでほとんど見えない）に仕込んだ様子。霧の中で北上してくるロシアバルチック艦隊を発見する。

◀小村さんと高橋くんがせっせと作っていた戦艦「スワロフ」の様子を見にきた模型少年。「あと２日くらいで完成かな？」

ならないのだ。ここは一番、美術総動員でかかるしかない。忙しい毎日になるのは必定であった。

船体をFRP、上物を木軸で作った6mの戦艦三笠が進水した。特撮模型としてはそう大きな軍艦ではないが、横須賀に現存する戦艦だから詳細をきっちり再現し、汚しもリアルに施したつもりなので、けっこう大きさを感じる。作り方にこれといった新手法はなく今までと同じ工法で作ってある。ただ、あとでバルチック艦隊に変身させるので、艦首の菊紋章はFRP製作品で、取り外し式としてある。

12月16日、三笠の単艦撮りが始まった。佐世保港停泊シーンは半島の作画切だしをバックに。次に呉軍港沖シーンは半島切だし無し、三笠の煙突から煙がたなびいている。と順調にスタートした。

この間も特美では敷島、スワロフの建造が続いていた。

翌日は全力航走の三笠のシーン、2本煙突に仕込んだスモークが真っ黒に垂直に噴きあがる。索がトラックで曳かれる。艦首に仕込んだボンベからコンプレッサーで圧縮した大量の空気が放出される。真っ白な細かい泡となって艦首波が発生。三笠はプール端まで突っ走った。煙突の煙はもうもうと後ろにたなびき、海面へと流れていった。

うーん、素晴らしい。見たことはないけれど絶対こんな感じだよ。カメラ前の模型少年は唸った。

初日にして8カットを撮り終え、美術は明日の準備にかかった。まだ三笠しか出来ていないので、明日は三笠の航走と信濃丸を撮る。こーちゃんに頼んでおいた信濃丸の切だしを確認した。

「にに、こんなもんでどうだ？」

1間ベニヤを横に使って描いた信濃丸は、ほんとに船になっていた。けっこうディテールがしっかりと描いてある。

「うわー良く描けてるなー。さすが小島さん。煙まで描いてんじゃん」

模型少年は礼を言ってベニヤを受け取ると、大道具のミシン「電動イトノコ」で輪郭をカットして、裏に小割［細い角材］をフレームのように打ち付けた。これで明日の準備よし……と。

17日、信濃丸切だしを大プールのホリゾン側に設置する。これで準備はできたが、カメラを覗くと本物の船には到底見えない。まあ仕方ないのだけれどね。ところがシーンの設定は「濃霧の中を進む信濃丸」。本番前にこーちゃんには申し訳ないけれど、つや消し黒スプレーで全体をボカシた。ラッシュ

▶大プールに浮かべた戦艦「敷島」を手直しする模型少年。このあとバラストを仕込んで喫水線の位置を調整する。撮影スタッフは「三笠」と「敷島」の見わけに難儀した。そのため「2本煙突は三笠」「3本煙突は敷島」なる識別法を模型少年は授けた。

◀1/8スケール戦艦「三笠」とペンギンを履いた浅田助監督。単縦陣の手前に置いて舐めるようにカメラアングルに使用するこの模型は舷側と上部構造物の一部のみの再現となっていた。

▶同じく1/8スケール「三笠」の舷側に特殊効果の渡辺さんが手を加え、被弾した状態を表現している所。横須賀の「三笠」を取材して製作された本模型は、舷側だけの表現とはいえリアルな作り込みがされていたことがおわかりいただけるだろう。

はいい感じに上がっていた。
と、まぁこんな感じで撮影は進行していき、18日にやっと戦艦敷島が進水したので撮影準備にとりかかった。

三笠も敷島も1万5000トンでどちらもイギリスで作ったもの、模型も同じ大きさなので良く似ている。模型少年には全く別物に見えるのだが、助手の高橋や撮影部の助手たちは混同するらしい。そこで「2本煙突は三笠」「3本煙突は敷島」と教えこんだ。簡単な見分け方である。これはすぐに浸透していった。

模型少年と林が大プールのセット付をしているので、小村さんと高橋が特美で戦艦スワロフにアンテナ線を張ったり小物を取り付けたりの最終艤装にとりかかっていた。この分ならあと2日もかからず進水できるだろう。

23日、スワロフが進水し、単艦での撮影が進行している。
大プールの端のカメラから死角になっている場所に、三笠と敷島が停泊しており、そこが特美サービスベイになっている。美術全員がここに揃い、いよいよ帝国海軍をバルチック艦隊に変身させる時がきた。

敷島の煙突を黄色に塗り、艦首の菊紋章をはずしてロシア皇帝エンブレムをつける。艦橋上の白い防弾チョッキ「マントレット」を着たオープン指揮所「露天艦橋」全体を取り外す。マストの防弾チョッキもはずす。艦全体に汚しをかける。形は敷島だけれど、スワロフの後続艦にも見える。三笠も同じように艤装チェンジして敷島の後ろへセットする。これでスワロフ、アレクサンダー三世、ボロジノの「バルチック艦隊第1戦艦隊」の3隻の戦艦が揃った。正面形の切だし艦は、煙突を黄色にしただけでもうロシア艦になった。段々小さな切だし艦を大プールにセットすると、バルチック艦隊が出来上がってしまう。

三笠を先頭にした連合艦隊を表現する最大のポイントは、何と言っても「一文字幕」のような防弾チョッキであろう。幕といっても平らかな布ではない、ちょうどキルティングのように、ハンモックひとつ幅でモコモコとしている。戦闘態勢に入ると日本艦はこのハンモックを露天艦橋の手摺に、ズラッと取り付けて防弾マットとする。それが白いのでかなり目立つ。白い一文字幕の艦がずらっと縦列で航走してくれれば、中に煙突をグレーに塗り替えたスワロフがいてもそれはもう、連合艦隊にしか見えないのである。

さらに三笠舷側部分を手前にセットして、それをなめて以下敷島、三笠、スワロフ、切だし艦隊を奥へとならべると、より以上に連合艦隊の威容が表現できる。

◀ホリゾン棟をバックに単縦陣を組んだバルチック艦隊第１戦艦隊の戦艦群。手前からカメラボートが近づいていく。大プールではこうした撮影風景がよく見られた。

▼「本番用意」の号令でカメラの前に雨を降らせる。

◀戦艦「スワロフ」を先頭に日本海へ進撃してきたバルチック艦隊。航続は敷島を塗り替えたものだ。

▶あらかじめ東映サイドから頼まれていたこともあり、模型少年と林くんが撮影したスチル写真はオフィシャルでも使用され、そのうち２枚ほどが映画パンフレットに掲載されることになった。写真は林くんの撮影によるもの。

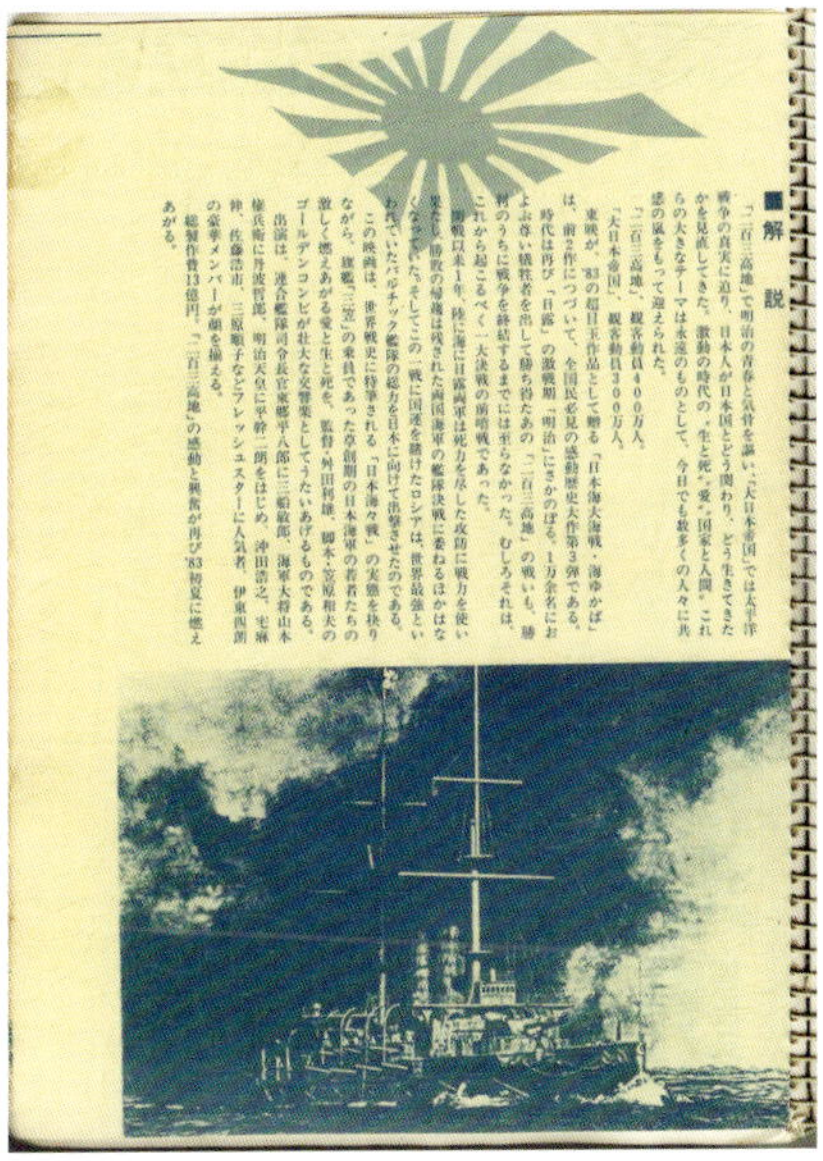

■解説

「二百三高地」で明治の青春と気骨を謳い、「大日本帝国」では太平洋戦争の真実に迫り、日本人が日本国とどう関わり、どう生きてきたかを見直してきた。激動の時代の"生と死""愛""国家と人間"これらの大きなテーマは永遠のものとして、今日でも数多くの人々に共感の嵐をもって迎えられた。

「二百三高地」観客動員400万人。

「大日本帝国」観客動員300万人。

東映が、'83の超目玉作品として贈る「日本海大海戦・海ゆかば」は、前2作につづいて、全国民必見の感動歴史大作第3弾である。

時代は再び「明治」にさかのぼる。1万余名におよぶ尊い犠牲者を出して勝ち得たあの「二百三高地」の戦いも、勝利のうちに戦争を終結するまでには至らなかった。むしろそれは、これから起こるべく一大決戦の前哨戦であった。

開戦以来1年、陸に海に日露両軍は死力を尽した攻防に戦力を使い果たし、勝敗の帰趨は残された両国海軍の艦隊決戦に委ねるほかはなくなっていた。そしてこの一戦に国運を賭けたロシアは、世界最強といわれていたバルチック艦隊の総力を日本に向けて出撃させたのである。

この映画は、世界戦史に特筆される「日本海々戦」の実態を抉りながら、旗艦「三笠」の乗員であった草創期の日本海軍の若者たちの激しく燃えあがる愛と生と死を、監督・舛田利雄、脚本・笠原和夫のゴールデンコンビが壮大な交響楽としてうたいあげるものである。

出演は、連合艦隊司令長官東郷平八郎に三船敏郎、海軍大将山本権兵衛に丹波哲郎、明治天皇に平幹二朗をはじめ、沖田浩之、宅麻伸、佐藤浩市、三原順子などフレッシュスターに人気者、伊東四郎の豪華メンバーが顔を揃える。

総製作費13億円。「二百三高地」の感動と興奮が再び'83初夏に燃えあがる。

◀こちらが模型少年の記録ノートに貼付けられた当時のパンフレット。上の写真が使われていることがわかる。

まあ「言うは易し、行うは難し」なんだけど、この作業をシーン毎にプールに並んだままの模型艦へ実施するってこと。だからうまいこと番手を組んでほしいわけだ。とはいえ、なかなか美術の思うようにはいかない。全とっかえは何度もあり、撮影がさらに進行してくると、いよいよ海戦によるドンパチシーンとなり、さっきロシア艦として被弾した敷島を、そのロシア艦に命中弾を浴びせる敷島に復元するなんて事になる。三笠も含め、もう何度もやっていると、シーンチェックしている模型少年でも、なにがなんだか……。

大プールの模型艦隊は今や火薬の硝煙の煤で真っ黒となりつつあった。

ところで、円谷さんの『日本海大海戦』の撮影では、日本海軍は「下瀬火薬」を使っていたからその砲撃の爆炎は、真っ黒ではなく白っぽかったという設定で撮ったと聞いた。だが今回の撮影での日本海軍の砲撃の爆炎は、特に白っぽさもない通常の「黒色火薬」である。

それは、下瀬火薬は「砲弾内部の炸薬」に使っているのであって、砲弾を遠くへ飛ばす為の発射薬は「コルダイト」と呼ばれる通常の火薬なのだ。その為、発射直後に砲身から吹き出す爆炎はやはり黒いのである。砲弾には、艦側の分厚い鉄鋼鈑を貫通させる目的の「徹甲弾」と、防御の薄い艦橋や上甲板などを爆裂させる「炸裂弾」とあるのだが、その炸裂弾に充填してあるのがピクリン酸というものを主体とした下瀬火薬だったわけだ。こいつは着弾して破裂すると、四方に飛び散って延焼する。メラメラゴーと燃えひろがる寸法だ。まあ「焼夷弾」みたいなものであった。

という後年の調べにより、中野監督はあえて先人の作品とは異なる演出をしたのである。

だからドンパチ後に被害の少ない連合艦隊に戻す為、被弾爆発箇所を艦体色に塗ったジュラ板を貼って補修したり、爆炎がバーと吹き出るように発射薬に混ぜた松煙［しょうえん・真っ黒な松の煤］でめたくたに黒くなった船体を大プールの水をかけて洗い流すことをしなければならない。林も高橋も勿論模型少年も親方の小村さんも、その都度胴長を穿いてプールに入るのである。

●模型少年と林が撮影したノートアルバムを見ると、『連合艦隊』の時の大和や瑞鶴よりも、より実感に溢れていると感じた。また当初から東映に頼まれていたスチールカメラマンとしての分、ポジとネガ１００コマ位を渡し、東映担当者に大いに喜ばれた。そのうちの2シーンが映画館で配られるパンフレットに使われていた。

【シーン29】

『さよならジュピター』特撮
～マニアックな宇宙船模型～

昭和58年（1983年）2月。

今までにない方法で特撮を行なうという、木星を舞台にした小松左京原作の『さよならジュピター』が年明け早々話題になった。ちなみに「ジュピター」は「木星」の呼称。既存の特撮は被写体の模型をピアノ線で吊るし、それを移動して飛行シーンなどを撮っていたが、今回は模型を固定し、カメラを移動する。映された画面ではそのカメラの移動速度で物体が飛行しているように見える。この方法は今までにもなかったわけではないが、話題となった新手法とは、カメラの移動をコンピューター制御で行なう、というものである。

「アボット・エモーション・コントロール・カメラ」

これが制御機械に付けられた名である。自動車工場のロボット溶接アームを改良して作られたもので、溶接棒をカメラに持ち代え、インプットされたデーターによってあらゆる動きが可能となっている。

さて特撮。監督川北、助監浅田、撮影江口、特効渡辺、操演松本といういつものメンバーに加え、フリーの美術だった寒竹氏が特殊美術に抜擢された。だから小村さんは特美予算を預かる美術チーフとして加わり、そして好村なお、模型少年、林、清水、高橋が美術助手を務める。模型少年は川北監督命令で、今回一手に特撮模型を製作するマニア集団「小川模型班〔オガモ〕」の「目付け」として、彼らの製作模型をチェックすることになった。

10スタの前から特美までの間に広々とした原っぱがある。その10スタ寄りに倉庫として使っていたプレハブが建っている。撮影期間中、彼ら「オガモ」はここを工房として使い、模型たちのメンテや新規製作品、はたまたスクラッチ品を作り上げる。

本作品は宇宙モノなので、各種用途別な宇宙船が登場する。劇中・惑星間フェリー「トーキョーⅢ」、木星探査船「ミューズ12」、木星ステーション「ミネルバⅡ」、高速探査船「スペースアロー」、退避船「フラッシュバード」と、これらが大型の模型シップ。そして貨物船「スペースカーゴ」、木星探査艇「ジェイドⅢ」、救命艇「レスキュー1」、連絡艇とこれらは小型のもの。

これらの、東宝映画とは無縁だった未来ものアイテムを、この若き集団がデザイン・製作していく。

はっきり言って模型少年は、この架空な、いわばインチキっぽい模型はあまり好きではない。そうは言っても仕事なので、映画用模型を作ったことのない、彼らのメンドーを見ていかなければならない。撮影所に持ち込まれた最初の模型は、1／200スケールのトーキョーⅢ。1m弱の模型だが、時間に捉われず楽しんで作ったと思われる模型だ。まあびっくりするくらいにチマチマと細かいパーツがくっついており、メカメカしさがよく表れていて、確かに今までの先人たちとは全く異なるデザインであり出来である。模型少年、このアイテムは好きではないが、この細かな模型作りの姿勢は、自分と一緒だなと思わず笑ってしまった。姿かたちは異なるけれど、これも「メカもの」だから、結局は模型少年のテリトリー内ってわけだ。ただ彼らのマニアックさと模型少年の模型への関わり方は本質的には全く異なるものである。

川北監督はこのトーキョーⅢをウェザリングしろという。確かに展示模型としてはすごい出来なんだが、映画用として作っているわけではないから、このままでは映してもボワンとした物になってしまう。パーツ関連のディテールアップは不要なほど作りこんであるので、墨入れをしてアイシャドウのように影をつけてやる。そうすればより立体的に見える。まして宇宙空間なのだから、より鮮明に光と闇がはっきりするはずだ。

ハンドピースにシャブ目の濃いセピア色を入れて、一気に吹いた。

「あーっ、何するんですか！」

オガモのリーダー、まだ学生の「小川正晴」があわてた。

「おお、ヨゴシ入れんだよ」

「えー、汚しちゃうの？　なんで、なんで？」

「うるさいなー、いいんだよ。これ展示模型じゃねえかよ。だから映画用にするんだっよ！」

他のオガモの連中も眼を瞠る。模型少年かまわずピュッピュと吹き付ける。目ぼしき所にひとあたりシャブ墨を吹き付けて、ウェスでふき取っていった。スジぼった線や段差の隅にふき取れない墨が残る。アイボリー気味の白ボディにコントラストがついて、メリハリがはっきりとしてきた。そのコントラストはきついかもしれないが、撮影になりガンガンのライティングがあてられると丁度いい按配となる。それでも照明のさんちゃん〔三上さん〕は、カメラ前でメーキャップする模型少年に、

「生黒持ってるか？　ライトの反対側のエッジ……そう、そこベタグロにしちゃってくれ」

などとさらにハイコンを要求するのである。

▲模型少年らの手によりウェザリング、リアリングを施された1/200スケールのトーキョーIII。これくらいでないと撮影に供せない。

周りに居るオガモの小川、高山、盛国は揃って悔し顔。まあムリもないだろう、折角、綺麗綺麗に塗装してきた自分たちの作品がこうもあっさりと「汚される」のであるから……。

9スタでは火星の極冠の広大なセットが建て込まれていた。美術も演出助手たちも今や土工になりきって、赤い土と格闘している。

「にに！、ダム作ってよ」

美術の寒竹氏の注文で、模型少年はデザイン画を描き、作業場でインチキなダムの製作にとりくんだ。火星の土に含まれている珪素を、なんたら加工して作ったセラミックのようなパネルを、弧型に組み合わせた……なんて、勝手な設定でベニヤの表面にポリ板を貼ってそれらしいのをステージに持ちこんだ。現場の助手たちがダムを建て込んでセットは完成。

撮影は極冠の氷が一挙に融け、大量の水がダムを襲うというシーン、2度にわたって撮影された。

▶映画『さよならジュピター』の製作で、一手に特撮模型の製作を請け負ったのが小川模型班（のちの「オガワモデリング」）の学生たちだった。左から高山君、盛国君、小川正晴君。1/200スケールのトーキョーIIIを納品した彼らは、早速特美の強者たちからの手荒い歓迎を受けることとなった。

◀9スタに建て込まれた火星の極冠の巨大なセット。

◀撮影所内、倉庫として使われていたプレハブを利用して設けられた工房で「ミネルバ」製作にいそしむ小川模型班の青年たち。全長2500mの設定なので、この模型は1/1389スケールとなる。卓上、缶コーヒーやらお菓子やらに混じって、皆さんよくご存知なエナメル塗料の瓶を目にしていただけるかもしれない。

その頃オガモ作業場に全部クリアーアクリル材で作った「ミネルバ」が届いた。２ｍくらいの模型は円筒や箱が繋がっており、四輪エンジンの後ろにくっついたギアボックスを、細く伸ばしたような形をしていた。表面には小さな平板が数えきれないほど貼りこまれたほか、ファイバー（ガラス繊維）が、あちこちに差しこまれており、これは模型内の根元に光源を仕込んであるので、スイッチを入れれば窓の明かりがつくという寸法だ。

それにしてもアクリル製とは驚きだ。撮影は照明の数が半端ではない。オールライトになるとステージの温度はがんがん上がってくる。特にアップ撮影はライトも近づくので、被写体の表面温度はかなり高くなって、素手ではさわられなくなってしまう。だから熱に弱いアクリルやプラモは近接撮影には耐えられないのである。このアクリル製模型はそんな事を考えずに作ったものだ。映画撮影用に作ったわけではないのだろう。それにオガモの連中も、多分こんなに照明の多い撮影のことは知らなかったのではないか。

模型少年は非常に困った。アクリルの表面の耐熱性を、少しでもあげなくてはならないからだ。超細かいディテールを潰さずにその効果が出る良い方法はあるのだろうか？

まあそんな事を考えながら、模型少年は小川に訊いた。

「ところでよ、この『みねるば』だっけ、こんなにごちゃっと細かいのがついてるから、なんか大きさが読めないんだけどさ、縮尺はいくつなんだよ？」

「本物は２５００ｍなんです。これ１・８ｍだから……えーと？」

「１／１３８９です」

そばに居た高山がにこにこ顔で小川に代わって答えた。

「中途半端だなー。すると人間は１・２㎜か、わかった」

とにかくばかでかいってことだ。０・５㎜のスジ彫りが70㎝巾ってことになる。厳密に言えばだが。スケール感は人間がどの位の大きさかを知るのが一番。こいつがでかいって事を頭に入れた。

さて、防熱、水性塗料は多少熱を通しにくいだろうから、＃２０００のエマールブラックを全体に下地として吹き付ける。これは逆光ライテング時のアクリルの透過性をふせぐ為と、防熱を兼ねたもの。そしてベース色を「スチレンシルバーグレー」と勝手にネーミングした、ややメタルなライトグレーをラッカーで大量に作って、全体に下地の黒が消えるまで軽く軽く吹き付けてやった。

オガモが作画した宇宙船全部のデザイン図のコピーに、塗り分け部とシャドーを細かく色分けしたカラー指示図を作成して、以後こんな感じで仕上げ

▲特美木工場内でミネルバの1/100スケールドッキングベイ（右写真の画面左側に見える八角形の部分を拡大したものとなる）を作り込む好村「なお」。

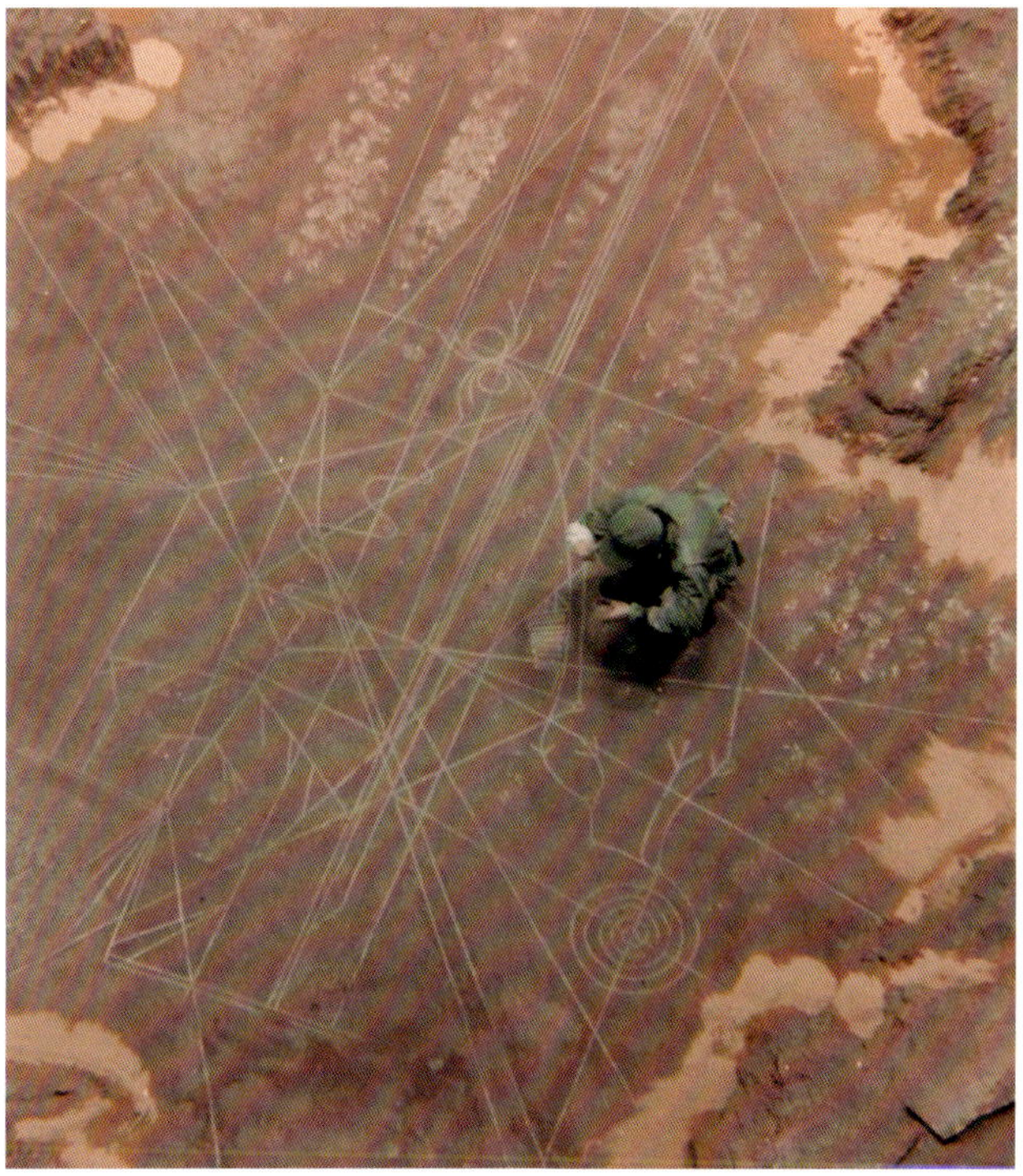

▲同じく9スタに建て込まれた火星の地表。極冠の氷が溶けてナスカの地上絵のような模様が現われた様子を再現していく。

てくれと頼んで、模型少年はステージへと戻っていった。

まあ本来の宇宙構造物は「白色」が基準なんだろうけど、スペースシャトルを撮った時のハレ気味に飛んだ経験上、「グレーなんだけど実は白」という色合いにしたわけなんだが、オガモの連中は多分気がついていないだろう。

オガモの他の作り物、スペースアロー、ミューズ、フラッシュバード、救命艇、スペースカーゴ、の色分け図も渡しておく。自分たちの仕事に「けち」をつけられたようで彼らもおもしろくないだろうが、まあ指示図のように塗ってくれるとは思う。ただ最後の仕上げは模型少年がやらなければならないだろう。

9スタは、極冠の氷が融けた大量の水で洗い流された地表に、南米のナスカの地上絵のような模様が現れたというシーンを撮っていた。モーションコントロールでは、トウキョウⅢを固定して、それが近づいてくるシーンを撮っている。特美では、ミネルバの居住区という円筒形のアップ用模型を作っていた。1／100なのでいきなりばかでかくなる。円筒に窓やなんだかわからないパネル状の板をポコポコと貼っていた。

宇宙船の表面は、空気抵抗のない宇宙空間だから、流体力学がどうのこうのという事は関係ない。だからツルっとしたボディの必要はないのかも知れないが、それにしてもこの模型は細かい凹凸をやたらにつけている。大きさを出そうとしているのだろうけれど、アップ用は特美で製作するから、元の1／1389のディテールに合わせる為、好村なおも林もひと苦労だ。大きいスケールだからさらに細かいディテールを付けざるを得ない。

それは「ドッキングベイ」も同じだ。ミネルバの船首だか船尾だかわからない端にくっついている、宇宙船の収容をする開口部を、芝居用に1／100の3mという大きな部分模型……いやセットと言った方がぴったりくるもので、全身ミネルバに合わせているから、細かい仕上げは全くアップ用居住区と同じように手間をかけたものである。

このところ、原作者の小松左京総監督が撮影に立ち会うことが多くなっている。見ていると川北監督に注文をつける様子もない。なんにでも興味深々と言った態でステージ内を歩き廻っていた。美術スタッフが9スタの隅で何かを作っていると、にこにこしてやって来ては、言葉を交わしている。丸四角顔で眼鏡をかけた小太りの小松さんは、見学にきた模型好きのそこらのおっちゃんと何ら変わらなかった。それだけ気さくな人柄は、変わり物の多いスタッフにどんどん溶け込んでいった。

ある日、撮影が残業になったので、製作の池田くんが夕食券をくばっていた。この券は撮影所の前にある増田屋で使えるようになっている。ほとんどのスタッフは時間になると一斉に増田屋へ行くから、そんなには広くない店内はたちまち満席となってしまう。だから好村なおと模型少年たち美術スタッフは大急ぎで店に駆けつけた。幸いあいた卓があったのでそこに坐し、模型少年たちは「さば味噌定食」を注文した。この定食は事前にさばの味噌煮を作ってあるから、注文が入るとご飯とみそ汁を盛って漬物の小皿と野菜の煮物を盆に並べるだけで、麺類やチャーハンなど調理するものに比べて、遥かに早くテーブルに出てくる。

そこへ外人の可愛い女性とマネージャーらしきふたりが店に入ってきた。空席は模型少年たちの卓だけだ。ふたりは模型少年たちの前に坐して、メニューを眺めていた。

「はいおまちー」

さば味噌定食が届いた。

可愛い女性はその定食を指さしてなにか言った。英語なのかロシア語なのかわからない。模型少年は彼女が「これはなあに?」と言っているのだろうと思い、定食を指さして、

「さば味噌」

と教えた。

「オウ、サバミーソ」

彼女は模型少年たちと同じものを注文した。

彼女たちは出てきた定食をおいしそうに食べていた。

店を出てから模型少年はなおに訪ねた。

「本編のスタッフかな?」

「役者じゃないかな……」

なおにもよくわからないようだ。店には顔見知りのジュピター本編スタッフも多数いたから、彼らも特撮と同時に「めし」になったようだ。だから彼女もジュピター関係だろうとは思うけれど……。

2、3日して模型少年は所内のサロンへ昼飯に行った。

ドアを開けると同時に出てきた外人の女性がいきなり、

「オウ、サバミーソ!」

と言った。増田屋で会った彼女だった。

「おはよう、さば味噌おいしかったかい?」

模型少年はにこにこして言葉を返した。

「○▽♯♯! サバミーソαγ○□」

▲『さよならジュピター』原作者&総監督の小松左京氏はちょくちょく撮影所を訪れてはなんにでも興味津々といった様子でステージ内を歩き回っていた。写真はジュピターゴーストを背にした、左から模型少年、小松氏、高橋 勲くん、清水 剛くん。

彼女も笑顔で何か言った。多分「オハヨー、サバミソおいしかったよ」と言ったんではないかと思う。その後、所内で遭遇する度に「サバミーソ」と彼女は声をかけてきた。

スタッフに聞いたら、彼女はヒロインの「マリア役」の「ディアンタ・ダンジェリー」という人で、俳優ではなくて一般から抜擢された人らしい。インタビューで「好きな和食は?」と訊かれ「サバミーソ」と答えるかもね。

「ににぃ、ちょっとつきあってくんない?」

「どしたの、かんちゃん?」

「うん、ホリゾン倉庫にプラモあるかな?」

「どーかな、ドッキングベイでケッコー使ったからね」

寒竹氏と模型少年は鍵をもって、ホリゾン倉庫へと上がった。2階の特美倉庫には多くの作品で使った模型たちが眠っている。零戦やグラマンなど多くの飛行機たちは尾翼を上にして天井から乾物のようにぶらさがっていた。広い室内に1間角の棚が所狭しと並べられており、大スケールの潜水艦から10㎝にも満たないミニカーなどいろんな物が雑然と並んでいる。これらの模型たちに共通していることは、いずれも東宝の歴史という「ホコリ」を被っていることであった。

「かんちゃーん、有ったよ。けっこう残ってるよ」

プラモは棚にうず高く積まれていた。

「これさ、使ってもいいのかな?」

「いいに決まってるじゃん」

ふたりでプラモを降ろし始めた。

「かんちゃん、高橋たち呼んでくるわ、彼らに運んでもらおうよ」

美術総動員で9スタへプラモを運んだ。

「清水ねー、このパーツを表面にじゃかじゃか貼って、ガサガサした感じにしてよ」

寒竹氏は長さ6mのFRPで出来た芋虫の表面を指さした。

「ジュピターゴースト」と名付けられた、木星の海に棲む異星人宇宙船のディテールアップをするのである。この6mのゴーストの実長は93万7500mだそうな、東京から九州の佐賀までの大きさだ。見当もつかない果てしなく大きいものだ。人間の大きさはダニよりも小さく、もう細菌みたいなものである。スケール感がなんたらの範疇を越えていた。

手のあいている者が、プラモパーツや大工センターから買ってきた微小な数ものパーツをじゃかじゃかと接着していった。6mの甲羅に貼り終わり、鈍く光る黒を吹き付けると、アゲハチョウの幼齢芋虫のようになった。

さらにアップ用のゴーストも作ったが、こちらは1/12万5000で頭から2・5mだけの部分製作である。出来上がったものは、なんともグロテスクな質感を擁しており、寒竹氏の狙い通りのものが出来上がったのか……。劇中・得体の知れない物だから「ジュピターゴースト」と言っているわけだから、その伝では合致している。

こいつが生物のように見えるような演出で撮影された。それは無機質の宇宙船なのか、意志を持った生物なのかは、映画を観た人たちにゆだねている。という演出をしたのかどうかは、模型少年たちにはわからないけれど……。

撮影も半ばを過ぎると、オガモの連中も仕上げの仕方がわかってきたようで、大体の汚しはできるようになってきた。その作業は模型おたくの彼らにとり、本意ではなかったかもしれない。それでも映画撮影の現場に立ち会える喜びのようなものを、彼らから感じとる事ができるのである。

映画に登場するキャラクターは、それが怪獣であれメカ物であれ、デザインは外のイラストレーター、例えば轟天を小松崎茂氏が描いても、模型製作は特美で作るか特美経由で外注しているのが通常であるが、今回は特美の預

▲前ページの小松左京氏の背景に写っているジュピターゴーストは木製の異星人たちの宇宙船という設定。美術の寒竹さんの要請で表面にプラモデルのパーツを貼って「ガサガサした感じ」にディテールアップすることとなった。写真でケバケバ見えるのはグラスファイバー。

▶全体の塗装をしたあと細かな仕上げ中の美術助手、高橋くん（左）と清水くん（右）。もうすぐ完成だ。

▲ミネルバベース内に据え付けられた「スペースレスキュー」。

▲木星の大赤斑を製作する寒竹デザイナー。木星ホリゾントと組み合わせて使用される。

▲小川模型班によって作り込まれた「スペースアロー」。

▶「壊れ」用に別にスクラッチしたスペースアローのコクピット部分（上写真でアームが伸びた左側の先の部分にあたる）。

◀▲木星探査母船「ミューズ 12」。赤いアームに掴まれるのは探査艇「ジェイドIII」。

▲「ミネルバ」Fデッキに設置した汎用貨物艇。

▲「ミネルバ」ドッキングベイ内部。

▲こちらはオガモの製作による1/200の「フラッシュバード」。

▲「ミネルバ」Bデッキの連絡艇。

▲木星加速装置と美術助手の林くん。

かり知らぬところで、もうキャラクターたちは造られていた。だから特殊美術の寒竹氏のオリジナルデザインを発揮する場は限られてしまった。セット関連や木星を爆発させる為の「加速装置」と格納庫などの内部……これも内引セットだが、そしてジュピターゴーストがそれである。

アクリル板ですっきりと仕上がった『2001年……』風のキャラクターメカに対して、動物のような質感を備えたおどろおどろのゴースト……それはデザインも作り方も全く真逆なもの、をあえてぶつけたところに、寒竹氏や川北さんの思惑があったのではないか、と模型少年は考えた。

●筆者の特撮写真ノート。この『ジュピター』は818コマを撮影し、第2位となった。第1位は819コマの『ビオランテ』で、第3位は662コマの『零戦燃ゆ』である。以下、4位638コマ『ゴジラ』、5位527コマ『連合艦隊』、6位454コマ『首都消失』、7位312コマ『海ゆかば』、8位310コマ『大空のサムライ』、9位298コマ『竹取物語』、10位233コマ『アナザウェイ』と続く。この2位、と言っても1位と1枚少ないだけの順位をなぜ獲得したかというと、映画模型に関わってからこのジュピターまでの間に、こんな「異質」な特撮模型に出会わなかったからで、撮影スナップも含め、当時、外からの新しい風による模型を、記録的な意味でたくさん撮影したためだろうと思っている。

マニア集団オガモは、この作品の後、会社組織「オガワモデリング」として旗揚げし、模型屋業界に打って出た。後年筆者が特美を離れるまで、筆者のプロジェクトにはたいがい彼らがいた。

【シーン30】

「川内博物館」
～本物はどっちだ？～

昭和58年（1983年）9月。

大プールホリゾン倉庫の前にあった湾岸プロジェクトの工場と事務所が、すべて湾岸に移ってしまったので、その広大なプレハブ建物はガランドウになった。特美課はオープン原っぱ奥の老朽化した建物に見切りをつけ、そこへ移ることになった。

それぞれのパートの作業場は格段に広くなり、共用の作業場の天上高が倍近くなったのでさらに広々感が増した。

師走も押し迫った26日、特美へT社の担当から電話があった。明日渋谷の「たばこと塩の博物館」へ来てくれという。この博物館へは以前ジオラマを納品していた。塩田の塩が精製されるまでのしくみを細かに模型化した「塩の精製工場」である。

当日、こーちゃんと模型少年、それに小村さんと助手の林が出向いた。バックヤードの狭い部屋に入ると、タバコに関する資料がどっさりとあった。ここで我々は何をするのか見当もつかず、それらを興味もなく眺めていると、T社の担当は1枚の大きな額に入ったポスターを持ってきた。それには、天狗煙草のロゴと天狗面らしきイラストが描かれていた。

「小島さん、このポスターとこっちにある高札のレプリカを作って欲しいんですよ」

見ると板に書かれた文字は判読できないぐらいに掠れている。江戸時代のものらしい。ポスターは文字が右から左へと書かれているので、明治のものか。カラーコピーや写真では駄目なのか、手描きでの作成依頼なのだ。本物と同じ質感を出すには、今はまだコピーはそこまでの精度はない。それに写真やコピーは当時のシルク印刷の、インクの微妙な段差は表現できない。やはりマスキング技術を生かした手描きが一番適当なのだろう。これらを基にして作成したレプリカは鹿児島の川内(せんだい)博物館へ納めるものだとか。

打合せを済ませ、作成作業はすべて年明けからとして、我々は忘年会へといそいそと向かった。

昭和59年（1984年）1月。

「今までこんなのなかったよね。額も含めて全く同じもの作るなんてさ」

「まあやったことないけど、ポスターの贋作だな」

こーちゃんは前にも贋作を作ったことがあるのか、自信ありげに言った。

小村さんが本物にトレーシングペーパーを重ねて、トレースを開始した。

ところでなぜ本物のレプリカを作るのか？　大抵の博物館では、貴重な……たとえばたった1枚しかないポスターを展示すると、紫外線で色褪せがしてくる。その為レプリカを作って展示したりする場合もある。今回もその口なのかどうかはわからない。ただ、こーちゃんはそういうレプリカを作るのは好きなようだ。普段、模型少年の細かいパーツの作りを、胡散臭げに眺めているこーちゃんだが、このレプリカ作成は本物を見ながら経年変化の古色をかけたり、傷も全く同じように再現してしまうところに、面倒くさげな素振りが一切見えず、傍目には楽しんでやっているように見える。ちょうど模型少年が模型を作っている時のように。

ポスターは縦60㎝×横45㎝で、額は古金色に塗られている。ポスターの地色は黒で、真ん中に「天狗面」の絵と「天狗煙草」の横書き文字、下に横書きで「大日本東京銀座」、「岩谷商會」、上右に縦書きで「匆驚税金たった百万圓」、上左に縦書きで「慈善職工五萬人」、そして上センターには「島津家紋」の丸十とそれを支えるように「唐草と花」の絵が、その右側に「東洋」、左側に「名物」の文字がある。

さてめったにないアイテムなので、こーちゃんが作成していく手順を追ってみようと思う。

小村さんのトレーシングペーパーは一種のゲージとなり、文字位置や大きさなど確認時に使う。

文字部やマーク部の等倍コピーの文字とマークをカッターで切りぬく。その抜き終わった周囲部を復元ポスター用指定紙の所定位置に固定し、マスキングとする。

文字白色を吹き付ける。周囲のマスキングを剥がすと文字が現れる。

コピーを切り抜いた時の文字やマークを、吹き付けた文字に固定してマスキングとする。

指定紙全体にポスター下地色の黒を吹き付ける。

文字やマークのマスキングを剥がす。これでベースの下地黒と文字の下地白が塗り分けられた。

真ん中の天狗面だけを繰りぬいたポスター大のマスキングシートを貼る。

天狗面の下地色のアイボリー色を吹き付ける。

▶Ｔ社からの依頼で、鹿児島の川内博物館所蔵の「天狗煙草」ポスターの複製品を製作中の「こーちゃん」。製作手順は本文にある通り。最終段階に入り、唐草紋様を描きこんでいる所だ。

マスキングを剥がし、天狗面のイラストを面相筆などで手描いていく。

同様に丸十マークも手描いていく。

金文字部分にシャブくした金色を筆で塗り重ねる。金が剥げている個所も表現する。

四周の金の帯に連続したラーメン模様を面相筆で線引きする。

四隅の唐草模様を手描きして、細かい修正をすれば、1枚あがりーである。

模型少年が仕上げておいた金の額に装填すれば、依頼品の完成なのだ。

と、文章で表現するといとも簡単な作業に思える。実際は列記した以外の作業もあり、簡単なイメージとはほど遠く、ねっちょりと神経を使う作業なのだ。こーちゃんは、はみ出しなどの失敗を全くしないで、最初の1枚で完結をきたしたのであります。

次に「高札」。高札（こうさつ）というのは、江戸時代に街の辻などに立っていたアレである。幕府からの通達が書いてあったりした。今回の高札は先述したように文字がかすれていて、文章全体がわからない。残っている文字を眺めても、墨書が達筆すぎて我々凡人には、なんと書いてあるのか全く読めない。

レプリカはその残っている文字もそっくりに再現しなくてはならないのだ。さあ……どーする？　こーちゃん！

まず大道具が切り出した板を木目から再現して、本物と同じ質感のものにする。なるべく同じような木目の板で作ってもらった。塗料の浸み込ませは失敗すると元には戻らない。濃すぎた場合に明るめの色を上からかけても、違った質感になってそれはもうゴミ。だからシャブ目の塗料で少しずつ本物の写真を見ながら木目を描いていく。

高札は何百年と経っているから、色だけでなく板そのものにも朽ちた部位があり、切り出しや彫刻刀を使って、それらの傷等も再現する。新しい傷、古い傷、それらの表情にも凝って、やっと文字のない高札の複製ができた。いよいよ文字書きだ。

「小島さん、一発勝負なんだから『あたり』をつけた方がいいんじゃないの」

「いや、こういうのは枠紙なんかであたりをつけると、その中に収めようとして却って似なくなっちゃうんだ」

こーちゃんはそう言って本物の写真をじーっと見つめていた。

模型少年たちが休憩を終えてこーちゃんの所へ戻ったが、こーちゃんはまだ写真を眺め、複製の板を眺めていた。いわばイメージトレーニングをしていたのであった。

こーちゃんが面相筆をとった。

筆にやや薄くした墨を含ませた。

板上1㎝に筆を構えた。

林も小村さんも、ぐっと顔を近づける。

やや間があった。

「………近いなー」

「えっ……」

小村さんが真っ赤になった。続いて林もバツ悪顔。模型少年は思わず笑った。こーちゃんも筆を手元に寄せて苦笑い。

「そう構えられると書きにくいんだよ」

そりゃそうだ。模型少年たちは自分の席へと引き上げた。

1時間しないうちにこーちゃんがデザイン室へ入ってきた。手には書きあがった高札があった。これから最後の仕上げのウェザリングをするという。小村さんは写真と高札を見比べて感嘆した。

「こうちゃんはやっぱりすごいね」

こーちゃんは、ハンドピースにシャブい枯れすすき色を入れて、しゅっ、しゅー、しゅわーと優しく全体を馴染ませた。

検収日、T社の担当たちがやってきた。仮設作業台に並んだ贋作たち「天狗煙草」「高札」「発掘された土器」「発掘された剣」「天狗の大面」を見るなり、渋い顔。一体どうしたというのだ。

リーダーが連れに小さな声で、

「おまえ、実物渡してたのか？」

「えっ、渡してませんよ」

「うーん………」

後日、たばこと塩の博物館に複製を納品した。それぞれの本物と複製を並べ、学芸員やら館員が見比べていた。

さぁ、本物はどっちだ？
●これらの品々が鹿児島川内市に納品された後、幾度か筆者の義妹が住む鹿児島市を訪ねているが、残念ながらこの博物館へは行っていない。機会があれば訪ねてみたいと思っている。

◀同じく「こーちゃん」入魂の力作となった高札（こうさつ）。まずは本物に近づけるため、木目のディテーリングを施す。

▲さすがの「こーちゃん」も一発勝負で書き上げるには並々ならぬ集中力が必要だった様子。模型少年も気を遣って席を外したので、書写している場面は写真に撮れなかった。写真はすでに書き終わった高札にこーちゃんがエアブラシでエイジングをしている所。

▲完成した高札は単に似せているだけでなく、風雨にさらされ、経年変化した様子も見事に再現されていた。

▲検収日。できあがった複製に見入る関係者たち。博物館では学芸員の皆さんもその出来映えに舌を巻いていた。

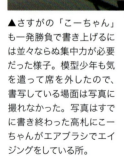

【シーン31】

「名古屋海洋博物館」～伊勢湾台風の被害情景模型～

昭和59年（1984年）1月。

T社へ打合せに行った小村さんが帰ってきて、青木課長と話していた。

「おお、御苦労さん。で、どんな仕事だった？」

「えーとね、伊勢湾台風のジオラマなんだって」

「伊勢湾台風？ 台風の眼でも作るのかよ？」

「あの台風の時にね、高潮があおられて名古屋とかさ、伊勢湾岸の町が洪水になったんだってさ」

「じれったいな、で、何を作るんだよ！」

青木さん、しびれを切らした。

「青木やん、せっかちなんだからー」

話はこうだ。「名古屋海洋博物館」の仕事で「伊勢湾台風の被害情景パノラマ」の製作を依頼されたという。今まで「被害情景」なんてのを作ったことはない。自然災害によって破壊される建物など、特撮で壊れるように仕込みを入れたものは数多くあったが、いずれもカットがかかった時にはゴミになっていた。だから今回のアイテムは特美にとって興味深々なものである。

伊勢湾台風は、今から25年前の昭和34年9月に和歌山県の潮岬に上陸した、台風15号のことである。風速75m／sというものすごい風にあおられた伊勢湾の海水が高潮となって、湾岸の街町を呑みこんで、死者ほぼ4700名、行方不明者400名、負傷者ほぼ3万9000名という、明治以降最大の被害を蒙った自然災害であった。

模型少年はこの当時まだ小学6年生だった。家は横浜なので被害はほとんどなかった。

町内の兄ちゃんが名古屋隣の弥富の実家へ、久し振りに帰った時これに遭遇した。何の対策もできず家人一同2階に集まって、ただ酒をかっくらって台風が通り過ぎるのを待ったという。翌朝になって窓から眺めて唖然となった。一面海となっていたのだそうな。ここかしこに町の消防団のボートが救助活動をしている。破壊されて粉々になった家々の残骸が、路地に吹き寄せられ重なりあい、ボートも近づくことが出来ないでいた。町内の兄ちゃんが横浜に帰ってきたのは1週間後であった。


さて、模型は正六角形のベースで一辺が1・5mなので、5・85㎡の広さとなる。そこに1／50スケールで被害にあった街並みを再現するもの。

災害当時、自衛隊中部方面隊が救助に当たっているので、そのヘリも再現したいというのだ。ヘリは「シコルスキーS55」なので、模型少年はまだ作ったことはなかったが、楽しみながらの1／50原寸で作図を始めた。小村さんも好村なおもベースと家などの作図を開始した。

情景は特定された地区ではないというものの、鉄道線路があり、川があり、民家が建ち並び、どこかで見たような景色だ。

今回の模型製作上での特徴は、「台風の突風で崩壊した屋根または瓦」「高潮で壊された堤防・線路」「高潮で寄せられた建築物瓦礫」「高潮による街の冠水」と大きく分けて4つある。そして重要なのは、この被害情景は学術的ホントの「壊し模型」でなくてはならないという点だ。だから当時の写真を集めてもらって、家々の被害状況を分類し、まとめて資料とした。

添景となる人形たちも造型の小林とともが原型から製作し、屋根に上がって救助を待っている人、トラックで救援物資を運ぶ人、とぼとぼと列になって避難して行く人々、2階から家財道具を運び出す人たち、ボートで救助に向かう消防団員、数えあげればきりがないが、もっとたくさんの人たちがいろいろな動作をしている、それらをシチュエーションに応じて1匹1匹加工していった。

当時のここいらの民家は木造下見板壁、瓦葺の2階家が多かったようだ。模型はそういった寄棟であったり切妻だったりの民家を適量作り、瓦が飛んで野地板が暴露していたり、野地板も飛んで垂木や軒桁や母屋が見えているものもあり、屋根の被害は一様ではないから、その被害程度様々なものを作った。これら「壊し」を入れる作業は一番面白く、又一番難しい。通常「壊し」は完成品を本当に壊していくのであるが、今回は違う。

前もって瓦1個を1／50でポリで量産しておく。本物と同じように下見板壁で立ち上げた上に、棟木と母屋の角材を渡し、垂木で屋根勾配をとり、そこに野地板を貼る。そこへ被害程度に応じて指先より小さい瓦を1枚1枚貼っていくのである。これはもう資料写真と首っぴきで根気以外のなにものでもない作業だ。屋根が全壊した民家はまだ楽だ。瓦がないからだ。ところが屋根全面に瓦が残っている民家に手をつけると、最後までその人が作業を続けなくてはならない。それも全面瓦が残っているんだけれど、真ん中や端の方で持ち上がって隙間ができている屋根に当たったら、これはもう悲劇。ピンセットで瓦をつまんでエポキシ接着材をつけ、1枚1枚微妙に角度を変えて「ズレ」を再現しながら貼ってゆくわけだからね。

野村やすさんや入沢さんや田中さんたちが、こんな細かい作業をしている頃、模型少年はシコルスキーヘリを朴の木で作っていた。展示模型だから外形は勿論、内部も作りこむ。コクピットのあたりは内側をえぐって、別パーツ製作した機器のびっしり詰まった操縦席とパイロットをはめ込む。

六角形ベースに地形のディテールが作られ、鉄道線路も敷かれた。ただし道床の砂利が流されてレールは宙に浮いている。街の区割りが出来、作っておいた民家を並べて固定する。屋根瓦が吹き飛んでいる。傾いた家もある。折れたり曲がったりした電柱も立てる。

この頃、模型少年は『零戦燃ゆ』の仕事についていたので、この情景模型の細かい作り物には手を出していなかった。シコルスキーヘリは特撮の合い間に作っていたのだ。

情景は着々と仕上がっていく。こーちゃんと野村やすさんは、壊しを入れたり、建築資材の残骸をセットしたり、色を仕上げたりしていた。街のストラクチャーの設置が終わると、地面や草原の細かい仕上げにとりかかり、それらが概ね出来たところで、透明ポリを川と冠水した地域に流し込んだ。透明ポリには濁水のような調色を施している。その時、流されてきた材木やゴミなどを資料写真を見ながらセッティングする。ポリが完全に硬化する前に水流のうねりや、消防団のボートの微細な航跡を細工する。

ポリが固まってから小さな人形たちや、救援のトラックなどを設置した。こーちゃんはハンドピースを持って、最後のウェザリングに臨んだ。

完成した情景を人形の目線で眺めていると、台風の凄まじさが実感のように伝わってきた。

初の被害情景は『零戦燃ゆ』特撮と同時に製作していた事もあり、延べ5カ月をかけて作られた。

▲伊勢湾台風で救難活動を行なう陸上自衛隊の 1/50 スケールのシコルスキー S55 を朴材でフルスクラッチ。写真はちょうどサフ吹きした状態。

▲完成したシコルスキー S55 ヘリコプター。コクピットから隊員が身を乗り出して地上の状況を偵察している様子を再現した。

▲ 1/50 スケールの伊勢湾台風被害情景模型をウェザリングする「こーちゃん」。完成まであとひと息といったところ。

【シーン32】
『零戦燃ゆ』特撮
〜常識無用な横吊B29〜

昭和59年（1984年）2月。

模型少年が入社して12年が経ち、36歳になっていた。この歳で少年というには薹が立ちすぎているが……、作り物や模型の好きな事には変わりなく、それらに取り組むと時間を忘れて夢中になってしまう、まだまだ子供……少年なのだ。だからまだしばらくは「模型少年」といっていい。

その模型少年が狂喜する作品が、またまたやってきた。川北特撮監督『零戦燃ゆ』だ。

『連合艦隊』『大日本帝国』と零戦がただ登場する作品とは異なり、『大空のサムライ』と同じように、タイトル通り零戦が主役の作品である。それに当然史実にのっとった作品なので、模型も作り甲斐がある。

特美製作第1号は、「カーチスP40ウォーホーク」戦闘機1／10、大道具の田中けいちゃんが腕を奮って作りあげる。これはフィリピンのクラークフィールド基地所属機の設定だ。陸軍機なので馬糞色仕上げとなる。

この特撮はとにかくたくさん飛行機を用意しなくてはならない。とても全部は作りきれない。そこで新規製作は別として、台本に載っている機種を倉庫からどんどん運びだした。使えそうなのは修理して使おうという腹だ。倉庫には先達たちの作品に登場した古い機体も結構残っているので、模型少年がチェックして、形の間違っているものは「改修」、合っているものは「補修」に分類して、大道具と美術が改修と補修に一丸となって取り組んだ。

『連合艦隊』以来、3年振りで井上さんが特殊美術として戻ってきた。小村さんはチーフである。

「好村くんや、みなで一杯飲まんかね、金はボクが出すよって段取りしてくれんかね」

3月2日、井上さんのお声掛かりで、「打ち入り会」が大蔵病院前の「竹園」の広い2階で開かれ、特美全員ではなかったが11人が集まった。終わったときの「打上げ」は今までもあったが、クランクイン前に集いを持ったのは今回が初めて。多分、井上さん自身が3年ぶりに特美に戻ったので、チームの結束と親睦を兼ね、イン前に「いっちょ景気をつけたろ」と思ったのだろう。

井上さんはセットのプランニング、小村さんは作図と倉庫補修機のパテ付け、好村なおはセットの作図とプラモの組立、模型少年は登場模型機の作図と補修機の仕上げ、林は倉庫の補修機の修理、高橋はロング用のプラモ機組立、そして造型の小林ともまで手伝っている。ともは1／10零戦のペラ製作を一手に引き受けていた。

『大日本帝国』で作った1／5のジュラ零戦も倉庫から持ち出して、大幅な補修作業を施した。カメラ前の零戦はやっぱりこいつでなくては駄目だ。それにピッチのついたアルミ削り出しのペラは、離陸シーンには絶大なリアルさを芝居してくれるはずだ。今回はこの機体に電気ドリルのモーターを仕込んだから、そのペラの回転も半端なく力強い。機体を押さえた手を離すと本当に滑走を開始する程である。この模型を「大零戦」と呼ぶことにする。

クランクインに向けてスタッフは準備に余念がなかった。

台本によると『この作品は、太平洋戦争中、不滅の名機と謳われた零式艦上戦闘機、ゼロ戦を駆って大空に戦った若き勇士たちの記録を基に創作したものである』とあり、また『この映画を、ゼロ戦と共に散華した幾多の搭乗員英霊に捧げる』とある。

この物語は開戦の昭和16年12月8日の、台湾の高雄航空隊からの零戦編隊出撃から始まり、終戦の昭和20年8月15日に武装解除された零戦の火葬で終わっている。いわば零戦の後半生を語ったものである。

特撮は零戦がらみのシーンのみ、艦船シーン他はライブを多数使う。

『連合艦隊』ではフラッグシップとして、また宣伝用として戦艦大和のバカでかい模型を作った。今回もそういったアイテムが用意されていた。実物大の零戦二一型である。本作品の為に三菱重工で製作された。さすがに飛行できるものではないが、ジュラルミンではなくアルミニュウムをリベットで貼った機体を明灰白色一色に塗った、劇中・下川機仕様で作ってあった。本編でも使用する予定である。しかし残念なのは工期他の理由で「枕頭鋲」ではなく「普通のアルミリベット」を使用しているので米軍機のようにリベットの甲丸頭が出ており、それだけが零戦ではないという点だった。

そしてさらに残念なのは、今回もライブを多用するので、本来、大戦前半は明灰白色であるべき零戦の機体塗装を、繋がり的にすべて濃緑色仕様にしなければならないという点だ。美術として、撮影カットの合い間に塗り替えるという手間はないものの、模型少年非常にガッカリ。せめてマーキングやレターは、しっかり調べてリアルなものにしようとひとり構えた。

▶映画『零戦燃ゆ』の特撮で、井上「たいこう」さんが 3 年ぶりに特美へやってくると、チームの結束を図るためか「打ち入り会」なる席を設けてくれた。写真は特美のデスクでセットのプランニング中の井上氏。

▲主役の零戦はとにかく多数製作された。写真はエアブラシを使って下塗り塗装中の 1/10 スケール零戦。

▲劇中冒頭で零戦にコテンパンにやっつけられる 1/10 スケールのアメリカ陸軍航空隊 P40 ウォーホークも大道具の野村やすさん（写真の人物）や田中「けいちゃん」が腕を振るって製作。

◀『大日本帝国』の最後の特撮で水没した 1/5 スケール「ジュラ零戦」も見事に復活した。手直しにあたり、プロペラを電気ドリルのモーターで回転するようにした。

◀ 1/5 零戦を井上さんのこだわりと好村「なお」の仕事により 9 スタに作り込まれた飛行場に駐機させるとこんな感じ。マーキングは開戦劈頭に暴れ回った第 3 航空隊の所属機だ。

特撮は3月16日、フィリピンのアメリカ軍クラークフィールド基地を襲う零戦隊のシーンから開始された。井上さんのこだわりと好村なおの仕事は、9スタに広大な基地をきっちりと再現した。零戦隊に攻撃された基地施設や燃料タンクが次々に爆発するカットを撮り終えたのち、25日、飛行場はこのまま高雄基地へと飾り替えられた。零戦隊の発進シーンを撮影する為に。

その頃特美では、こーちゃんが広い作業場に魚のように尻尾から吊下げられた、大量の彼我の飛行機の仕上げに入っていた。

4月に入り、いよいよ大零戦の離陸シーン撮りが始まった。大零戦はさすがに大きく重いから離陸滑走までとし、浮き初めから上昇は1/10で撮る。3機編隊のまま上昇していくシーンだ。

川北監督は予定のカットを撮り終えると、追加の仕出しカットを時間の許す限りねらった。その度に、映らないかもしれないが、用心にこした事はないと尾翼のレターを貼り替えるのである。

高雄基地発進シーンを撮り終えたのち、飛行場セットはラバウル航空隊基地へと飾り替えられた。滑走路はどちらも未舗装、土の地面だ。何をどうすればラバウルになるのか。簡単なのだ。椰子の樹を配せば南国ラバウルとなる。背景の端っこに富士山のような「花吹山：タブルブル火山」を描けばよりそれらしくなる。と思ったが……、

「このカメラ位置だとな……花吹山は見えんのだよ」

井上さんは昔を懐かしむような遠い目をして言った。

余談だが、模型少年の父は海軍時代、潜水艦で幾度かラバウルを訪れている。その目印が花吹山で、バナナを腹いっぱい食べた記憶しかなく、航空隊へは行ったことはなかった。と語っていた。

4月に入ってから一式陸攻の離陸シーンが撮影された。1/10は全長2m弱、翼は2・5mもあるから、こいつの離陸や滑走はダイナミックではあるが、操演と撮影部泣かせだ。大きく重いからピアノ線も太くなる。線消しもひと苦労である。ピアノ線に背景色を塗ったりつや消しで調整して目立たなくしても、カメラの絞が深ければ映りこんでしまう。だからと言って浅くすれば部分にしかピントが合わない。その兼ね合いはなかなか難しいらしい……。

川北組特有の多くの仕出しカットを含め、陸攻と零戦の発進シーンは何度も撮影された。

撮影に立ち会っている模型少年は、特撮とは全く別な事を考えていた。

本物の零戦の事だ。

当時の飛行機は総体的に車輪が小さい。特に尾輪はそのボディの大きさに比べて、極めて小さい。現代の台車のキャスターぐらいに見える。現代のアスファルトやコンクリート舗装の滑走路ならまだしも、当時の未舗装のローラーで均した程度の土の滑走路で、あんな小さな尾輪は役に立っていたのであろうか？　埋まったりして支障はなかったのか？

主輪は、胴体に収納するグラマンワイルドキャットと違って主翼に収納するから、その直径も厚さにも制限がある。尾輪も尻尾の細い所へ収納するのだから、あんなに小さいのだろうけれど……。今さらながら心配していたのだ。

大零戦は尾輪を廻るように作ってあったが、1/10零戦も陸攻も廻らないソリッドだ。案の定撮影セットの路面には尾輪跡のスジがついた。カメラは水平引きなので、スジは目立たないからいいようなものだけれど。

そんな事を考えているうちに、落下事故もなく本日の撮影が終わった。

明日は本編繋がりの、劇中・片翼を破損した浜田機の撮影だ。1/10零戦の左翼を半ばからぶった切り、その折れ口を細工する。B17に体当たりした翼の再現だ。本編より先の撮影だから本編が合わせるしかない。だが実物大の零戦にそんな細工をするとは思えない。果たしてどう繋げるのか？

▶劇中、日本海軍航空隊の攻撃により炎上するフィリピン、クラークフィールド飛行場。このあとも高雄基地、ラバウル基地へと模様替えして使用された。

◀もうひとつの主役ともいえる一式陸攻も1/10の模型を使用した離陸シーンが川北監督の気がすむまで何度も撮影された。全長2mもある機体は操演や撮影部泣かせであった。

▲撮影を前に９スタで段取りする川北組一同。中央にしゃがむのが模型少年。その後で帽子にサングラス姿の川北特技監督が指示を出す。じつはこれ、本文中にある朝日ソノラマの雑誌「宇宙船」取材のヒトコマ。監督と模型少年が被る帽子は『さよならジュピター』のときのもの。〔撮影／宇宙船編集部〕

▲片翼を破損した浜田３飛曹機。本編より特撮が先の撮影で、今度ばかりはこちらに合わせていただくよりない。

▼こちらが本編沖縄ロケにおける実物大零戦。右翼が破損してるが、特撮は裏焼き用に仕込んであったというわけ。

そんな時、朝日ソノラマの取材が入った。「宇宙船」という雑誌とのこと。1／5零戦をチェックするスタッフが取材された。笑ってしまうのは、『零戦燃ゆ』なのに、模型少年と川北監督は『ジュピター』の時に作ったロゴ入り野球帽を被っていたのである。その写真がきっちり載せられていた。

撮影は福岡の築城（ついき）基地の神風特別攻撃隊発進のシーンへと移っていた。それにしては腹下に爆弾を抱えていない零戦ばかりを撮っている。これは特攻隊の零戦ではなく、それを援護する零戦隊なのだ。大零戦もまた離陸シーンに挑んでいた。

4月12日、撮影はついに大編隊シーンとなった。これがまた大変なのだ。奥から1／72、1／48、1／32、1／20、1／10、1／5と吊下げて、30機ばかりとなった。吊るすのは簡単ではないが、まあ吊るしてしまえばそれで終わり。大変なのは本番前に各々の零戦のスイッチを入れてペラを回す作業である。内蔵モーターを仕込んでいるのは大きいのから1／32まで。4～5人で一斉にスイッチを入れる。ペラが回り出す。本番用意！

「だめだ、だめだ。奥のペラが回転おかしいぞ！」

川北監督の指摘だ。急いで調べる。内蔵電池の寿命がつきている。交換しなければならない。スタッフは慌てて編隊各機のスイッチを切る。零戦を吊ったまま電池交換した。やっと本番再開だ。

　こんな調子で来る日も来る日も空バックでの飛行シーンの撮影。どれほど撮ったら川北監督は満足するのか？　スタッフもそろそろ飽きがきていた。

4月20日になって模型少年待望の、明灰白色の零戦の撮影となった。模型少年入社以来やっと史実に基づいた零戦の塗装が出来る。劇中・下川機の繋がりである。三菱で作った実物大の下川機繋がりだ。大零戦も明灰白色に塗り替えた。よかったよかった。濃緑色に比べ精悍さは少し落ちるようだが、工場をオフラインした新品の機体はきらきらと輝いていた。

9スタの片方の背景では、島倉さんがジャングルを俯瞰で描いていた。通常の背景は正対するもの、つまり人が見る景色や窓外の庭、水平に広がる遠くの山並みと空雲など、あくまでも水平に伸びたものだ。垂直に張られた幕に俯瞰の絵を描くということは、ジャングルを上空から見た絵となり、その手前に飛行機を配し、それをカメラがねらうという事になる。つまり被写体より高空に位置したところから撮った絵になるわけだ。

例えば零戦を、腹を背景に向けて横に垂直に吊るす。すると映ったものはジャングルの上空を飛行する零戦となる。翼から吊るしたまま円を描いて操演すると、宙返りしたようになるわけだ。通常の空バックで宙返りさせると、背景の高さがないからステージの天井が映ってしまう。その点この俯瞰ジャングルを垂直に吊った背景ならば、余分なところは映らないという具合だ。それにジャングルという対象物があるからスピード感も強調され、より動きに迫力が増す。

先達がこういう撮影方法を使ったかどうかは知らないけれど、撮影手法に一味加える川北組ならではである。この俯瞰バックでB29爆撃機1／10を同じ方法で撮影する。全長3m、翼は4・3mもある大きな模型だ。井上さんのアルファ企画製である。幸い四発エンジンの重爆撃機の飛行だから、動きもおとなしいので背景からはみ出すようなことはない。

この背景では各種飛行機の上面をみっしりと撮影した。

ところで今回の飛行機模型は小さなものでもペラを回す為、モーターと電池を仕込んでいる。1／32のプラモにもスイッチレスモーターという1㎝ぐらいのものを入れてある。さすがに1／48には仕込んでいない。これはもともと編隊の最後尾に吊るロング用だからペラの回転は見えない方が良いのだ。そんな遠くにいる零戦のペラが回っているのが映ったとしたら、やはりおかしなことになってしまう。その伝でいえば1／32も不要なんだけれど……。

まあ本番前のペラ回しがメンドーになったら、スピンナーを残してプロペラブレードをむしってしまえばいいことだ。ただし飛行場の列線にならんだロング用としてはペラが必要だから、その撮影が済んでからの話し。

さてB29。今回の模型には爆弾倉が仕込んであり、ラジコン制御で弾扉が開き焼夷弾が次々と投下されるように作ってある。勿論その爆弾投下シーンもきっちり撮影している。

B29には連装の対空機銃があちこちに装備されており、射手が機銃の直後に位置し、手動で敵機を追う日本軍機の機銃座とは異なり、可動式の独立した砲塔のような銃座となっている。ガンタレットというそうな。射手はその近くの透明のボールのようなキャノピー内に納まり、敵機を追って照準を定める。リモートコントロールによって銃座を動かすわけだ。

で、その銃座のアップを撮りたいとなり、実物大のガンタレットが作られた。背中の後部銃座を中心に胴体は半割、主翼付け根付近から垂直尾翼付け根付近までの部分セットである。そのキャノピーに射手が入って芝居をする。本来なら役者がらみなので本編担当なのだが、その銃座の射手と掃射する機銃、そして向かってくる零戦を一枚に収めたいという腹なのだ。

本番を迎え、射手のコスチューム、つまりアメリカ空軍の装備をまとった、特効の渡辺さんがキャノピーに納まった。特撮班撮影だから本編役者には頼めない。スタッフの誰かがやるという寸法だ。多分顔は映らないだろう。カメラは零戦に正対している。零戦を追う射手がカメラ目線であるわけがない。せいぜい横顔が映るぐらい。それでもなべさんは嬉々として芝居をした。

役者を変えて何度か撮影された。連装機銃もなかなかのものであった。

9スタの背景がまた描きかえられ、今度は九州の一部の街並みや山、海などの俯瞰図が描かれた。本土を攻撃するB29と零戦の迎撃戦を撮影するためだ。また大B29を横吊りする。スタッフもこの異様な吊り物に「もう慣れた」という手付きでたんたんと作業をしていた。

撮影はついにB29の被弾。零戦が地上から急上昇してくる。零戦の20㎜機銃が火を吐いた。弾丸はエンジンを貫通した。エンジンが発火。零戦は大きなB29スレスレに上昇通過。B29のペラの回転が落ちる。ついに停まる。零戦の姿はすでにない。と、このシーンを角度を変え何度も撮影する。

今度は上昇した零戦が反転し、眼下のB29に向かって砲火の弾幕を縫って攻撃するシーンを、クレーンにカメラを固定してカメラマンの鶴見さん以下2人のスタッフがこのクレーンに乗り、零戦パイロットの主観を撮影する。飛行機を操演するよりこちらの方が難しそうだ。なにせ動かす操演のまっちゃ

▲新たに製作されたB29のガンタレットとアメリカ軍爆撃機乗りのコスチュームに身を固めた特効の渡辺さん。特撮班担当の撮影なので、役者も特撮スタッフでこなさなければならなかった。

▶B29に肉迫する零戦と射手の納まった銃塔コントロールキャノピー。この構図が撮りたくてわざわざ実物大のB29部分胴体が製作されたわけだ。零戦は1/10スケールを使用。

◀▼撮影は、劇中のクライマックスのひとつといえる本土防空戦での零戦対B29 の一騎打ちのシーンとなった。写真は急上昇する零戦。

◀▼今回の特撮は地面を垂直に立て、それと並行に被写体となる飛行機たちを据え付けるという手法がとられた。九州の大地（島倉ふーちゃんの力作だ！）をバックにアルファ企画製全長 4.3m の B29 が飛行するシーンを撮影するための準備中。

▶（右２枚）特撮の最後は、劇中で冒頭のシーンとなる、暁の空を飛ぶ零戦の大編隊だった。右上はプロペラを始動させたあと、ブレ止めをする好村「なお」ほかスタッフたち。

▼その興奮も覚めやらぬうちに零戦の編隊をバックに撮影されたクランクアップ記念写真。〔撮影／東宝フォトプロデュース〕

ん達には、ファインダーの絵は見えない。クレーンの先っぽのカメラを見ながら零戦パイロットの目線を、想像しながら動かすわけだから……。

5月に入ると本編が使っていた8スタの背景いっぱいに朝焼けの空が描かれた。物語冒頭の大編隊出撃シーンを撮る。ありったけの零戦たちを小さい順に奥から吊るしていく。

日本軍は開戦からずっと3機編隊を最小単位としていた。終戦直前に2機を最小単位として（ドイツ空軍のロッテという隊形）、その組が2組、つまり4機編隊でこれはアメリカ軍も同じである。撮影は開戦時だから、一応3機ずつ接近させて吊るしていく。カメラ側は当然大零戦である。

「本番よーい」

さあペラ回しが大変だぞ。用意の脚立に跨ったスタッフが零戦についているスイッチを、あちこち同時で入れていく。スタッフ脚立から飛び降りる。脚立を倒す。一斉に引く。スモークを流す。薄雲がたなびく。

「スタート」

撮影が終わってこの大編隊があるうちに先にクランクアップ記念写真を撮ろう、ということでスタッフが大編隊前に勢揃いしたのである。

（東宝特殊美術部外伝 上・了）

◀▲おまけ。本イラストはB29のノーズアートとして模型少年が作成したもの。裏焼きカットなので左右が逆になっている。実物の直径は14㎝で、モデルは川北監督。実際に劇中に登場したシーンはあったかな？　あるいは川北監督が編集してしまったかも!?

協力
東宝株式会社
東映株式会社
東宝スタジオ
東宝映像美術
サンライズ
バンダイ

特美会

※上記以外の関係者は下巻へ謹んで掲示します。

▲ P15 扉写真解説／映画『連合艦隊』特撮にあたり、1/40 スケール「瑞鶴」を前に大プール横に並んだ特美スタッフ&その他スタッフたち。左から立花、小川、林、及川、育代、筆者、野村、好村、鴨志田、小村、鶴見、田中の各氏。昭和 55（1980）年 12 月 8 日撮影。

著者略歴

にたかし　本名：長沼　孝

１９４７年７月、新潟生まれ、７歳から横浜で育つ。だから本人は「ハマっ子」とのたまっている。

小学生の頃は竹ひごを曲げて作るライトプレーンや、蒲鉾板を削って重ねた軍艦作りに夢中となり、中学になると長谷川製作所の朴材キット「航空戦艦伊勢」や英国戦艦「ヴァンガード」など、スケールソリッドモデルの虜となり、もう完全に模型少年と化す。

若者たちのカミナリ族が下火となった高校生の時、オートバイ少年となり、日本初の文通によるオートバイクラブ「ＰＭＣ」(Penpal Motor cyklist Club) を立ち上げる。と同時に鉄道模型に夢中になり、下校すると毎日模型作りかバイクで走り廻るかする落第寸前生となる。

というわけで、模型少年の下地は完璧だった訳だ。

１９７２年に成城学園の東宝撮影所内にある東宝美術特殊美術課にバイト入社。翌年社員となり種々雑多な模型製作・特撮美術に携わり、だんだんと生意気な特撮模型少年へと育っていく。

世田谷区作品『招き猫と豪徳寺』で美術デビュー。『ゴジラ vs ビオランテ』で大澤氏と共に特殊美術（筆者は制作）を担当し、純粋な模型少年は金勘定に左右される映画屋マネージャーへと変身を余儀なくされる。果たして真の意味での映画屋となれたのかどうか…？

特殊美術部に25年在籍してから営業部・千葉支店へと異動、各種プロジェクトに携わり、２０１１年退職。

現在は東宝スタッフ同窓会的な「東宝砧同友会」や同特殊美術の集い「特美会」の幹事活動の合い間に、膨大な特美写真資料のデーター化に追われ、また小説の執筆や写真集（東宝撮影所の野草たち 他）を纏めているが、趣味の域をまだ出ていない。

本書は初めての著作。

The another history of TOHO Special Effect Department "TOKUBI", part 1.

東宝特殊美術部外伝 上

模型少年、映画屋になる⁉

発行日　2016年10月16日　初版　第1刷

著者　にに たかし

デザイン・装丁　株式会社アクア
DTP　小野寺 徹

発行人　小川光二
発行所　株式会社 大日本絵画
〒101-0054
東京都千代田区神田錦町1丁目7番地
TEL.03-3294-7861（代表）
http://www.kaiga.co.jp

編集人　市村 弘
企画／編集　株式会社アートボックス
〒101-0054
東京都千代田区神田錦町1丁目7番地
錦町一丁目ビル4階
TEL.03-6820-7000（代表）
http://www.modelkasten.com/

印刷・製本　大日本印刷株式会社

ISBN978-4-499-23195-4 C0076

内容に関するお問合わせ先：03（6820）7000　（株）アートボックス
販売に関するお問合わせ先：03（3294）7861　（株）大日本絵画